SÉRIE GESTÃO PÚBLICA

Cidades contemporâneas e mobilidade:
conceitos e ferramentas para o planejamento
André Luiz Braga Turbay ♦ Simone do Amaral Cassilha

Rua Clara Vendramin, 58 • Mossunguê
CEP 81200-170 • Curitiba • PR • Brasil
Fone: (41) 2106-4170
www.intersaberes.com
editora@intersaberes.com

conselho editorial •	Dr. Ivo José Both (presidente)
	Dr. Alexandre Coutinho Pagliarini
	Dr.ª Elena Godoy
	Dr. Neri dos Santos
	Dr. Ulf Gregor Baranow
editora-chefe •	Lindsay Azambuja
gerente editorial •	Ariadne Nunes Wenger
assistente editorial •	Daniela Viroli Pereira Pinto
preparação de originais •	Entrelinhas Editorial
edição de texto •	Fabielle Gonçalves Gineste Olsemann, Arte e Texto Edição e Revisão de Textos e Tiago Krelling Marinaska
capa •	Charles L. da Silva (*design*)
	Bardocz Peter, IM_photo, Amy Johansson e Pavel Aliakseyeu/ Shutterstock (imagens)
projeto gráfico •	Raphael Bernadelli
fotografias de abertura •	Raphael Bernadelli
diagramação •	Charles L. da Silva
equipe de design •	Débora Gipiela e Charles L. da Silva
iconografia •	Regina Claudia Cruz Prestes e Celia Kikue Suzuki

Dado internacionais de Catalogação na Publicação (CIP)
(Câmara Brasileira do Livro, SP, Brasil)

Turbay, André Luiz Braga
  Cidades contemporâneas e mobilidade: conceitos e ferramentas para o planejamento/André Luiz Braga Turbay, Simone do Amaral Cassilha. Curitiba: InterSaberes, 2021. (Série Gestão Pública)

  Bibliografia.
  ISBN 978-85-227-0350-0

  1. Espaço urbano 2. Inovações 3. Mobilidade urbana 4. Planejamento urbano 5. Política urbana – Brasil 6. Solo urbano – Brasil 7. Sustentabilidade I. Cassilha, Simone do Amaral. II. Título. III. Série.

21-75774   CDD-711.4

          Índices para catálogo sistemático:
1. Planejamento urbano   711.4

     Cibele Maria Dias – Bibliotecária – CRB-8/9427

1ª edição, 2021.

Foi feito o depósito legal.

Informamos que é de inteira responsabilidade dos autores a emissão de conceitos.

Nenhuma parte desta publicação poderá ser reproduzida por qualquer meio ou forma sem a prévia autorização da Editora InterSaberes.

A violação dos direitos autorais é crime estabelecido na Lei n. 9.610/1998 e punido pelo art. 184 do Código Penal.

♦ ♦ ♦

Sumário

Apresentação, x

Como aproveitar ao máximo este livro, xiv

capítulo um Introdução aos estudos sobre planejamento urbano e mobilidade, 18

capítulo dois Conceitos do planejamento urbano, 36

2.1 Cidade, 38

2.2 Espaço, 42

2.3 Lugar, 44

2.4 Território, 44

2.5 Região, 45

2.6 Densidade, 47

2.7 Uso e ocupação do solo, 48

2.8 Município, 50

2.9 Capital, 52

2.10 Capital regional, 55

2.11 Metrópole, 56

2.12   Região metropolitana, 59

2.13   Conurbação, 62

2.14   Rede de cidades, 66

2.15   Megalópole, 70

2.16   Cidade global, 72

capítulo três   Cenário do urbanismo no século XXI, 80

3.1   Ocupação do espaço urbano, 84

3.2   Dinâmicas de crescimento urbano e seus efeitos, 94

3.3   Diretrizes para as cidades do século XXI, 100

capítulo quatro   Dimensões do planejamento urbano, 112

4.1   Determinação das dimensões, 114

4.2   Círculos da sustentabilidade, 133

capítulo cinco   Escalas do planejamento urbano, 142

5.1   Macroescala, 145

5.2   Microescala, 149

capítulo seis   Política urbana brasileira e instrumentos de planejamento urbano, 164

6.1   Fundamentos da política urbana brasileira, 166

6.2   Planos e instrumentos de planejamento urbano, 174

capítulo sete   Mobilidade urbana, 214

7.1   Contextualização da mobilidade urbana, 216

7.2   Conceitos da mobilidade urbana, 218

7.3   Contexto histórico global, 221

7.4   Contexto histórico brasileiro, 223

7.5   Infraestrutura e gestão, 227

7.6   Fundamentação jurídico-legal, 229

7.7   Gestão da mobilidade urbana, 242

7.8   Mobilidade e cidade sustentável, 249

7.9   Desenho urbano e mobilidade, 251

7.10   Mobilidade urbana e engenharia de tráfego, 252

7.11   Impacto de atividades geradoras de tráfego, 253

7.12   Intermodalidade de transporte, 256

7.13   Mobilidade urbana inteligente, 258

7.14   Mobilidade ativa, 262

7.15   Micromobilidade, 264

7.16   Tendências da mobilidade urbana, 266

7.17   Inovações na mobilidade urbana, 268

7.18   Veículos autônomos, 271

Considerações finais, 280

Referências, 287

Respostas, 303

Sobre os autores, 311

Apresentação

As cidades se configuram como o espaço de concentração de dinâmicas humanas, individuais e sociais. O fenômeno do agrupamento de pessoas e suas atividades define sistemas de alta complexidade, especialmente no cenário de crescente urbanização do globo. A população que vive em cidades ultrapassou a população rural em números absolutos no ano de 2007 (PNUD, 2008). Em 2020, a estimativa era de que 55% das pessoas do planeta habitem a área urbana, com previsão da taxa de urbanização para 2050 de 68% (Burdett; Sudjic, 2007), o que significaria sete bilhões de pessoas vivendo nas cidades.

Diante desse contexto, nossa proposta com esta publicação é contribuir para a formação e a orientação daqueles que trabalham com a cidade. Aliás, não se pode definir por uma disciplina, qualquer que seja, o profissional com competência para lidar com a cidade que, pelo fenômeno socioespacial que representa, depende de uma vasta integração de conhecimentos. Planejadores, gestores e tomadores de decisões relativas ao ambiente urbano devem buscar aprofundar seu conhecimento e sua capacidade de solucionar problemas complexos da forma mais simples e adequada possível. As decisões tomadas por aqueles que planejam e gerem o ambiente urbano afetam a vida de muitas pessoas, com efeitos diretos e indiretos sobre a população de determinada cidade. Por isso, a compreensão dos conceitos fundamentais que abordam a temática do planejamento urbano, o entendimento das forças que moldaram a cidade contemporânea, as capacidades intelectual e metodológica de leitura dos cenários e o conhecimento sobre os instrumentos de planejamento urbano precisam contribuir para que se potencializem os efeitos positivos das políticas e ações urbanas.

O objetivo deste livro é orientar o estudo, a aprendizagem e a formação de profissionais que buscam aprofundamento no tema das cidades para aplicação prática ou acadêmica. Para abranger com eficiência todos esses assuntos, organizamos o conteúdo em sete capítulos.

No primeiro capítulo, introduzimos a temática do planejamento urbano e da mobilidade de modo a auxiliar o leitor a compreender a contextualização das cidades, objeto de estudo do planejamento urbano, para, nos capítulos seguintes, tratar de conceitos, métodos e aplicações do planejamento urbano e da mobilidade urbana.

No segundo capítulo, apresentamos conceitos fundamentais aos estudos urbanos para criar a base de entendimento que permitirá melhor aproveitamento do conteúdo abordado no presente livro. Nesse sentido, contemplamos também dados e pesquisas a respeito das cidades brasileiras e do mundo.

No terceiro capítulo, contextualizamos a cidade contemporânea e o processo de desenvolvimento socioambiental que determinou o cenário urbano atual. No quarto capítulo, tratamos de algumas dimensões do planejamento urbano, as quais fundamentam as análises temáticas e espaciais integradas, que são abordadas no quinto capítulo e devem reunir-se em processos transdisciplinares, ou antidisciplinares, como sugerido por Joy Ito*, de leitura, de avaliação e de geração de evidências para fundamentar tomadas de decisão.

No sexto capítulo, evidenciamos os instrumentos de planejamento e gestão urbana ofertados pelo arcabouço jurídico-legal da política urbana brasileira e seus desdobramentos e regulamentações.

No sétimo capítulo, analisamos um conteúdo especialmente dedicado à mobilidade urbana, destacando os instrumentos e as diretrizes para a mobilidade urbana promotora da igualdade de acesso à cidade.

Segundo o globalmente reconhecido arquiteto chileno, Alejandro Aravena (2014, tradução nossa), "quanto mais complexo o desafio, mais simples deve ser a solução", ou seja, criar soluções simples para as cidades exige certa dose de conhecimento, mas especialmente capacidade de leitura de cenário, desenho da estratégia e promoção de ações.

Encerramos a apresentação deste livro com a expectativa de que esta leitura seja uma contribuição ao conhecimento sobre as cidades e a forma de lidar com elas.

---

* MIT Media Lab – antidisciplinarity.

Como aproveitar ao máximo este livro

Empregamos nesta obra recursos que visam enriquecer seu aprendizado, facilitar a compreensão dos conteúdos e tornar a leitura mais dinâmica. Conheça a seguir cada uma dessas ferramentas e saiba como elas estão distribuídas no decorrer deste livro para bem aproveitá-las.

Logo na abertura do capítulo, relacionamos os conteúdos que nele serão abordados.

Conteúdo do capítulo

- Contextualização das cidades e os desafios do desenvolvimento urbano.
- Principais tendências de tecnologias digitais e soluções ecossistêmicas na gestão urbana.

Antes de iniciarmos nossa abordagem, listamos as habilidades trabalhadas no capítulo e os conhecimentos que você assimilará no decorrer do texto.

Após o estudo deste capítulo, você será capaz de:

1. compreender a contextualização das cidades, objeto de estudo do planejamento urbano;
2. apreender indicadores e referências a respeito dos desafios em busca do desenvolvimento urbano promotor da sustentabilidade em todos seus aspectos;
3. perceber novas tendências que abordam a renaturalização das cidades, como soluções ecossistêmicas e ecológicas;
4. conhecer brevemente sobre o contexto das tecnologias digitais e a influência no planejamento e na gestão urbana.

Questão para reflexão

1. Por qual motivo a sociedade se desenvolveu, especialmente no século XX, sem atentar ao esgotamento dos recursos e à degradação ambiental que ocorreu maciçamente, e segue ocorrendo, mesmo com todos os alertas emitidos pelo próprio planeta?

Ao falar de qualquer realidade contemporânea, as tecnologias da informação e da comunicação devem ser consideradas como um ativo, mas também podem gerar inflexões no comportamento humano que surpreendem a todos, nas cidades inclusive. A disrupção digital ocorrida nas cidades, e que representou uma grande mudança no comportamento social com relação ao uso das tecnologias disponíveis, afetou diretamente a mobilidade das pessoas. Os aplicativos de carona, como Uber e 99, foram amplamente aprovados pela sociedade, pois viabilizaram o uso do carro sem a necessidade de ser proprietário de veículo, por um custo e uma agilidade muito mais acessível do que pelo uso do táxi.

O sucesso dos aplicativos de carona, dos aplicativos de hospedagem, tipo Airbnb, é resultado da grande benesse e descomplicação da vida urbana contemporânea que eles representam, porém esses exemplos da chamada economia de compartilhamento também provocam reflexos sociais e justo exercício de suas atividades. No caso dos aplicativos de carona, muitas cidades avançaram em mecanismos de tributação dessa prestação de serviço, motoristas se organizam para reivindicar melhores condições de trabalho, estímulo ao uso do carro e criou mais um perfil de mobilidade urbana baseado no uso do automóvel e inacessível para as populações mais pobres.

No caso do aplicativo de hospedagem, alguns processos de regulamentação por gerar concorrência desleal ao setor hoteleiro e ao mercado imobiliário são aplicados, como no caso de Nova Iorque. O que se busca com esses exemplos é chamar atenção à necessidade de fundamentos éticos, social e ambientalmente, para que o

2.15 Megalópole

Termo popularizado na década de 1960 por Jean Gottman, geógrafo francês, megalópole é um sistema urbano que conta com grande integração de fluxos diários de pessoas. Caracterizado fisicamente pelo espraiamento em escala regional ou sub-regional, é composta por duas ou mais metrópoles dependentes entre si. Geralmente, essas metrópoles se encontram conectadas por eixos viários e de transporte em massa, permitindo que as longas distâncias sejam percorridas em espaço curto de tempo.

Fique atento!

É importante observarmos a diferença entre os termos megalópole e megacidade. A megalópole, como descrito antes, é caracterizada pela dependência funcional entre entes, normalmente entre duas metrópoles ou entre uma metrópole e uma cidade de porte relevante. Já as megacidades são caracterizadas por metrópoles que apresentam grande número populacional, normalmente superando a marca de quinze milhões de habitantes.

A megalópole brasileira, conhecida como megalópole do Sudeste, abarca a principal e maior metrópole – São Paulo –, a metrópole do Rio de Janeiro e os municípios de Campinas, São José dos Campos, Ribeirão Preto e Sorocaba, com um total de 233 municípios compondo essa complexa rede interdependente. Esse é o principal centro brasileiro, em que são realizados os maiores investimentos em termos econômicos, com intensos e dinâmicos fluxos urbanos entre todos os territórios envolvidos.

Ainda a respeito dessa megalópole, as áreas urbanas de menor extensão abrigam atividades complementares às observadas nas cidades principais, e outras, como no caso do litoral, fazem parte desse ente maior por abrigar atividades de lazer, práticas dos habitantes

Algumas das informações centrais para a compreensão da obra aparecem nesta seção. Aproveite para refletir sobre os conteúdos apresentados.

Importante!

É muito comum, e previsto legalmente, que municípios de uma mesma região se consorciem para garantir acesso à infraestrutura e a serviços por meio de equipamentos como hospitais, aterros sanitários, ou até mesmo se associem para determinadas linhas de transporte. Portanto, a escala municipal do planejamento urbano deve considerar o contexto regional, sejam regiões administrativas, por homogeneidade ou ainda por polarização.

5.2 Microescala

A divisão entre *macro* e *microescalas* do planejamento urbano não tem a pretensão de ser uma separação definitiva, trata-se apenas de um critério para favorecer a compreensão didática. Nesta seção, trataremos das escalas de análise de partes de um município, ou mais coloquialmente, **do município para dentro**. Isso inclui a própria escala urbana, definida pelos perímetros urbanos, em alguns casos 100% da área municipal; a escala da regional urbana, como uma subdivisão administrativa da cidade; a escala dos setores urbanos, que não se configuram como limites administrativos, mas por homogeneidade ou polarização; a escala do bairro, como partes componentes de uma cidade consolidadas administrativamente; e a escala da vizinhança.

Escala urbana

Considerando as pessoas como escala de análise de uma cidade, a limitação de espaço passa a ser o quanto uma pessoa consegue se deslocar a pé para realizar suas atividades. A distância média adotada de quanto uma pessoa está disposta a caminhar é entre

---

Ao final de cada capítulo, relacionamos as principais informações nele abordadas a fim de que você avalie as conclusões a que chegou, confirmando-as ou redefinindo-as.

Ao realizar estas atividades, você poderá rever os principais conceitos analisados. Ao final do livro, disponibilizamos as respostas às questões para a verificação de sua aprendizagem.

analisando importantes cidades mundiais como Cidade do México, Berlim, Nova Déli, Brasília, Colômbia, entre outras. A discussão gira em torno dos pontos de sucesso ou insucesso dos ambientes urbanos, sendo sugeridos formas de resgatar o sentido de lugar e caráter para as paisagens urbanas.

Síntese

Para avançar nos estudos urbanos, é importante percebermos as diferenças, assim como as relações, entre os diversos conceitos fundamentais às relações urbanas mais complexas. Neste capítulo, tratamos de conceituar elementos que seguem em debate e permanecem inconclusivos diante das transformações do processo urbano, como o conceito de cidade. Demais conceitos são materiais e tangíveis, e estão associados à prática do planejamento e gestão, como densidade, uso e ocupação do solo.

Abordamos também a caracterização de fenômenos decorrentes da urbanização, como região metropolitana e conurbação, que contextualizam tendências e efeitos do desenvolvimento das cidades. Para auxiliar na compreensão desses conceitos, apresentamos grande parte deles acompanhada de ilustrações e exemplos, como dados e informações da realidade brasileira.

Questões para revisão

1. Grande parte dos municípios brasileiros abrangem área rural consideravelmente maior do que aquelas contidas em perímetros urbanos. Entretanto, alguns municípios não abrangem área rural, com 100% de sua área como urbana. Você conhece exemplos de municípios 100% urbanos? Como você descreveria a diferença entre a área rural e a área urbana de um município?

capítulo um

Introdução aos estudos sobre planejamento urbano e mobilidade

Conteúdo do capítulo

+ Contextualização das cidades e os desafios do desenvolvimento urbano.
+ Principais tendências de tecnologias digitais e soluções ecossistêmicas na gestão urbana.

Após o estudo deste capítulo, você será capaz de:

1. compreender a contextualização das cidades, objeto de estudo do planejamento urbano;
2. apreender indicadores e referências a respeito dos desafios em busca do desenvolvimento urbano promotor da sustentabilidade em todos seus aspectos;
3. perceber novas tendências que abordam a renaturalização das cidades, como soluções ecossistêmicas e ecológicas;
4. conhecer brevemente sobre o contexto das tecnologias digitais e a influência no planejamento e na gestão urbana.

Stevie Wonder (1973), célebre músico norte-americano, ilustra a vida nas cidades em sua música *Living for the City*, lançada em 1970, e conta como uma família negra do Mississipi vivia sob os impactos da industrialização. Ouvir e compreender a música de Stevie Wonder é uma forma prazerosa e didática de entender que a industrialização é um fenômeno inerente à urbanização, é uma forte influência no desenho da cidade contemporânea. A Organização das Nações Unidas (ONU) afirma que "como um todo, a humanidade alcançou uma prosperidade sem paralelo [...] isto dito, a desigualdade permanece teimosamente alta e está aumentando em muitos países" (PNUD, 2008).

De acordo com os Objetivos de Desenvolvimento Sustentável das Nações Unidas, especificamente o Objetivo 11, sobre cidades e comunidades sustentáveis, a sociedade global enfrenta o desafio de tornar cidades e assentamentos humanos inclusivos, seguros, resilientes e sustentáveis. Para isso, um esforço estratégico é garantir acesso igual a condições decentes quando quase 25% da população vive em favelas e mais da metade da população urbana não tem acesso ao transporte (ONU Brasil, 2015b).

Enrique Peñalosa, ex-prefeito de Bogotá*, com base em dados da ONU, observa:

> de acordo com as Nações Unidas, haverá cerca de 2,8 bilhões de novos habitantes nas cidades dos países em desenvolvimento ao longo dos próximos 40 anos...É nas cidades dos países em desenvolvimento que muitos dos principais desafios urbanos e ambientais estão concentrados neste século. E questões de equidade e de inclusão são especialmente importantes nelas, na medida em que suas sociedades são altamente desiguais. Desigualdade e exclusão podem ser ainda mais dolorosas de que a

---

* Bogotá é cidade colombiana reconhecida por avanços decorrentes do planejamento urbano, especialmente quanto à mobilidade urbana.

> pobreza, mas a forma com que criamos e organizamos as cidades pode ser um poderoso instrumento para a construção da equidade e da justiça social. (Peñalosa, 2007, p. 310, tradução nossa)

Além dos desafios sociais, as cidades representam a grande concentração de uso de recursos do planeta, inclusive, energéticos. Considerando a grande extensão dessa intervenção no ambiente, podemos dimensionar um impacto ambiental proporcional, ao considerar as matrizes e fontes atuais. Segundo a World Wide Fund for Nature-Brasil (WWF-Brasil)*, a sociedade global utiliza cerca de 50% a mais do que o que temos disponível em recursos naturais, ou seja, precisamos de um planeta e meio para sustentar nosso estilo de vida atual (WWF-Brasil, 2021).

Kwinter (2014, p. 94) esclarece que

> desde a revolução industrial, quando se fortaleceu a díade campo/cidade, grandes sublevações na vida social, econômica e política transformaram irreversivelmente o território, um desperdício de recursos com alto impacto ambiental, a resultar na crise econômica e ecológica dos dias atuais. Um processo enraizado na oposição cidade e natureza, a partir do qual se perdeu a oportunidade de criar um mundo melhor.

Os depoimentos relativos ao cenário social e ambiental dão o tom dos desafios a enfrentar por meio do conhecimento e dos instrumentos de planejamento e gestão urbana.

Com base neste texto introdutório, podemos perceber a complexidade da cidade, que se estabelece como um fenômeno,

---

* World Wide Fund for Nature (em português, Fundo Mundial para a Natureza) é uma organização de conservação global. A WWF-Brasil é uma organização nacional que integra a Rede WWF. Para conhecer mais sobre a organização, acesse: <https://www.wwf.org.br/>. Acesso em: 10 set. 2021.

um "organismo vivo", e inferir que as políticas públicas efetivadas por meio de planejamento, desenho e práticas urbanas devem servir para um equilíbrio entre forças sociais que buscam apropriar-se da cidade, de acordo com seus desejos e suas necessidades. Partindo da ciência da má distribuição da riqueza de recursos, evidente na sociedade global, e da consciência de que a detenção dos recursos é determinante no perde e ganha do uso e da ocupação do solo urbano, devemos reconhecer que a gestão urbana deve basear-se em critérios éticos de atuação a favor da justiça social e ambiental.

Observando a Figura 1.1, é possível observar a desigualdade social, representada pelo diferente acesso à moradia, bastante presente nos municípios brasileiros, principalmente em metrópoles e grandes centros urbanos.

Figura 1.1 – Desigualdade social na ocupação urbana

A política urbana e sua regulamentação, por meio de planos e mecanismos de gestão, têm como prerrogativa "ordenar o pleno desenvolvimento das funções sociais da cidade e garantir o bem-estar de seus habitantes", conforme expresso no art. 182 da Constituição

Federal (Brasil, 1988). Como um instrumento pela melhoria da qualidade de vida e bem-estar por meio do acesso a recursos, serviços e oportunidades, o planejamento urbano, inclusive no que diz respeito à mobilidade, deve servir à gestão e, consequentemente, ao desenvolvimento territorial de regiões, de municípios, de setores urbanos, de vizinhanças, no sentido da sustentabilidade em todo seu espectro.

O desenvolvimento sustentável das cidades se apresenta como grande desafio a planejadores urbanos e governantes, principalmente quando se deparam com um crescimento urbano acelerado e desordenado. Uma das principais providências no processo de urbanização, visando evitar desigualdades sociais e ambientais, é o acesso à infraestrutura e a serviços públicos básicos, como saúde, educação e saneamento, além do acesso igualitário de toda a população às oportunidades na cidade, o que entendemos como o pleno exercício do direito à cidade.

No estudo do urbanismo, quando falamos de acesso à cidade, as noções de perto e longe ou de bem e mal localizado não são apenas distâncias físicas. A disponibilidade e o acesso a transporte, centros comerciais e de serviços, assim como a locais de emprego, são os fatores a serem considerados para definição das localidades. Um menor deslocamento diário para chegar ao trabalho e aos serviços essenciais, assim como opções de lazer próximas à residência, promovem melhor qualidade de vida à população e são condições que podem ampliar ou reduzir as desigualdades sociais tão observadas nas cidades atuais. Como defende Sim et al. (2015, tradução nossa), no artigo *Great cities look small* (Grandes cidades parecem pequenas), as "cidades bem-sucedidas conectam pessoas, cidade fracassadas isolam pessoas".

O planejamento urbano deve promover a socialização e a fruição do espaço urbano por meio de estratégias no sentido de convidar a população ao convívio, entre si e com o meio. Em outras palavras, deve promover áreas de uso múltiplo e diversificado: áreas residenciais para públicos diversos se misturam com áreas de uso comercial e de serviços; áreas de usos comunitários, como saúde, educação, locais de culto; e amenidades como pequenas praças, jardins e parquinhos permitem que grande parte das demandas sociais sejam atendidas com pequenos deslocamentos, que sejam acessíveis por caminhadas, por bicicleta ou mesmo por pequenas viagens motorizadas. A diversidade residencial para públicos diversos também é importante como geração de convívio entre pessoas de diferentes perfis socioeconômicos.

A ciência comprova que o exercício de convivência com a diversidade é fator inerente à qualidade de vida e ao bem-estar. Entre as melhores cidades do mundo para se viver, uma característica valorizada pelo ranking da Economist Intelligence Unit* é a de "permitir mais atividades recreativas sem levar a níveis altos de crime e sem sobrecarregar a infraestrutura" (EIU, 2015, tradução nossa). As atividades de lazer em espaços públicos da cidade funcionam como um excelente indicador de questões como violência urbana, infraestrutura e acessibilidade, por exemplo. Esse olhar do planejador e gestor urbano de que o objetivo maior de suas ações é a viabilidade da população acessar e exercer seus direitos básicos com qualidade de vida e bem-estar é fundamental para que os desafios urbanos sejam enfrentados e as mudanças necessárias se efetivem.

Como também defende o arquiteto dinamarquês Jan Gehl (2013, p. 7), autor do *best-seller Cities for People* (*Cidades para pessoas*),

> os quatro objetivos-chave de cidades, como vitalidade, segurança, sustentabilidade e saúde, podem ser imensamente reforçados pelo aumento da preocupação com pedestres, ciclistas e com a vida na cidade em geral [...] que os moradores se sintam convidados a caminhar e pedalar em conexão com suas atividades cotidianas.

---

* Economist Intelligence Unit é a unidade de inteligência da revista britânica *The Economist*.

Outra vertente do urbanismo, com uma aspiração além da cidade para pessoas de Jan Gehl, e a percepção de que as cidades não devem priorizar o ser humano, mas a crise ambiental evidenciada especialmente pelo aquecimento global, chama a atenção para que a tomada de decisão seja centrada na vida de modo geral, o que significa dizer que a sociedade global deve apropriar-se dos recursos necessários às suas atividades, porém de modo a mitigar ou compensar drasticamente seus impactos, a ponto de favorecer a renaturalização das cidades (do inglês, *renaturing cities*) por meio de soluções baseadas na natureza (*nature-based solutions*).

Como observamos na Figura 1.2, as cidades contemporâneas são caracterizadas por um adensamento em áreas centrais e uma redução da densidade para suas bordas, nesse caso, a baixa densidade apresenta as características de usos múltiplos, inclusive, áreas verdes.

Figura 1.2 – Vista da paisagem urbana da cidade de Kuala Lumpur, Malásia

A Figura 1.3 retrata a cidade de Ho Chi Minh, a mais populosa do Vietnã, que tem, no rio, um de seus eixos de desenvolvimento. Segundo a linha da renaturalização das cidades, a cidade deve integrar-se à natureza, não apenas fazer uso dela.

Figura 1.3 – Vista aérea da cidade de Ho Chi Minh, Vietnã

Como explica o pesquisador e planejador urbano Thami Croeser, analista espacial do Royal Melbourne Institute of Technology – RMIT, em entrevista ao Urban Green Up, projeto que visa desenvolver, aplicar e validar uma metodologia de planos urbanos de renaturalização,

> a natureza nas cidades faz muitas coisas para nós. Ela pode manter as cidades frescas, evitar inundações, limpar o ar, melhorar nossa saúde mental e incentivar exercícios. É também um *habitat* valioso para muitas espécies e pode contribuir para a beleza e a identidade dos lugares em que vivemos. (Verri, 2019, tradução nossa)

Esse movimento de renaturalização das cidades está associado a uma reflexão sobre a crise do antropocentrismo, visto que o homem não deve mais ser o centro da tomada de decisão, mas sim uma análise ecológica que compreende a sinergia entre homem e natureza. Os autores Caffo e Coppola (2017) observam que, neste pós-humanismo, devemos entender os impactos do direito humano de uso e consumos dos recursos e se dedicar aos espaços que abrigarão a vida, inclusive humana, no futuro.

Nesse sentido, o antropocentrismo, antes com o homem como figura central e medida de todas as coisas, deve, agora, voltar-se para a ideal relação simbiótica entre homem e natureza, a qual deve ser considerada para tomadas de decisão relativas à cidade que objetivem a sustentabilidade e um futuro com mais qualidade de vida em seu sentido mais amplo.

> *Questão para reflexão*
>
> 1. Por qual motivo a sociedade se desenvolveu, especialmente no século XX, sem atentar ao esgotamento dos recursos e à degradação ambiental que ocorreu maciçamente, e segue ocorrendo, mesmo com todos os alertas emitidos pelo próprio planeta?

Ao falar de qualquer realidade contemporânea, as tecnologias da informação e da comunicação devem ser consideradas como um ativo, mas também podem gerar inflexões no comportamento humano que surpreendem a todos, nas cidades inclusive. A disrupção digital ocorrida nas cidades, e que representou uma grande mudança no comportamento social com relação ao uso das tecnologias disponíveis, afetou diretamente a mobilidade das pessoas. Os aplicativos de carona, como Uber e 99, foram amplamente aprovados pela sociedade, pois viabilizaram o uso do carro sem a necessidade de ser proprietário de veículo, com custo acessível e mais agilidade quando comparados ao táxi.

O sucesso dos aplicativos de carona e dos aplicativos de hospedagem, tipo Airbnb, é resultado da grande benesse e descomplicação da vida urbana contemporânea que eles representam. Contudo, esses exemplos da chamada economia de compartilhamento também provocam reflexos sociais e justo exercício de suas atividades. No caso dos aplicativos de carona, muitas cidades avançaram em mecanismos de tributação dessa prestação de serviço, motoristas se organizam para reivindicar melhores condições de trabalho, há estímulo ao uso do carro, além da criação de mais um perfil de mobilidade urbana baseado no uso do automóvel e inacessível para as populações mais pobres.

No caso do aplicativo de hospedagem, alguns processos de regulamentação, em razão de gerar concorrência desleal ao setor hoteleiro e ao mercado imobiliário, são aplicados, como no caso de Nova Iorque. O que buscamos com esses exemplos é chamar atenção à necessidade de fundamentos éticos, social e ambientalmente, para que o uso das tecnologias digitais contribua com os grandes desafios da cidade contemporânea, bem como para que não sirva como um mecanismo de aumento da desigualdade social. A cidade e a ciência da cidade devem apropriar-se das infraestruturas e de elementos que compõem essa capacidade de comunicação, conforme sugerido por Duarte e Álvarez (2019, p. 2, tradução nossa):

> o uso generalizado de infraestruturas de informação e dispositivos pessoais que as pessoas usam para se comunicar e acessar serviços baseados na *web* gera trilhões de traços digitais de atividades e interações, geralmente com metadados adicionais, como carimbos de data e hora e geolocalizações, que são muito úteis.

A revolução digital, também chamada de *quarta revolução industrial*, como cunhado por Schwab (2016), oferece contribuições importantes à gestão das cidades. As prefeituras e suas estruturas administrativas precisam equipar-se e atualizar-se para que as tecnologias digitais contribuam com a qualidade de vida da população pelos mecanismos de planejamento e gestão que devem receber a contribuição de evidências geradas por sistemas de informação inteligentes. Sensores, redes, aparelhos individuais espalhados por tudo e por todos propiciam um amplo alcance a dados e informações, o que determina a internet das coisas com alto potencial de aplicação em soluções urbanas.

Como esclarece Baccarin (2018, p. 4), "A internet das coisas, do inglês *internet of things* (IoT), pode ser vista como uma infraestrutura global de informações, a qual permite novos serviços interconectando coisas físicas e digitais [...] realizando comunicações entre pessoas, entre pessoas e coisas e somente entre coisas".

Mesmo diante de tantos desafios, devemos considerar que o planejamento urbano tem contribuído amplamente para organizar e orientar o desenvolvimento urbano, minimizando impactos socioambientais. Muitas cidades e suas políticas urbanas colaboram com a qualidade de vida de sua população por meio da adequação do espaço, da infraestrutura e da promoção de dinâmicas urbanas que viabilizam o atendimento às necessidades e aos anseios da sociedade.

É nesse caminho que reside a importância do planejamento urbano, reforçada pelos desafios do século XXI, o século das cidades, de influenciar o desenvolvimento urbano por meio do desenho de soluções, instrumentos e regulamentações no sentido da qualidade de vida e do bem-estar no meio urbano.

Para saber mais

SLEE, T. **Uberização**: a nova onda do trabalho precarizado. São Paulo: Elefante, 2019.

O autor busca desmistificar a economia do compartilhamento, que foi exposta, inicialmente, com objetivo de cooperação social e melhoria na utilização dos recursos disponíveis. Serviços como Uber e Airbnb, na verdade, trouxeram precariedade ao trabalho – com desregulamentação, concentração de renda para empresas e executivos –, bem como perda de autonomia dos indivíduos e cooperativas ao que se prometia trazer eficiência no transporte e cooperação entre vizinhanças e desconhecidos.

URBAN GREEN UP. **Climate Change Challenge Catalogue.** Disponível em: <https://www.urbangreenup.eu/resources/deliverables/deliverables-overview/d1-2-climate-change-challenge-catalogue.kl>. Acesso em: 18 jul. 2021.

Urban Green Up é um projeto da União Europeia, cujos objetivos são o desenvolvimento, a aplicação e a replicação de planos urbanos de renaturalização em várias cidades, buscando aumentar a sustentabilidade, mitigar os efeitos das mudanças climáticas, melhorar a qualidade do ar e a gestão da água por meio de soluções inovadoras baseadas na natureza. O relatório em questão pretende fornecer um guia para o processo de diagnóstico do planejamento urbano de renovação da natureza, indicando os objetivos e trazendo ferramentas de suporte para todo o processo.

Questões para reflexão

1. Os Objetivos do Desenvolvimento Sustentável (ODS) evidenciam os grandes desafios do desenvolvimento global quanto às cidades, quais sejam, a fragilidade de assentamentos humanos e a desigualdade de acesso aos recursos e oportunidades. Sugere-se uma reflexão: Quais seriam as três prioridades do planejamento urbano diante desse cenário?
2. Diante do grande impacto ambiental gerado pelo modo de vida urbano contemporâneo, é importante que a sociedade reveja certos pontos de seu comportamento. Em uma autorreflexão, como você percebe seu estilo de vida quanto à contribuição para redução de sua pegada ecológica? Você pode referenciar-se no cálculo proposto pela fundação WWF-Brasil, no *site*: <https://www.wwf.org.br/natureza_brasileira/especiais/pegada_ecologica/>.

Síntese

Neste capítulo, contextualizamos o objeto de trabalho do planejamento urbano e as cidades, apresentando alguns indicadores e referências globais sobre os desafios e o caminho a seguir para buscarmos um desenvolvimento urbano promotor da sustentabilidade em todos seus aspectos.

O conceito de cidades para pessoas orienta a priorização dos indivíduos e dos grupos sociais nas tomadas de decisão em detrimento das orientações de mercado, em seu sentido mais amplo.

Novas tendências trazem uma abordagem da renaturalização das cidades em um pensamento de cidades não exclusivamente para pessoas, mas pautadas por soluções ecossistêmicas e ecológicas, tema urgente frente à crise ambiental, que impacta o social.

Como conclusão, apresentamos um breve olhar sobre o contexto das tecnologias digitais e da internet das coisas e sua influência no planejamento e na gestão urbana.

Questões para revisão

1. De acordo com o pesquisador do Royal Melbourne Institute of Technology, Thami Croeser, "à medida que as cidades se desenvolveram, nos concentramos em transporte, habitação, indústria e infraestrutura, deixando a natureza em segundo plano. Nesse processo, frequentemente produzimos ambientes urbanos muito cinzentos que esquentam, inundam facilmente e são pouco atraentes e insalubres para se passar o tempo" (Verri, 2019, tradução nossa). Com base nos estudos deste capítulo, por que manter o meio ambiente preservado nas cidades é importante?

2. Ainda com base no contexto da questão anterior, cite uma cidade ou um bairro que conseguiu preservar o meio ambiente existente ou recuperar áreas verdes, apesar do desenvolvimento na ocupação urbana (se necessário, realize uma breve pesquisa).

3. "As cidades devem pressionar os urbanistas e os arquitetos a reforçarem as áreas de pedestres como uma política urbana para desenvolver a sustentabilidade social e para uma

sociedade democrática e aberta. No século XXI, percebemos os contornos dos vários e novos desafios globais que ressaltam a importância de uma preocupação muito mais focalizada na dimensão humana" (Gehl, 2013, p. 6).

Com base no que foi abordado neste capítulo e analisando o texto citado, quais são os objetivos-chave das cidades vivas e sustentáveis e como eles podem ser reforçados?

   a. Educação, transporte e saúde, reforçados por preocupações com o meio ambiente.
   b. Vitalidade, segurança, sustentabilidade e saúde, reforçados por preocupação com pedestres, ciclistas e com a vida na cidade em geral.
   c. Saúde, educação e cidadania, reforçados por preocupação com espaço para os automóveis.
   d. Os novos desafios globais orientam para uma cidade que prioriza o automóvel como principal modal de transporte.
   e. A cidade contemporânea precisa que as tomadas de decisão sejam centralizadas pelo Poder Público, para facilitar o atingimento dos objetivos de gestão urbana.

4. Na América Latina, cerca de 80% das pessoas vivem em cidades, e esse índice tende a aumentar, atingindo uma taxa de urbanização de 90% nas próximas décadas, segundo dados da ONU-Habitat. Essa região apresentou intensa urbanização, principalmente na segunda metade do século XX, muito superior ao de países desenvolvidos, com metade da população urbana vivendo em cidades com menos de 500 mil habitantes e mais de 10% vivendo em megacidades. Sobre esse tema, assinale a alternativa correta:

   a. A intensa urbanização nessas localidades ocorreu, principalmente, pela migração de parcela da população de países desenvolvidos.

b. As precárias condições de vida da população nas megacidades caracterizam a intensa urbanização observada na América Latina.

c. Esse processo de urbanização se caracterizou como lento e planejado, garantindo qualidade de vida para a população.

d. A urbanização da América Latina reflete o grande avanço econômico e a correta distribuição das riquezas em importantes países como Brasil e Argentina.

e. A globalização não afetou o desenvolvimento das cidades latino-americanas, que crescem de forma independente da economia global.

5. Para tratarmos do nível de urbanização, devemos considerar o número absoluto de pessoas vivendo em cidades. Se considerarmos a urbanização da China, por exemplo, o índice pode parecer baixo, com 60% de sua população vivendo em áreas urbanas. Entretanto, esse país concentra o maior número absoluto de habitantes, o que corresponde a mais de 835 milhões de pessoas vivendo em cidades. Já na Índia, segundo país em número absoluto de habitantes, menos de 30% da população vive no meio urbano, ou seja, cerca de 430 milhões de pessoas. Sobre o conceito de urbanização, é correto afirmar:

a. Relaciona as taxas de crescimento das cidades de diversos países do mundo.

b. Representa o crescimento do espaço físico das cidades.

c. Ilustra o crescimento dos habitantes das áreas urbanas em relação às áreas rurais.

d. Expressa o aumento do número absoluto da população que vive nas cidades.

e. Considera a taxa de crescimento do número total de habitantes de um país.

✦ ✦ ✦

capítulo dois

Conceitos do planejamento urbano

Conteúdos do capítulo:

+ Conceitos relacionados ao planejamento urbano.
+ Dados relevantes sobre cidades do Brasil e do mundo.
+ Informações sobre o desenvolvimento urbano.

Após o estudo deste capítulo, você será capaz de:

1. compreender elementos relacionados ao planejamento urbano e suas principais visões sobre os conceitos;
2. contextualizar tendências e efeitos do desenvolvimento das cidades.

O primeiro conteúdo que abordamos tratou de conhecimento fundamental relativo ao planejamento urbano, ao apresentar alguns dos vários conceitos componentes desse setor do conhecimento.

Aqui, será possível observar como as várias definições relacionadas ao estudo urbano se relacionam e se complementam, e como conceitos puros, ao associá-los com as cidades e o urbano, assumem um significado distinto, carregados de uma complexidade inerente ao tema.

2.1 *Cidade*

A cidade é considerada um ente complexo (Morin, 2001), por isso bastante difícil de conceituar. O dicionário *Michaelis* define *cidade* como uma "grande aglomeração de pessoas em uma área geográfica circunscrita, com inúmeras edificações, que desenvolve atividades sociais, econômicas, industriais, comerciais, culturais, administrativas etc., sinônimo de urbe" (Cidade, 2021).

A definição do verbete está correta, cumpre seu papel, mas não considera a complexidade do conceito. Como observa Souza (2008), para definir uma cidade é interessante considerar que coexistem cidades da antiguidade com cidades contemporâneas, assim como com outras de interior, cada qual com sua particularidade.

É muito comum que a ciência e outras áreas relativas à urbanidade se concentrem nas metrópoles, onde há alta densidade demográfica, porém devemos considerar outros portes e outras especificidades, tanto dos municípios e das cidades menores quanto da população rural, porque a rede territorial que compõe o urbano está muito além dos limites político-administrativos, especialmente se considerarmos as conexões digitais, que definem um espaço ampliado pela junção entre físico e digital.

Em uma ótica inspirada por Lewis Mumford (1922), grande pensador das cidades do século XX, a cidade pode ser definida como um espaço capaz de armazenar e transmitir bens produzidos pela população, concentrada de forma a permitir grande quantidade de facilidades em um espaço físico reduzido, capaz de se adaptar às necessidades da sociedade continuamente em mudança, sem abandonar, entretanto, a herança social já acumulada durante o tempo, que ajuda a contar a história das cidades por meio de intervenções relevantes, como as bibliotecas, as universidades, as igrejas, os parques, entre tantos.

Fundamentalmente um local de intercâmbios de produtos e consumo de bens e serviços, a cidade é também o local de exercício dos sistemas econômico, social e político e, ao mesmo tempo, o espaço onde ocorrem as funções educativas e de lazer. Pode, portanto, ser considerada mais do que a simples reunião de edifícios seguindo determinada organização, ela é a expressão e o suporte de conformação da civilização (Valenzuela, 1989).

Em uma definição mais contemporânea e associada ao impacto das tecnologias digitais, Duarte e Álvarez (2019, p. 4, tradução nossa) descrevem a cidade do século XXI como "artefatos sociotécnicos ativos, cada vez mais envolvidos com sensores e atuadores transportados por pessoas, incorporados em infraestruturas e logo integrados a materiais de construção e corpos humanos".

As cidades são, portanto, centralidades, em maior ou menor nível, que reúnem bens e serviços, podendo ultrapassar seus limites territoriais em se tratando de influência, atraindo, além de consumidores locais, também consumidores regionais, nacionais ou mesmo internacionais. As atividades econômicas envolvidas nesses locais, representados por assentamentos humanos, são altamente diversificadas e diferem dos considerados assentamentos rurais, como aldeias ou povoados, que concentram atividades de extrativismo como agricultura e pecuária, ainda sem nenhum tipo de processamento.

Sob o aspecto produtivo do uso do solo, termo a ser abordado na sequência deste capítulo, e ao contrário da área rural, a cidade é ocupada por produções industriais não agrícolas e nela são oferecidos comércios e serviços. Além do aspecto econômico citado, devem ser consideradas como características presentes na cidade as questões de gestão, administrativas, culturais e religiosas. É onde as pessoas se agrupam por meio de interesses comuns, mantendo ou criando culturas e tradições, que também geram dinâmicas sociais e econômicas.

Outro ponto interessante sobre as cidades diz respeito à sua dimensão. Não existe tamanho físico ou populacional exato para determinar que uma localidade é cidade. Cada nação adota um critério oficial distinto relacionado a esse aspecto, de acordo com suas características gerais e necessidades. Uma cidade pode ter vários milhões de habitantes ou apenas poucos milhares, e necessita, mais do que o número populacional exato, ter certa organização espacial, assim como características e atividades econômicas, considerando que a renda dos habitantes influencia diretamente a diversidade e a sofisticação dos comércios e serviços oferecidos.

As Figuras 2.1 e 2.2 ilustram essa questão: duas paisagens com portes e características distintos, exemplificando o conceito de cidade.

Figura 2.1 – Manhattan, distrito da cidade de Nova Iorque

Figura 2.2 – Município de Itamogi, em Minas Gerais

O *Dictionnaire La ville et l'urbain* (Pumain; Paquot; Kleinschmager, 2006, tradução nossa) define cidade como

> um meio de *habitat* denso, caracterizado por uma sociedade diferenciada, uma diversidade funcional, uma capitalização e uma capacidade de inovação que se inscrevem em múltiplas redes de interação e que formam uma hierarquia, que incluem nós de mais em mais complexos que vão desde as pequenas cidades até as maiores.

Como afirmamos antes, não há uma definição absoluta para o que seja uma cidade, mas sim abordagens diversas que permitem vasta literatura referente à conceituação de cidades. A seguir, apresentamos outros conceitos complementares à compreensão do que é uma cidade e do urbano.

> *Questão para reflexão*
> 1. Diante das transformações que determinam certa imprevisibilidade como resultado da revolução digital, entre outros fatores que influenciam a vida contemporânea, surge a reflexão com relação ao futuro das cidades: Os pequenos e médios municípios correm risco de desaparecer em virtude da completa migração das populações para as grandes metrópoles?

2.2 *Espaço*

A cidade como a enxergamos é o resultado da dinâmica de produção do espaço urbano. O dicionário *Michaelis* define *espaço* como uma "extensão tridimensional ilimitada ou infinitamente grande, que contém todos os seres e coisas e é campo de todos os eventos"

(Espaço, 2021). No caso do espaço urbano, ele ganha uma limitação espacial, com variações de dimensão, de escala, de porte; já os eventos estão associados a relações sociais que moldam a cidade, que a definem espacialmente.

Milton Santos (1985), cientista brasileiro que promoveu grande contribuição à ciência dos espaços geográficos, entende a cidade como relação socioespacial e considera o espaço como uma instância da sociedade, da mesma forma que a economia e a cultura. Santos (1985, p. 3) observa, ainda, que "a organização atual do espaço e a hierarquia entre lugares se deve a seus papéis no sistema produtivo, associando produção, circulação, distribuição e consumo como elementos construtores da cidade".

Na mesma linha de Santos, Firmino (2005) associa o social e o temporal na compreensão do espaço, que não pode ser analisado como uma simples entidade física, separado do tempo histórico e de aspectos sociais.

Com base em uma visão crítica com relação à produção social do espaço urbano, Negri (2010) explica a segregação socioespacial como um fenômeno essencialmente espacial, sendo o espaço produzido e organizado de acordo com os interesses das diferentes classes sociais, adquirindo uma expressão espacial por meio da estruturação do espaço urbano de forma a segregar diferentes grupos sociais.

O importante nessa conceituação do espaço urbano é percebê-lo não como uma paisagem estática, mas como um elemento em constante transformação pelas dinâmicas sociais. Como esclarece o geógrafo Yi-fu Tuan (2013, p. 18), "a percepção do espaço pelo homem depende da qualidade de seus sentidos e também de sua mentalidade, da capacidade da mente de extrapolar além dos dados percebidos".

2.3 Lugar

Ao relacionar o conceito de lugar à definição de espaço, é possível determinar uma diferença essencial: o lugar dá noção de especificidade, de limite, ao passo que o espaço é livre, ilimitado.

A relação de lugar nas cidades está associada à identidade, segundo Santos (1994), o que define o lugar é exatamente uma teia de objetos e ações com causa e efeito, que forma um contexto e atinge todas as variáveis já existentes, internas; e as novas, que se vão internalizar.

> Combinando a visão estruturalista de que o espaço é socialmente produzido e não fornecido, e a visão humanista de que as pessoas não vivem em uma estrutura de relações geométricas, mas em um mundo de significado, fica claro que os espaços geralmente funcionam de maneiras específicas, com características e significados distintos, em contextos particulares. Então, o espaço se torna lugar. (Koops; Galic, 2017, p. 23, tradução nossa)

Com a pretensão de definir lugar, sempre de forma relacionada ao conceito de espaço, podemos dizer que ambos estão associados com a materialidade, mas lugar depende de um significado, que pode ser traduzido de diversas formas, como seu contexto histórico ou cultural, por exemplo.

2.4 Território

O conceito de território, assim como o de lugar, parte do espaço como ente fundamental. Segundo o dicionário *Michaelis*, em sua acepção mais básica, *território* significa uma "grande extensão de terra", mas o dicionário também indica um conceito mais sofisticado ao associá-lo com uma visão jurídica segunda a qual território é "área da superfície de terra que contém uma nação, dentro de cujas fronteiras o Estado exerce a sua soberania, e que compreende todo o solo, inclusive rios, lagos, mares interiores, águas adjacentes, golfos, baías e portos" (Território, 2021).

O conceito de território é tema que não se esgota para a geografia, o urbanismo e outras ciências. Dessa forma, para compreendermos o território em suas diversas possibilidades, é fundamental entender como o conceito de espaço o antecede. O conceito de território tem base do espaço, apropriando-se concreta ou abstratamente, "para construir um território, o ator projeta no espaço energia e informação, adaptando as condições dadas às necessidades de uma comunidade ou de uma sociedade" (Saquet; Sposito, 2009, p. 26).

Em uma visão político-administrativa, a Constituição Federal brasileira de 1988, em seu art. 18, estabelece que "a organização político-administrativa da República Federativa do Brasil compreende a União, os Estados, o Distrito Federal e os Municípios, todos autônomos, nos termos desta Constituição" (Brasil, 1988), definindo, assim, sua composição territorial por unidades federativas. O artigo dispõe, ainda, que "os territórios federais integram a União, e sua criação, transformação em Estado ou reintegração ao Estado de origem serão reguladas em lei complementar" (Brasil, 1988, art. 18).

Conclusivamente, baseados em Haesbaert (2009), o território se define por conjugar elementos concretos e funcionais com elementos simbólicos e identitários, que corresponderiam à produção do espaço e sua apropriação.

2.5 *Região*

O exercício do planejamento territorial exige lidar com os limites territoriais, mesmo que, em alguns momentos, seja importante ignorá-los para que não se tornem obstáculos às leituras das dinâmicas que ocorrem entre os diferentes territórios. Entre os limites territoriais estão as regiões, que podem assumir diversas escalas, desde a região de uma cidade até uma região do país, passando pelas regiões metropolitanas.

O conceito do dicionário *Michaelis* é genérico em sua definição de *região*, "qualquer extensão territorial" (Região, 2021). Segundo o geógrafo Ruy Moreira (1997, p. 2), "a região é, então, uma forma matricial da organização do espaço terrestre e cuja característica básica é a demarcação territorial de limites rigorosamente precisos".

No entanto, a determinação dessa extensão territorial deve seguir certos critérios para configurar uma região. Apesar de estar envolto em ambiguidades e subjetividades, o conceito de região não se baseia apenas na geografia, mas também na intersecção entre as ciências, pois está ligado, basicamente, à noção de diferenciação de áreas. As regiões são determinadas pelo interesse de arranjos econômicos, porém outros elementos identitários são considerados não apenas como processos histórico-culturais, mas também consórcios para serviços públicos (Peruzzo; Volpato, 2009).

Ao longo desta obra, abordaremos alguns tipos de região em diferentes escalas, de forma associada a possíveis instrumentos de planejamento.

Questão para reflexão

1. Os conceitos de espaço, lugar, território e região se inter-relacionam. Qual a importância em desenvolver conceituações e debatê-las para a realidade urbana? O que liga esses conceitos à vida das pessoas são as políticas urbanas?

2.6 Densidade

A densidade é um fator de extrema relevância em um município, pois auxilia a determinação da demanda por serviços de infraestrutura e outros investimentos públicos de maneira geral. Existem dois tipos de densidade urbana: (1) densidade populacional e (2) densidade construída. A densidade **populacional** está ligada ao já citado fator de demanda por serviços públicos, com valor determinado, por exemplo, pela quantidade de habitantes por hectare. Já a **construída** diz respeito à área das edificações em certo espaço, como a metragem quadrada construída por hectare.

A área construída de uma localidade pode relacionar-se diretamente com o número de habitantes, mas não chega a ser uma regra, pois um conjunto residencial com grande metragem construída pode comportar um número razoável de moradores por conter apartamentos pequenos; já um arranha-céu também pode ocupar grande área, mas abrigar poucas famílias, por ter apartamentos com considerável área por unidade.

Qual a densidade habitacional mais adequada para um zoneamento? Essa resposta não pode ser trazida com base apenas na extensão de uma localidade, mas deve considerar que a funcionalidade de tal área seja promovida, principalmente em torno da diversidade urbana. "Deveríamos encarar as densidades da mesma maneira que encaramos as calorias e as vitaminas. As doses corretas são corretas por causa da eficácia delas. E o que é correto muda de acordo com as circunstâncias" (Jacobs, 2000, p. 132). As doses, então, são adequadas conforme proporcionam qualidade de vida à população.

Altas ou baixas, em ambos os casos, as densidades oferecem vantagens e desvantagens. A baixa densidade proporciona locais mais calmos, com mais qualidades de vida e ambiental, porém, sob o viés da infraestrutura, atividades distribuídas em grandes extensões territoriais aumentam o custo de qualquer serviço urbano a ser implementado. Já a alta densidade pode ser vantajosa quando se pondera o melhor aproveitamento do solo e da infraestrutura urbana, mas traz consigo desvantagens, como maior número de veículos circulando e a consequente poluição ambiental.

Com relação ao que chama de *vitalidade urbana,* Jacobs (2000) defende que quanto mais habitantes uma área abrigar, maior serão os fluxos de serviços, comércios, oportunidades de emprego e renda. Outro ponto sobre o aspecto de alta densidade é a oportunidade de interação social, com mais motivos para percorrer as ruas, caminhar e viver os espaços disponíveis, até mesmo porque quanto mais pessoas nas ruas, maior deve ser a segurança proporcionada. Considerando a densidade permitida para ocupação de um lote, a Figura 2.3 ilustra diferentes formas de ocupação para um mesmo lote urbano.

Figura 2.3 – Demonstração de diferentes ocupações com a mesma área construída

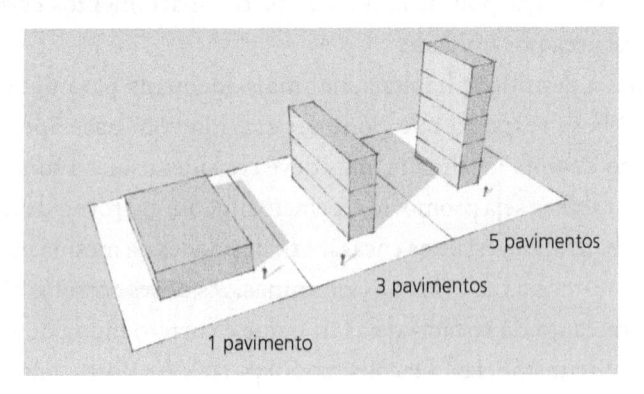

2.7 *Uso e ocupação do solo*

Como vimos, a densidade está diretamente relacionada com as possíveis formas de ocupar determinado território, com o potencial de uma porção territorial receber uma densidade demográfica ou construída. O uso de um espaço urbano está relacionado com a atividade que pode ou deve ser desenvolvida em determinada região ou zona da cidade.

Os planos diretores municipais, tema a ser tratado no Capítulo 6, têm como parte de seu escopo a lei de uso e ocupação do solo. O **uso do solo** define parâmetros que fundamentam o que pode ser construído em determinado lote, ou outra delimitação territorial. O uso do solo especifica os tipos de atividades que são permitidas, permissíveis, toleradas ou proibidas em uma gradação entre o que a gestão urbana deseja e o que rejeita em certas zonas urbanas.

A **ocupação do solo** define parâmetros que fundamentam o quanto pode ser construído em um determinado lote, ou outra delimitação territorial. Referências como coeficientes de área a se ocupar ou aproveitar, relacionados à área total do lote, altura das edificações, afastamentos relativos aos lotes vizinhos (confrontantes), entre outras, são conferidas por regras de ocupação do solo.

É muito importante que seja promovida a harmonia entre os usos e as ocupações não apenas dentro de determinada zona urbana, mas também com suas áreas contíguas, considerando condicionantes ambientais e sociais, bem como a capacidade de infraestrutura dos núcleos urbanos.

Questão para reflexão

1. A morfologia (forma) da cidade reflete as forças que a determinaram, e o planejamento urbano pode contribuir para promover uma harmonia entre diferentes áreas da cidade. Como você percebe a densidade e o uso e ocupação do solo do lugar onde você vive, desde seu lote, sua quadra, seu bairro, em seu caminho diário ou em outras atividades urbanas que fazem parte de seu dia a dia?

2.8 Município

Com a evolução das organizações sociais humanas, foi necessário estabelecer territórios. A evolução desse processo aprimorou a capacidade institucional do Poder Público e determinou uma divisão político-administrativa: o município, que é dividido em área urbana e área rural. Entretanto, com a evolução da sociedade e a busca por melhores condições de trabalho e de moradia, a atual configuração de ocupação humana é a vida nas áreas urbanas. A industrialização não só acentuou o processo de ocupação do solo urbano, como também gerou diversos problemas, sobre os quais trataremos em capítulos adiante. Importante marco ocorreu no ano de 2007, quando a população mundial passou a ser majoritariamente urbana.

Historicamente, nas primeiras civilizações, era clara a predominância do espaço rural na dinâmica econômica dos municípios, fato ainda observado em alguns territórios que têm como ocupação principal a agropecuária. Com o desenvolvimento tecnológico, esses espaços rurais, mesmo à distância, interagem efetivamente com conhecimento e processos produtivos, além de ter grande demanda proveniente das populações urbanas.

Os municípios são as unidades com menor autonomia na organização político-administrativa brasileira. A criação e o desmembramento em novos municípios devem obedecer às leis estadual e federal e ser aprovados pela população envolvida por meio de plebiscito. As leis que regem um município são chamadas de *leis orgânicas* e devem observar os princípios estabelecidos pelas Constituições Federal e Estadual.

É de responsabilidade dos municípios a determinação de seu perímetro urbano, área onde fica passível a cobrança do Imposto Predial e Territorial Urbano (IPTU), e o restante da área municipal recebe a classificação de área rural, onde é cobrado o Imposto sobre Propriedade Territorial Rural (ITR), imposto federal. Na área urbana, o município deve prover também infraestrutura e licenciar o parcelamento do solo compatível com a ocupação determinada e de acordo com os preceitos jurídico-legais das esferas estadual e federal.

A localidade onde está sediada a Prefeitura Municipal tem a categoria de cidade. O governo municipal é exercido por dois órgãos independentes: a Prefeitura e a Câmara de Vereadores. Ressaltamos que um município é um organismo, em que os territórios urbano e rural têm funções complementares, considerando as produções de recursos e de empregos.

Um município tem seu território dividido em áreas urbana e rural, visando à elaboração de políticas públicas e à prática da gestão territorial. Essa divisão, tanto para fins administrativos quanto estatísticos, pode ser feita pela seleção de diversos elementos (IBGE, 2017).

Um desses elementos pode ser o número de habitantes por certa área, ou seja, a **densidade demográfica**. Nesse aspecto, a área urbana se caracteriza pela concentração populacional e a rural, pela dispersão da ocupação.

Outro elemento de classificação pode ser a **ocupação econômica** da população. Na área rural, geralmente, ela caracteriza-se pelas atividades primárias relacionadas à agropecuária e, no meio urbano, pelas atividades secundárias e terciárias, como comércio e serviços.

A **morfologia** de cada um desses territórios, caracterizada pelo uso do solo, pelas edificações ou pelo tipo de arruamento, é mais uma forma de diferenciar a área urbana da área rural.

Na questão legal, a definição entre essas áreas ocorre pela descrição dos perímetros urbanos do município, que devem fazer parte do Plano Diretor Municipal. A delimitação do perímetro urbano determina questões tributárias, serviços públicos e, no caso da ocupação do espaço, apenas as áreas urbanas são passíveis de loteamento. Como consequência do perímetro, a área rural é todo o restante do município que ficou de fora da urbana.

O art. 2º do Estatuto da Cidade – Lei n. 10.257, de 10 de julho de 2001 – traz a seguinte diretriz relativa ao ordenamento das funções sociais e de propriedade urbana: "integração e complementaridade entre as atividades urbanas e rurais, tendo em vista o desenvolvimento socioeconômico do Município e do território sob sua área de influência" (Brasil, 2001). Um município conta com apenas uma sede administrativa, mas os perímetros urbanos podem ser vários. Existem casos de municípios em que outro perímetro urbano assumiu maior relevância socioeconômica e maior população do que a sede administrativa.

As caraterísticas apresentadas facilitam a compreensão da diferença entre as áreas urbana e rural, entretanto é importante compreender que são espaços pertencentes a um mesmo território (município), portanto devem ser considerados partes complementares dentro de uma estrutura. Identificar os fluxos existentes de pessoas, bens e serviços, facilita o planejamento de legislação e ações a serem abordadas na elaboração ou revisão de um plano diretor.

2.9 *Capital*

Um município, ao se apresentar como capital, precisa acolher a infraestrutura de um centro de governo, seja estadual, seja federal. Isso gera um significativo incremento na importância e na ocupação de uma cidade.

O Brasil tem uma experiência marcante de planejamento urbano em razão de sua capital federal ser uma nova cidade no interior do país construída, especificamente, para abrigar Brasília. Cidade projetada pelo arquiteto e urbanista brasileiro Lúcio Costa no planalto central brasileiro, Brasília substituiu o Rio de Janeiro como capital federal no ano de 1960. A promoção da ocupação da região central do Brasil, fortalecendo, inclusive, o Estado de Minas Gerais, foi uma das justificativas para a mudança da capital. Com planejamento e construção pelo então Presidente Juscelino Kubitschek, a terceira e atual capital do Brasil é sede do governo do Distrito Federal e dos poderes federais: Legislativo, Executivo e Judiciário.

Na Figura 2.4, observe uma imagem de Brasília.

Figura 2.4 – Vista da Esplanada dos Ministérios desde a Torre de TV, Brasília

evenfh/Shutterstock

As demais capitais estaduais brasileiras são as cidades onde se localizam as sedes dos governos estaduais e estão representadas por 26 municípios e um Distrito Federal. Essas capitais distribuem-se pelos 26 estados nas cinco regiões brasileiras: Norte, Nordeste, Centro-Oeste, Sudeste e Sul.

A respeito do histórico brasileiro, a primeira capital do Brasil, instituída no ano de 1549, foi a cidade de Salvador, no Estado da Bahia. A localização desse município foi determinante para sua escolha como primeira capital pela facilidade de acesso e de escoamento dos recursos explorados no país para o continente europeu. A capital se manteve nessa localidade até 1763. Após esse período, foi transferida para a cidade do Rio de Janeiro, onde permaneceu até 1960, quando sai do litoral e vai para o interior do país, em Brasília, como já descrito anteriormente.

Mapa 2.1 – Brasil dividido por estados, o Distrito Federal é a área destacada no interior do Estado de Goiás

Atuar como centro político e administrativo de um estado exige infraestrutura, equipamentos e áreas cívicas que contribuem com toda a população e favorecem as dinâmicas socioeconômicas que servem como atrativos à migração de áreas menos densas para a capital. No Brasil, as capitais são, majoritariamente, as principais cidades dos estados, com a centralidade socioeconômica característica das regiões metropolitanas.

2.10 Capital regional

O termo *capital regional* é usado para determinar municípios que exercem grande influência em outros municípios também de relevante importância na região, normalmente conhecidos como *centros regionais*. Os centros regionais exercem influência restrita, como cidades de dimensão média que se comportam como centros para núcleos urbanos menores em seu entorno.

A capacidade de uma capital regional influenciar outros municípios se limita a seu território estadual. Não se enquadra na classificação de metrópole, conceito a ser tratado adiante, mas é de grande ou médio porte e abriga uma significativa dinâmica socioeconômica como indústrias, comércios e serviços importantes para a região.

O Mapa 2.2 ilustra a questão das capitais regionais no Estado de São Paulo, unidade federativa de grande importância nacional. As capitais regionais recebem classificação conforme o número de habitantes e a rede de influência nos municípios ao redor.

Mapa 2.2 – Região de influência das cidades no Estado de São Paulo

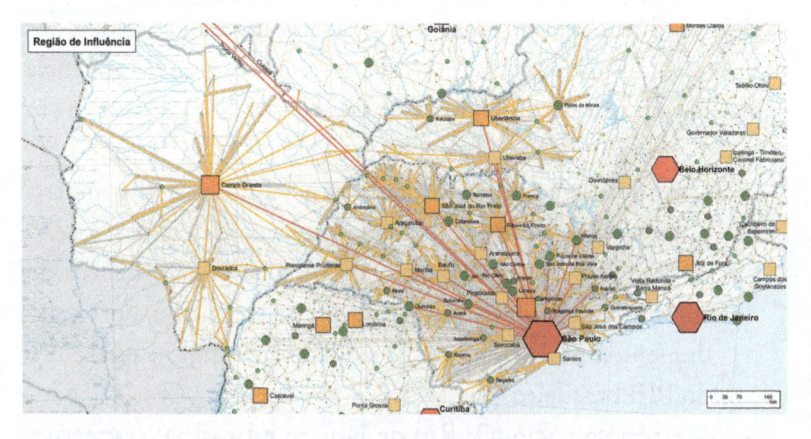

Fonte: IBGE, 2008, p. 86.

A classificação de capital regional A indica municípios com população que se aproxima de um milhão de habitantes; a classificação capital regional B indica uma população em torno de 500 mil habitantes; e a capital regional C, média de 250 mil habitantes.

2.11 *Metrópole*

Uma metrópole é um município de uma rede de cidades que se destaca em relação aos outros pela relevante influência econômica na região. Essa definição vai além da simples expansão do território físico e da união com outras malhas urbanas, ela se comporta como a articulação de diferentes municípios considerando a presença desse polo de maior predominância.

De forma mais objetiva, podemos definir *metrópole* como uma forma de organização urbana, de território contínuo, com grande quantidade de população envolvida, em torno de um núcleo de alta densidade e bastante desenvolvido em termos de equipamentos urbanos. Em síntese: um território contínuo, com um centro maior em torno do qual se arranjam os demais.

No território brasileiro, existem 15 centros urbanos considerados metrópoles (IBGE, 2020), ou seja, que apresentam grande influência e relação com territórios vizinhos. Esses centros são agrupados em três categorias diferentes:

- Grande metrópole nacional: São Paulo, a maior metrópole brasileira em termos de população e de participação no Produto Interno Bruto (PIB) nacional, com cerca de 21,6 milhões de habitantes, o que corresponde à, aproximadamente, metade da população daquele estado e quase 18% do PIB brasileiro.
- Metrópole nacional: Rio de Janeiro e Brasília, respectivamente, com 11,8 milhões e 3,2 milhões habitantes.

+ Metrópole: Belém, Belo Horizonte, Campinas, Curitiba, Florianópolis, Fortaleza, Goiânia, Manaus, Porto Alegre, Recife, Salvador e Vitória, com rede de influência populacional variando entre 4,3 milhões no caso de Campinas, e 23,6 milhões no caso de Recife.

Na Tabela 2.1, estão indicadas a população, a área e o PIB de cada uma das 15 metrópoles brasileiras:

Tabela 2.1 – Metrópoles brasileiras e suas redes de influência

	CIDADE	POPULAÇÃO (rede de influência)	ÁREA (km^2)	PIB (R$)
	São Paulo/SP	49.295.747	688.624,10	2.088.833.313
	Rio de Janeiro/RJ	17.296.239	48.796,40	642.660.440
	Brasília/DF	11.649.359	1.753.408,90	457.259.929
CATEGORIA DAS METRÓPOLES	Recife/PE	23.601.254	345.048,80	384.805.000
	Belo Horizonte/MG	21.069.799	571.747,70	546.853.629
	Fortaleza/CE	20.109.664	764.171,90	272.713.836
	Salvador/BA	14.471.227	479.065,00	253.806.046
	Curitiba/PR	11.654.092	210.851,50	409.568.832
	Porto Alegre/RS	11.293.956	266.877,90	407.369.834
	Belém/PA	9.335.660	1.374.601,90	151.895.774
	Goiânia/GO	8.269.552	964.430,50	220.847.808
	Florianópolis/SC	7.138.738	96.954,40	259.484.525
	Manaus/AM	4.490.260	1.624.605,20	98.719.516
	Vitória/ES	4.468.927	67.117,80	117.568.317
	Campinas/SP	4.396.180	14.073,00	214.983.509
Grande metrópole nacional		Metrópole nacional		Metrópole

Fonte: Elaborado com base em IBGE, 2020.

O conceito de metrópole é diferente de região metropolitana: a metrópole não tem um território definido por lei, o que acontece com as regiões metropolitanas visando ao planejamento conjunto do território. O território das metrópoles, ou sua região de influência, é delimitado pela própria população em busca dos serviços para suas necessidades pessoais.

No caso da metrópole de São Paulo, por exemplo, sua rede de influência extrapola os limites do Estado de São Paulo, abrangendo municípios no norte do Paraná, sul de Minas Gerais e, ainda, o estado do Mato Grosso do Sul. Já as metrópoles do Rio de Janeiro e de Brasília diferem entre si em sua rede de influência. A primeira tem o menor território de influência, limitado a seu Estado, já a segunda, por se tratar do Distrito Federal, tem a maior área de influência distribuída pelo país, atingindo cidades de 10 estados brasileiros.

Pela imagem ilustrada na Figura 2.5, podemos perceber a grande dimensão da metrópole paulistana, com um horizonte ilimitado de edificações.

Figura 2.5 – Horizonte do centro de São Paulo, grande metrópole nacional brasileira

A atual configuração de metrópole, independentemente do desenvolvimento econômico e social envolvido, inclui formas de gestão desse território contínuo, mantendo, entretanto, a divisão original dos territórios e a autonomia de gestão de cada município. A organização metropolitana por meio de instituições públicas organizadas permite manejar o desenvolvimento conjunto em termos sociais, políticos e econômicos, visto que esses entes, apesar de autônomos, fazem parte de um movimento maior e, normalmente, indissolúvel.

2.12 Região metropolitana

Uma região metropolitana (RM) é um agrupamento de municípios com territórios limítrofes, cuja finalidade é a cooperação na elaboração de legislação assim como a gestão do território, a fim de tratar questões em comum entre os entes envolvidos. O território é instituído por meio de legislação estadual específica, respeitando a totalidade do limite político-administrativo dos municípios.

A região metropolitana tem entidade definida para fins administrativos, na qual são estudadas soluções integradas para serviços como saúde, educação, saneamento, transporte público, entre outros aspectos relacionados à qualidade de vida daquela população. Nesse sentido, a compreensão de que determinados problemas e suas soluções, muitas vezes, extrapolam os limites físicos dos municípios torna as ações conjuntas fundamentais para a região.

Na década de 1970, foram criadas, no Brasil, nove regiões metropolitanas: Belém, Belo Horizonte, Curitiba, Fortaleza, Porto Alegre, Recife, Rio de Janeiro, Salvador e São Paulo. Esse estabelecimento, na época, apresentou-se como uma realidade positiva porque oportunizava flexibilidade na adoção de medidas locais e regionais mais democráticas. Mais tarde, a Constituição Federal de 1988 facultou aos estados a instituição de novas regiões metropolitanas, com objetivo de integrar, planejar e executar funções públicas de interesse comum aos municípios.

No ano de 2015, foi promulgado o Estatuto das Metrópoles, Lei n. 13.089, de 12 de janeiro de 2015, que trouxe novos conceitos e responsabilidades nas atividades administrativas das regiões, gerando, inclusive, uma adequação de regiões que foram reguladas como regiões metropolitanas, muitas vezes, por questões políticas, mas que não atendem aos preceitos do Estatuto das Metrópoles ou definem uma RM (Brasil, 2015a).

Esse processo confirma a importância das políticas públicas e de marcos regulatórios para a organização do território e seus desdobramentos. Observe, no Mapa 2.3, a extensão da maior Região Metropolitana brasileira: São Paulo.

Mapa 2.3 – Região Metropolitana de São Paulo

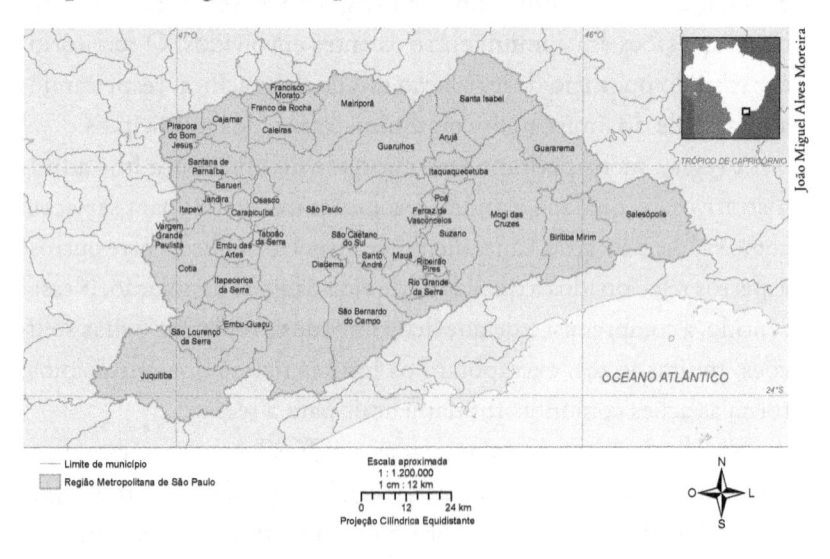

Fonte: São Paulo (Estado), 2021.

Em termos de organização, cada país tem uma definição para suas RMs. No caso das brasileiras, a determinação do território leva em conta critérios políticos, econômicos e populacionais, não sendo este último um critério determinante, mas sim de considerável relevância. Todas as RMs brasileiras criadas em 1970 apresentavam, no ano de 2017, população superior a 2 milhões de habitantes, representando, em conjunto, mais de 30% da população do país.

Existe um fenômeno em curso, observado, por exemplo, na Região Metropolitana de São Paulo, a maior RM brasileira, que é a desaceleração no ritmo de crescimento das mais expressivas RMs mundiais. As tabelas a seguir mostram o resultado de estudos científicos que observam o crescimento populacional mundial.

Nas Tabelas 2.2 e 2.3, é possível observar que, das sete maiores RMs no ano de 2010, apenas duas constam na lista das RMs com maior população na previsão para o ano de 2100: Mumbai e Nova Déli, ambas na Índia.

Na previsão, algumas cidades deixam o posto de mais populosas e os primeiros lugares da lista passam a ser ocupados por países africanos. Nesse novo arranjo, várias mudanças socioeconômicas, ambientais e migratórias devem ser observadas juntamente à questão migratória.

Tabela 2.2 – Regiões metropolitanas mais populosas em 2010

Regiões Metropolitanas mais populosas em 2010	Habitantes (milhões)
Tóquio (Japão)	36,1
Cidade do México (México)	20,1
Mumbai (Índia)	20,0
Pequim (China)	19,6
São Paulo (Brasil)	19,5
Nova Iorque (EUA)	19,4
Nova Déli (Índia)	17,0
Xangai (China)	15,8

Fonte: Elaborado com base em Hoornweg; Pope, 2017.

Tabela 2.3 – Regiões metropolitanas mais populosas em 2100

Regiões Metropolitanas mais populosas em 2100	Habitantes (milhões)
Lagos (Nigéria)	88,3
Kinshasa (Congo)	83,5
Dar es Salaam (Tanzânia)	73,7
Mumbai (Índia)	67,2
Nova Déli (Índia)	57,3
Cartum (Sudão)	56,6
Niamey (Niger)	56,1
Daca (Bangladesh)	54,3

Fonte: Elaborado com base em Hoornweg; Pope, 2017.

É importante observarmos que as maiores cidades do globo desempenham importante papel na economia mundial, porém, no caso das cidades africanas, isso pode ser exceção, visto que, nesses locais, a economia não se desenvolve juntamente ao crescimento populacional.

2.13 Conurbação

O crescimento urbano pode apresentar-se pela continuidade ou mesmo pela descontinuidade espacial. Quando descontínuo, esse crescimento gera outros núcleos urbanos a seu redor ou pode promover o desenvolvimento de certos núcleos estagnados. Quando há crescimento com continuidade espacial, o espaço urbano absorve outros núcleos urbanos, extrapolando seus limites político-administrativos e tornando-se, por diversas vezes, dependente desse novo território tanto em questões comerciais quanto populacionais. Esse fenômeno recebe o nome de *conurbação*.

Nem todos os núcleos ao redor de um importante centro urbano se desenvolvem da mesma forma. Os que apresentam maior crescimento e se unem a seus territórios fisicamente, normalmente, encontram-se em posição estratégica, como próximo a uma rodovia ou em uma rota de passagem, ou, ainda, podem contar com a presença de serviço complementar ao município em questão.

O processo de conurbação compreende transformações em todos os núcleos urbanos envolvidos, tanto os absorvidos quanto os que absorveram, e podem apresentar-se de quatro formas principais, segundo Villaça (2001).

A primeira delas seria a conurbação de um centro urbano com núcleos que não atingiram plenamente a condição de cidade. A segunda seria quando ocorre a conurbação de áreas de periferia dos centros urbanos com municípios vizinhos. Nos mapas a seguir, é possível visualizar o desenvolvimento dos municípios vizinhos de Curitiba e Pinhais entre os anos de 1985 e 2021, sendo possível perceber, na segunda imagem, que seus limites evoluíram, de forma a se configurarem por uma conurbação dos territórios. Os dois municípios tiveram seu crescimento: Curitiba na porção leste e Pinhais na porção oeste, de modo que já não é possível perceber a delimitação física ou qualquer barreira visual indicando onde termina um município e inicia o outro. São territórios que se uniram fisicamente e municípios com estreita relação entre si, de serviços, empregos e moradias.

Mapa 2.4 – Limite dos municípios de Curitiba e de Pinhais no ano de 1985

Mapa 2.5 – Município de Curitiba e a conurbação com o município de Pinhais no ano de 2021

A terceira forma são conurbações de cidades que já haviam atingido significativo desenvolvimento e tinham considerável autonomia socioeconômica, mas observaram seu desenvolvimento e funcionamento dependente de centro urbano vizinho de maior importância. A quarta e última forma seria a de cidades mais antigas, que tiveram certa importância na história, mas que permaneceram pequenas, com pouco desenvolvimento e foram absorvidas por núcleos urbanos mais recentes, porém com maior dimensão e importância.

Importante observarmos que, em municípios vizinhos, não ocorre, necessariamente, a conurbação, que se caracterizaria pela continuidade do tecido urbano, entretanto o vínculo socioeconômico pode continuar a acontecer. Em municípios vizinhos, e especialmente quando conurbados, acontecem os movimentos rotineiros, chamados pendulares, de trabalho, estudo e serviços, causando o compartilhamento de várias das funções urbanas, sendo necessária então uma forma de gestão em maior escala, de região.

No Mapa 2.6, é possível perceber a não conurbação entre os tecidos urbanos dos municípios de Curitiba, Fazenda Rio Grande e Araucária, diferente do que foi ilustrado anteriormente a respeito da conurbação entre os municípios de Curitiba e Pinhais.

Mapa 2.6 – Município de Curitiba e a ausência de conurbação com os municípios de São José dos Pinhais, Fazenda Rio Grande e Araucária

2.14 Rede de cidades

Uma *rede de cidades* pode ser definida como um sistema formado pelo conjunto de espaços urbanos, com pequenas, médias e grandes cidades, seguindo dada hierarquia urbana.

Ela é determinada pela conexão entre municípios com base nos fluxos econômicos, de pessoas ou de informações, dependendo da especialidade de cada unidade. Uma cidade grande dispõe de mais atrativos do que outros centros urbanos menores em razão da disponibilidade de serviços urbanos e da oferta de trabalho e de lazer. A capacidade de atração pode ser definida como *polarização* e é a característica principal para a determinação da hierarquia dentro da rede.

Segundo o Instituto Brasileiro de Geografia e Estatística (IBGE, 2008), as cidades são classificadas conforme hierarquias determinadas por seu tamanho e por sua importância. Uma rede é formada por diversas cidades com grau de dependência entre si, dentro da qual cada uma desempenha uma função complementar à outra.

Tabela 2.4 – Dimensão das redes de primeiro nível

Redes de primeiro nível	Número de capitais regionais	Número de centros sub-regionais	Número de municípios	População (2007)	Área (km^2)
São Paulo	20	33	1.028	51.020.582	2.279.108,45
Rio de Janeiro	5	15	264	20.750.595	137.811,66
Brasília	4	10	298	9.680.621	1.760.733,86
Manaus	1	2	72	3.480.028	1.617.427,98
Belém	3	11	161	7.686.082	1.389.659,23
Fortaleza	7	21	786	20.573.035	792.410,65
Recife	8	18	666	18.875.595	306.881,59
Salvador	6	16	486	16.335.288	589.229,74
Belo Horizonte	8	15	698	16.745.821	483.729,84

(continua)

(Tabela 2.4 – conclusão)

Redes de primeiro nível	Número de capitais regionais	Número de centros sub-regionais	Número de municípios	População (2007)	Área (km²)
Curitiba	9	28	666	16.178.968	295.024,25
Porto Alegre	10	24	733	15.302.496	349.316,91
Goiânia	2	6	363	6.408.542	835.783,14

Fonte: Elaborado com base em IBGE, 2008.

As redes de cidades apresentam diferentes dimensões, organizações e complexidade, podendo estar vinculadas a mais de um centro. No Brasil, há 12 redes de cidades comandadas por metrópoles, como pode ser visto na Tabela 2.4. Como exemplo, citamos a cidade de Florianópolis, em Santa Catarina, que mantém forte vínculo com os municípios de Curitiba, no Paraná, e de Porto Alegre, no Rio Grande do Sul.

Quanto à hierarquia urbana, ela não é retratada apenas pelo tamanho do município, mas também pelos serviços por ela disponibilizados à rede. Ela denota, portanto, a importância de uma localização em relação às demais.

Na hierarquia urbana, observamos que esse o comportamento hierárquico dos municípios sofreu alterações nas últimas décadas, porque, antes, havia uma chamada *hierarquia clássica*. Essa nova relação pode ser explicada pela facilidade de acesso aos diversos centros, permitindo à população a escolha pelo critério do que melhor supre sua necessidade, e não pela proximidade física.

Figura 2.6 – Hierarquias urbanas, modelo clássico e modelo atual

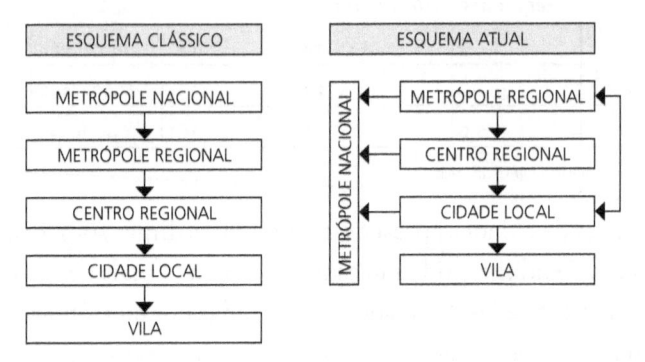

```
ESQUEMA CLÁSSICO                    ESQUEMA ATUAL

METRÓPOLE NACIONAL          ┌──→  METRÓPOLE REGIONAL ⇄
        ↓                   │           ↓
METRÓPOLE REGIONAL     METRÓPOLE  ←  CENTRO REGIONAL
        ↓              NACIONAL         ↓
  CENTRO REGIONAL          │←      CIDADE LOCAL    ←
        ↓                   │           ↓
   CIDADE LOCAL             │          VILA
        ↓
        VILA
```

Fonte: Elaborado com base em Moreira, 2004.

A hierarquia urbana tem a classificação determinada da seguinte forma:

- **metrópole nacional:** cidade de grande porte que apresenta importantes serviços urbanos e relevante poder de influência em capitais e metrópoles regionais;
- **metrópole:** cidade de grande porte que exerce forte poder de influência sobre capitais regionais e significativa quantidade de municípios em seu estado;
- **capital (ou centro) regional:** cidade de médio porte com poder de influência regional, que é referência na disponibilidade de certos produtos ou serviços, sem ser, necessariamente, a capital do estado;
- **cidade:** localidade de pequeno porte, cuja população necessita buscar outros centros como complemento às suas necessidades rotineiras;
- **vila:** aglomerado urbano ainda sem a condição de cidade, onde grande parte dos serviços urbanos não é oferecida, sendo extremamente necessária a busca da população por outras localidades.

No Mapa 2.7, podemos observar as redes de cidades dentro do território brasileiro, onde é possível perceber a forte influência de São Paulo no contexto nacional, assim como a importância das capitais em seus contextos estaduais.

Mapa 2.7 – Mapa de redes de cidades do Brasil

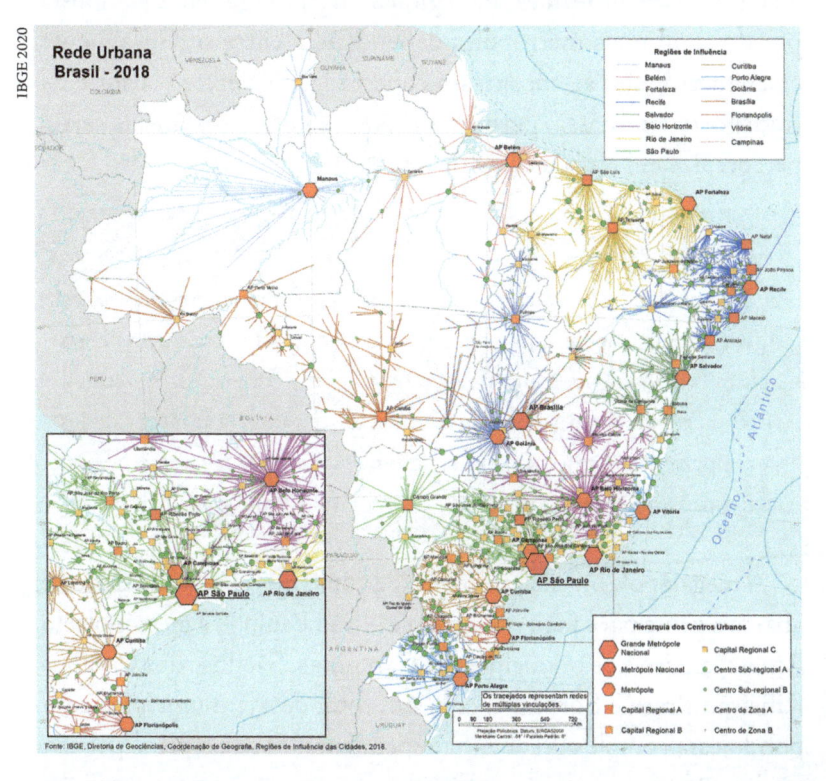

Fonte: IBGE, 2020, p. 4.

O mundo globalizado e as tecnologias digitais ampliaram as redes de cidades, algumas com protagonismo transnacional. Novas tipologias de redes e de cidades são definidas pela economia global, sempre associadas à comunicação e ao *marketing* para atração de investimentos e talentos; as redes de cidades competem e colaboram simultaneamente.

2.15 Megalópole

Termo popularizado na década de 1960 por Jean Gottman, geógrafo francês, *megalópole* é um sistema urbano que conta com grande integração de fluxos diários de pessoas. Caracterizada fisicamente pelo espraiamento em escala regional ou sub-regional, é composta por duas ou mais metrópoles dependentes entre si. Geralmente, essas metrópoles se encontram conectadas por eixos viários e de transporte em massa, permitindo que as longas distâncias sejam percorridas em espaço curto de tempo.

> *Fique atento!*
>
> É importante observarmos a diferença entre os termos *megalópole* e *megacidade*. A megalópole, como descrito antes, é caracterizada pela dependência funcional entre entes, normalmente entre duas metrópoles ou entre uma metrópole e uma cidade de porte relevante. Já as megacidades são caracterizadas por metrópoles que apresentam grande número populacional, normalmente superando a marca de 15 milhões de habitantes.

A megalópole brasileira, conhecida como megalópole do Sudeste, abarca a principal e maior metrópole – São Paulo –, a metrópole do Rio de Janeiro e os municípios de Campinas, São José dos Campos, Ribeirão Preto e Sorocaba, com um total de 232 municípios compondo essa complexa rede interdependente. Esse é o principal centro brasileiro, em que são realizados os maiores investimentos em termos econômicos, com intensos e dinâmicos fluxos urbanos entre todos os territórios envolvidos.

Ainda a respeito dessa megalópole, as áreas urbanas de menor extensão abrigam atividades complementares às observadas nas cidades principais, e outras, como no caso do litoral, fazem parte desse ente maior por abrigar atividades de lazer, práticas dos habitantes em seus momentos livres. A presença e a facilidade das ligações viárias induzem à ocupação desses diversos territórios de apoio.

Na Figura 2.7, vemos o primeiro exemplo de megalópole identificado por Jean Gottman (1962), localizada nos Estados Unidos da América, nos anos 1960, composta pelos municípios de Nova Iorque, metrópole principal da rede, Boston e Washington. Além do envolvimento financeiro presente nesse território, observou-se, naquele momento, que cerca de 20% da população do país residia ali.

Figura 2.7 – Vista aérea de Manhattan, Nova Iorque, primeira megalópole mundial

A maior megalópole mundial existente atualmente se encontra no Japão, envolvendo as metrópoles de Tóquio, Osaka e Kitakyushu, além das centenas de cidades de menor dimensão ao redor, com aproximadamente 80% da população japonesa residindo na região.

Figura 2.8 – Vista aérea de Tóquio, maior megalópole mundial

O fenômeno da megalópole era observado anteriormente apenas nos países desenvolvidos, entretanto, atualmente, já se estendeu também para os países em desenvolvimento, como Brasil, Índia e México, como indicado na Tabela 2.5, a seguir.

Tabela 2.5 – Dez maiores megalópoles mundiais

Cidade	Habitantes (milhões)
Tóquio (Japão)	35
Cantão (China)	25,4
Seul (Coreia do Sul)	25,2
Xangai (China)	24,9
Delhi (Índia)	23,5
Mumbai (Índia)	23,2
Cidade do México (México)	23
Nova Iorque (EUA)	22
São Paulo (Brasil)	21
Manila (Filipinas)	20,4

Fonte: Elaborado com base em Pena, 2020.

A constituição das megalópoles, cada vez mais comum em todo o globo, confirma as transformações socioespaciais observadas com a globalização, além da interdependência entre diversos territórios e o senso de que as populações, assim como a economia e os serviços, se movimentam conforme suas necessidades, não existindo mais limitações territoriais.

2.16 *Cidade global*

Conhecidas também pela denominação de *metrópoles mundiais*, as cidades globais estão no topo da considerada hierarquia urbana e têm como premissa a existência de transações em todo o mundo, com grande influência em âmbito internacional. Elas apresentam grandes aglomerações urbanas e, do ponto de vista econômico, contam com relevantes avanços tecnológicos, disponibilizando seus serviços para a rede global.

Conforme observado por Hoyler, Parnreiter e Watson (2018, p. 7, tradução nossa),

> o conceito de cidade global consiste em quatro conceituações inter-relacionadas: i) agrupamentos de avançados serviços de produção (*advanced producer services*); (ii) operam em uma rede mundial constituída de estruturas organizacionais transfronteiriças de empresas; iii) centros para gestão da economia mundial; iv) centros de governança da economia mundial. As relações entre empresas são, portanto, pontos fundamentais nessa conceituação.

Empresas transnacionais costumam se instalar nesses territórios, vinculadas a grandes centros de pesquisa, movimentando importantes montantes financeiros. Essas empresas contam com a infraestrutura necessária a seu funcionamento, assim como serviços de telecomunicação, transporte aeroportuário, bolsa de valores e demais aspectos necessários para abrigar as relações profissionais com as quais desenvolvem seus trabalhos.

Atualmente, existem cerca de 50 cidades globais reconhecidas pelas seguintes organizações: Universidade de Loughborough (Londres) e Globalization and World Cities (GaWC), rede que se concentra em pesquisas sobre as relações externas das cidades globais. A classificação das cidades globais é dividida em três grandes grupos – alfa, beta e gama –, com subclassificações internas, considerando que alfa são as cidades com maior influência global, beta com influência intermediária e gama com pouca expressão mundial.

A conexão entre Nova Iorque e Londres, conhecido como NYLON, detém a maior magnitude de conexões entre cidades, indicado como alfa ++.

Na Figura 2.9, apresentamos as conexões entre cidades no topo das classificações alfa e beta, em que é possível observar a repetição das grandes cidades globais e suas estreitas relações com outras em continentes distintos.

Figura 2.9 – Conexões entre cidades globais no topo das classificações alfa e beta

Alpha ++	LONDRES	NOVA IORQUE	Beta +	Hong Kong	Toronto
Alpha +	Hong Kong	Londres		Milão	Paris
	Hong Kong	Nova Iorque		Hong Kong	Moscou
	Londres	Singapura		Montreal	Nova Iorque
	Nova Iorque	Singapura		Dubai	Xangai
	Londres	Paris		Singapura	Toronto
	Nova Iorque	Paris		Moscou	Singapura
	Londres	Xangai		São Paulo	Singapura
	Pequim	Londres		Hong Kong	Jacarta
	Nova Iorque	Xangai		Nova Iorque	Riade
	Pequim	Nova Iorque		Frankfurt	Paris
	Dubai	Londres		Paris	São Paulo

Fonte: Elaborado com base em GaWC, 2018.

As principais práticas observadas em uma cidade global são serviços prestados aos clientes, os quais contribuem para o bom funcionamento das cidades e do governo nas cadeias globais de mercadorias. Nas palavras de Sassen et al. (2002), "o indicador do status da cidade global é se uma cidade contém os recursos para atender, gerenciar e financiar as operações globais de empresas e mercados".

Para saber mais

RYKWERT, J. **A sedução do lugar**: a história e o futuro da cidade. São Paulo: Martins Fontes, 2004.

O autor, historiador de arquitetura e urbanismo, levanta neste livro a questão sobre como seriam as cidades ideais para seus habitantes, analisando importantes cidades mundiais como Cidade do México, Berlim, Nova Déli, Brasília, Colúmbia, entre outras. A discussão gira em torno dos pontos de sucesso ou insucesso dos ambientes urbanos, sendo sugeridas formas de resgatar o sentido de lugar e caráter para as paisagens urbanas.

Síntese

Para avançar nos estudos urbanos, é importante percebermos as diferenças, assim como as relações, entre os diversos conceitos fundamentais às relações urbanas mais complexas. Neste capítulo, conceituamos elementos que seguem em debate e permanecem inconclusivos diante das transformações do processo urbano, como o conceito de cidade. Demais conceitos são materiais e tangíveis e estão associados à prática do planejamento e da gestão, como densidade, uso e ocupação do solo.

Abordamos também a caracterização de fenômenos decorrentes da urbanização, como região metropolitana e conurbação, que contextualizam tendências e efeitos do desenvolvimento das cidades. Para auxiliar na compreensão desses conceitos, apresentamos grande parte deles acompanhada de ilustrações e exemplos, como dados e informações da realidade brasileira.

Questões para revisão

1. Grande parte dos municípios brasileiros abrange área rural consideravelmente maior do que aquelas contidas em perímetros urbanos. Entretanto, alguns municípios não abrangem área rural, com 100% de área urbana. Você conhece exemplos de municípios 100% urbanos? Como você

descreveria a diferença entre a área rural e a área urbana de um município?

2. A definição de metrópole é um ato administrativo que responde ao desenvolvimento urbano e protagonismo de dado município sobre uma rede de cidades de seu entorno. O que determina a centralidade desses espaços urbanos a ponto de desenvolver essa representatividade em relação aos municípios vizinhos?

3. Alguns elementos são utilizados para fazer a divisão do território de um município em áreas urbana e rural. Entre esses elementos, podemos citar a densidade demográfica e a ocupação econômica da população. Sobre a área urbana, é correto afirmar:

   a. Concentra atividades econômicas relacionadas, predominantemente, com os setores secundário e terciário e com dinâmica socialmente mais complexa.

   b. A divisão do trabalho é bastante evidente, com diferenciação das atribuições do sistema produtivo encontrado no meio rural.

   c. A relação custo-benefício é menor para o trabalhador, em razão da presença da automação em grande parte da produção.

   d. A produção tecnológica é mais avançada nesse espaço, que apresenta melhores estruturas do que os espaços de produção agrícola.

   e. Existe mais dependência econômica e social, sendo o meio rural mais autossuficiente.

4. "De acordo com a hierarquia urbana, essas cidades estão no topo da classificação. Correspondem a consideráveis centros urbanos, econômicos, políticos e industriais, decorrente do

processo de globalização, apresentando grande densidade populacional". Duas cidades brasileiras estão incluídas nessa categoria descrita no trecho anterior e são denominadas:

a. megacidades.
b. centros regionais.
c. cidades globais.
d. conurbação urbana.
e. megalópoles.

5. No esquema atual da hierarquia urbana, é possível observarmos alterações em relação ao modelo clássico, com metrópoles nacionais exercendo maior influência sobre os demais centros urbanos, entretanto, as pequenas vilas ainda permanecem. Isso ocorre em razão de fatores como:

a. Distritos, vilas e bairros passaram por questões de emancipação e tiveram suas classificações elevadas à categoria de município.
b. As distâncias físicas entre territórios já não têm tanta relevância, pois o grande avanço tecnológico pelo qual passaram os transportes e os meios de comunicação encurtaram as distâncias.
c. O êxodo rural percebido, principalmente, nos pequenos territórios levou muitas vilas e pequenas cidades, distantes das metrópoles, ao desaparecimento.
d. Apesar do desenvolvimento econômico, a mobilidade da população foi comprometida e a migração interurbana foi predominante.
e. As diretrizes do planejamento urbano, observadas nos últimos anos, ajudaram a promover a concentração de todas as indústrias nas grandes metrópoles.

capítulo três

Cenário do urbanismo no século XXI

Conteúdos do capítulo:

+ Ocupação do espaço urbano.
+ Planejamento urbano brasileiro.
+ Efeitos do crescimento urbano.
+ Diretrizes para cidades do século XXI.

Após o estudo deste capítulo, você será capaz de:

1. compreender a construção social das cidades e sua relação com o suporte natural para reconhecer a cidade contemporânea;
2. explicar o intenso desenvolvimento da urbanização global durante o século XX, acompanhada por um proporcional avanço da ciência do urbanismo;
3. reconhecer que o processo de definição das cidades pelo capitalismo é marcado por problemas como desigualdade social, alto consumo de energia e degradação ambiental;
4. compreender a importância de uma cidade justa, com exercício do direito à cidade, relacionando planos urbanos com evolução da qualidade de vida na cidade, bem como o esforço para o desenvolvimento urbano inclusivo e ecológico.

A compreensão do cenário atual das cidades requer uma fundamentação conceitual, tratada no Capítulo 2, associada à contextualização do processo histórico determinante da realidade contemporânea.

O ser humano sempre obteve vantagens com o domínio da natureza por meio de seu conhecimento, em busca de garantir sua sobrevivência e a qualidade de vida, com intervenções e espaços criados. Compreender as formas de ocupação do espaço feitas pelo homem auxilia no entendimento da organização das diversas sociedades.

A história do urbanismo do século XX foi baseada no crescimento global da industrialização, especialmente, na segunda metade do século. Durante o século passado, também houve o desenvolvimento do urbanismo como ciência, mediante a necessidade de intervir na dinâmica de crescimento das cidades com altos impactos sociais e ambientais. O "surgimento do urbanismo modernista, no qual medições precisas, análises científicas e eficiência se tornaram fundamentais e impulsionaram o planejamento e o desenho urbano", não foi eficiente o bastante para orientar a inclusão social e, ao menos, minimizar os impactos ambientais (Duarte; Alvarez, 2019, p. 2, tradução nossa).

O principal impacto da urbanização está diretamente associado à industrialização e às inerentes formas de produção que determinam a divisão social do trabalho, de modo que grupos sociais minoritários se beneficiem das tecnologias e da força de trabalho de classes sociais majoritárias em soma de indivíduos para obter lucro e, dessa forma, ampliar sua capacidade de ação em benefício próprio. Essa lógica exige que a ciência do urbanismo busque esclarecer a necessidade de rompimento da abundância de poucos e da escassez de muitos.

O desenvolvimento teórico-conceitual baseado na análise das cidades gerou uma percepção de grande desigualdade socioespacial, que culmina na lacuna de acesso de parte da população aos recursos urbanos. Essa visão inspira a dedicação de uma frente de urbanistas, composta por disciplinas diversas, ao tema do direito à cidade, com vistas a estudar, propor e atuar no sentido da inclusão social aos serviços, às oportunidades, à qualidade de vida e ao bem-estar.

O marco teórico desse movimento foi a publicação da obra *Le droit à la ville*, de Henri Lefebvre, em 1968, em um contexto de mudanças sociais profundas e complexas, influenciadas pela industrialização pós-Segunda Guerra Mundial. Segundo Lefebvre (1968), a cidade é política, depois comercial, monetária e industrial. Podemos complementar essa afirmação dizendo que a cidade, agora, é também digital. E o tecido urbano responde a uma construção ecossistêmica estabelecida pela força dos indutores. Lefebvre (1968) entendeu o ecossistema como um suporte para o modo de viver, o modo de operar e, até mesmo, para a prática. Nesse sentido, é importante entendermos quais fatores são relevantes em um ecossistema urbano e quais as forças que o moldam para permitir uma análise correta das condições socioespaciais que fundamentam o planejamento urbano.

Como já ressaltamos, a desigualdade socioambiental é o grande desafio a ser enfrentado pelos planejadores e gestores urbanos no atual contexto, e o direito amplo e indistinto à cidade deve servir como fundamento das políticas urbanas. Assim como as cidades, a abordagem do direito à cidade passou por atualização desde a publicação de Lefebvre. Pensadores do tema das cidades, como Milton Santos (1985, 1994), David Harvey (2003, 2004, 2012), Peter Marcuse (2009), Neil Brenner, Marcuse e Mayer (2012) sugerem que a conquista do direito aprimorado à cidade exige uma mudança de paradigma baseada na orientação ecológica em direção ao acesso igual à vida urbana, tanto social quanto ambientalmente.

Uma referência como diagnóstico e diretriz para o planejamento urbano atual são os documentos institucionais de entidades globalmente reconhecidas, como a Organização das Nações Unidas (ONU), que publicou, como marco histórico, em 2015, o documento *Objetivos do Desenvolvimento Sustentável* (ONU Brasil,

2015b), reconhecido como Agenda 2030, com os principais desafios a enfrentarmos para um futuro mais justo social e ambientalmente.

> *Questão para reflexão*
>
> 1. O desenvolvimento urbano do século XX associa industrialização e um pensamento urbano tecnicista que não foram capazes de promover cidades justas. Com a quarta revolução industrial, ou revolução digital, a tendência é de aumento das desigualdades de acesso. Qual seria, então, a melhor maneira para que esse grande potencial seja aplicado no sentido do desenvolvimento sustentável e acessível a todos?

3.1 Ocupação do espaço urbano

Como descrevemos no Capítulo 2, a cidade também se caracteriza pela concentração de pessoas em torno de um objetivo comum – o acesso a recursos e oportunidades – e compreende grande quantidade de fluxos e circulação nas mais diversas escalas, considerando a região, o território municipal, um bairro ou a vizinhança. Como os processos de ocupação do espaço urbano ocorreram das mais variadas formas, não existe apenas uma explicação para esse complexo fenômeno, mas sim análises que permitem compreender processos e orientar diretrizes futuras.

Com relação à ocupação do território após a Revolução Industrial, as cidades passaram por grandes transformações: além de local de convívio em sociedade, tornaram-se espaços para a produção de bens de consumo e acúmulo de riquezas. Esse fato evidenciou a importância da localização das indústrias, da matéria-prima, da mão de obra e da proficiente situação das vias para transporte de pessoas e de mercadorias, como chegada dos insumos e escoamento da produção.

Nesse contexto, também se iniciou o estabelecimento da hierarquia e valorização espacial dentro do espaço urbano. Locais de moradia que apresentam qualidade ambiental mantêm certa distância do caos dos centros urbanos e contam com serviços de infraestrutura são mais valorizados porque potencialmente trazem mais bem-estar para a população que ali reside. A ocupação do espaço urbano, portanto, também é determinada pelas diferentes classes sociais, cada grupo com seu nível de acesso a espaços, recursos e oportunidades, de acordo com seu poder aquisitivo.

Na década de 1930, estudos urbanos identificaram que o crescimento sadio de uma cidade ocorreria não pelo simples inchaço dos perímetros urbanos, mas pelo somatório de pequenos núcleos, formando a ideia de pequenas vizinhanças. Esse modelo se baseia na cidade polinucleada, no qual várias comunidades menores, autossuficientes, unem-se para formar um novo e mais extenso perímetro urbano. A cidade se forma de maneira sadia porque os núcleos menores têm sustentabilidade de organização e funcionamento, não sobrecarregando um único centro, como no caso do crescimento mononucleado, considerado como crescimento doentio da cidade.

Na Figura 3.1, vemos um esquema para ilustrar a diferença entre os crescimentos mononucleado e polinucleado:

Figura 3.1 – Esquema de crescimento mononucleado (doentio) e polinucleado (sadio)

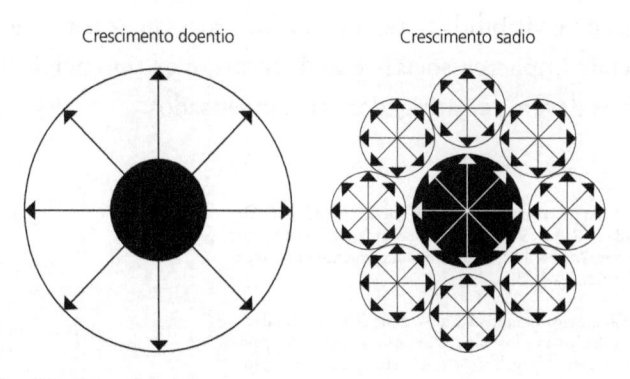

Fonte: Elaborado com base em Ferrari, 1979.

A configuração de cidade polinucleada deriva do urbanismo orgânico*, em que a unidade núcleo considerada é de bairro ou vizinhança. Essa estruturação se baseia melhor na escala humana e suas possibilidades de mobilidade e de acesso, permitindo a distribuição igualitária de equipamentos urbanos.

Outra forma de ocupação foi observada no território brasileiro entre os anos 1940 e 1950, baseada no modelo fordista-taylorista**. Chamada de *fordismo-periférico*, essa forma de ocupação apresentou como característica a instalação de empresas multinacionais em localidades com baixo custo de investimento e presença de mão de obra local. Esses trabalhadores fixaram residência próximo a seu local de trabalho, que, geralmente, era nas periferias dos centros urbanos já estabelecidos naquele momento, estabelecendo a hierarquização das regiões urbanas.

Assim se desenvolve a dinâmica urbana, cada grupo social tentando defender e ocupar o espaço pelos seus interesses particulares. As indústrias buscam implantação com baixo preço e boa localização, os trabalhadores buscam proximidade dos locais de trabalho, comunidade de baixa renda busca locais menos periféricos (muitas vezes, determinando ocupações irregulares e favelas) e o governo intermediando essas ocupações com interesse nas receitas pelo pagamento de impostos.

Muitos municípios criam, em seu território, possibilidade de ocupação por certas empresas e indústrias a fim de garantir empregos, receita e visibilidade regional. Esse processo deve ponderar os potenciais impactos sociais e ambientais, e os potenciais efeitos negativos devem ser mitigados ou compensados.

---

* No livro *Cidades em evolução* (1994), Patrick Geddes afirma que a cidade se desenvolvia como um organismo vivo. O autor teve importante contribuição para o planejamento urbano e o conceito de cidades-jardim.

** Desenvolvido nos Estados Unidos, o modelo buscava dar acesso aos veículos a todos. Com o desenvolvimento das periferias, era necessária a utilização dos carros para locomoção.

Uma questão relevante a ser considerada é o interesse de alguns grupos sociais pela valorização de certas regiões de pouco valor, principalmente, em razão da tentativa de influenciar ações do governo na instalação de infraestrutura ainda existente. Isso aumenta o valor da terra e traz ocupações de alta renda para a região, tornando-a, por vezes, inacessível aos cidadãos de menor renda. Esse processo, chamado de *especulação imobiliária*, gera lucro para essa pequena parcela ou grupo social influente na região.

Conforme adquirem maior proporção, os centros urbanos costumam manter relações com outros municípios ao redor. Essa relação, de caráter comercial ou de serviços, define uma interdependência regional, seja pelo suprimento de alimentos, seja pela disponibilização de mão de obra – o que, muitas vezes, caracteriza um dos territórios como município-dormitório – ou complementação de algum dos serviços públicos, como o provimento de água potável ou a disposição final de resíduos sólidos. Essa relação entre territórios é conhecida como *dinâmica urbana e regional*.

Na Tabela 3.1, mostramos a taxa de urbanização no Brasil desde 1940. Notamos que essa taxa passou dos 30% observados em 1940 para mais de 80% em 2000 e, atualmente, beira os 90%.

Tabela 3.1 – Taxa de urbanização brasileira por décadas

Período	Taxa de urbanização (%)
1940	31,24
1950	36,16
1960	44,67
1970	55,92
1980	67,59
1990	75,59
2000	81,23
2010	84,36

Fonte: Elaborado com base em IBGE, 2011.

Nas últimas décadas, os fluxos migratórios brasileiros – emigrações e imigrações internas – sofreram grandes transformações. Percebemos o direcionamento da chamada *mobilidade populacional* para cidades de média dimensão, não sendo mais as grandes cidades a principal rota final dos que buscam novas oportunidades.

> A partir da década de 1980, o comportamento da mobilidade espacial da população sofreu importantes transformações nos países desenvolvidos e em desenvolvimento. [...] surgiram novos eixos de deslocamentos envolvendo expressivos contingentes populacionais, onde se destacam: i) a inversão nas correntes principais nos estados de Minas Gerais e Rio de Janeiro; ii) a redução da atratividade migratória exercida pelo estado de São Paulo; iii) o aumento da retenção de população na Região Nordeste; iv) os novos eixos de deslocamentos populacionais em direção às cidades médias no interior do País; v) o aumento da importância dos deslocamentos pendulares; vi) o esgotamento da expansão da fronteira agrícola; e vii) a migração de retorno para o Paraná. (Oliveira, 2011)

A tabela a seguir mostra os fluxos migratórios – imigrantes e emigrantes – e o saldo líquido observado, por regiões brasileiras, nos anos de 2004 e 2009.

Tabela 3.2 – Fluxos migratórios por regiões brasileiras

Região	2004			2009		
	Imigrantes	Emigrantes	Saldo migratório	Imigrantes	Emigrantes	Saldo migratório
Centro-Oeste	534.879	331.311	203.568	418.143	281.553	136.590
Nordeste	848.002	934.589	−86.587	541.733	729.602	−187.869
Norte	330.660	266.919	63.741	184.634	219.793	−35.159
Sudeste	844.605	1.059.913	−215.308	656.386	668.801	−12.415
Sul	305.063	270.477	34.586	252.947	154.094	98.853

Fonte: Elaborado com base em IBGE, 2011.

O Mapa 3.1, referente à taxa de crescimento populacional brasileiro, permite observar eixos de crescimento pelo país. Esse resultado gráfico mostra apenas o que seria o saldo migratório, não sendo possível identificar o local de origem dessa população, entretanto é evidente o crescimento de municípios de médio porte – com população menor do que 500 mil habitantes – e entre estes estão vários exemplares com bons indicadores de PIB *per capita*.

Apesar desse fato, no período entre 2000 e 2010, os grandes centros ainda abrigavam cerca de 30% da população nacional.

Mapa 3.1 – Taxas de crescimento dos municípios brasileiros entre 2000 e 2010

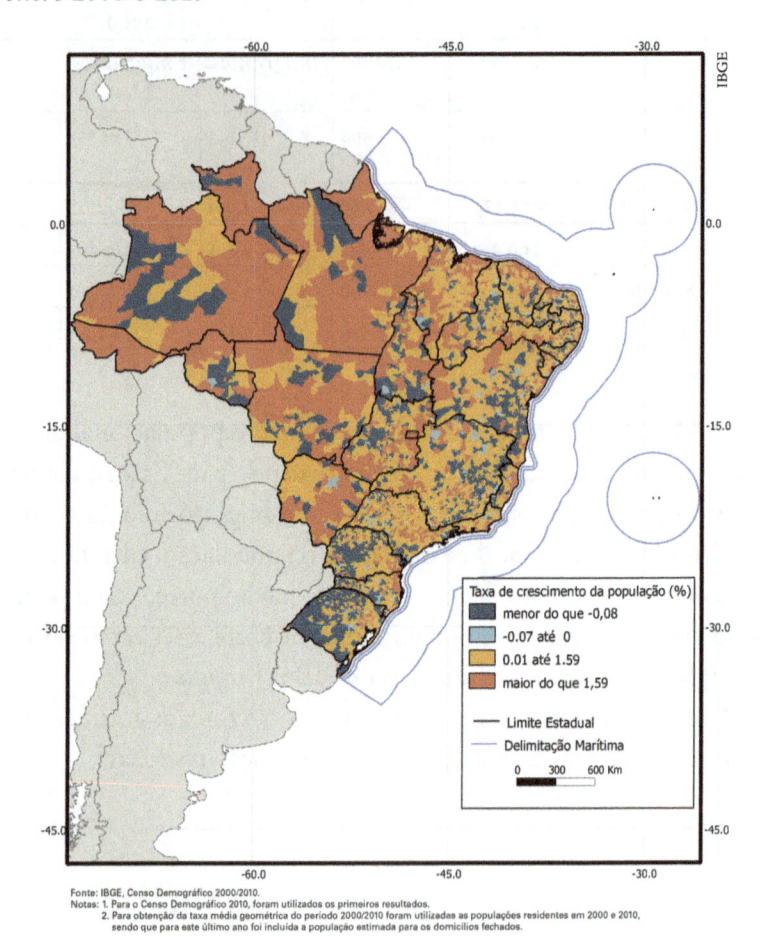

Fonte: IBGE, 2011, p. 42.

Segundo análises do próprio IBGE (2011), houve um decréscimo na população de pequenos municípios – com até 10 mil habitantes –, mesmo assim, nesse grupo são encontrados municípios de maior população e certa relevância nacional, caso de Uruguaiana/RS, Lages/SC, Foz do Iguaçu/PR e Ilhéus/BA.

Outros centros urbanos com grande importância para o país tiveram crescimento baixo, caso de importantes municípios como Rio de Janeiro/RJ e São Paulo/SP, que apresentaram taxa de 0,8%, e de Porto Alegre/RS, com variação populacional de 0,4%. Já com taxas medianas, variando entre 1,5% e 3%, aparecem capitais estaduais como Aracaju, Brasília, Campo Grande, Goiânia, João Pessoa, Maceió, Manaus e Teresina.

> *Questão para reflexão*
>
> 1. Por que a lógica de desenvolvimento urbano brasileiro fez repetir a evidente centralização de recursos e oportunidades nas cidades, especialmente metrópoles, com alta incidência de precariedades nas áreas periféricas? O desenvolvimento polinucleado seria uma potencial solução?

Breve histórico do planejamento urbano brasileiro

A evolução da ocupação exigiu o desenvolvimento de planos urbanísticos. Apresentaremos, a seguir, um breve histórico da urbanização brasileira e a evolução do planejamento, decorrente da também evolução dos planos urbanísticos, que pode ser dividido em cinco etapas distintas, conforme Villaça (2001).

A primeira etapa, com início logo após a Revolução Industrial e com duração de aproximadamente meio século, é conhecida como **planos de embelezamento**. Essa fase foi caracterizada pela política de higienismo, buscando acabar com ocupações irregulares "visíveis", ou seja, expulsar a população de baixa renda para longe dos centros e deixar esses espaços mais bonitos, conforme modelos de referência de cidades europeias. Foi nessa época que se iniciou a ocupação dos morros na cidade do Rio de Janeiro. A ideia central era romper com o passado colonial, apesar de ainda não haver a presença do termo *planejamento urbano*.

A segunda etapa, conhecida como **planos de conjunto**, foi iniciada com uma visão ampliada do território, considerando o município como ocupação maior, além do centro urbano. Observando o crescimento desordenado das cidades e sentindo necessidade de planejamento, tiveram início estudos como zoneamento, uso e ocupação do solo e transporte. Esse período se estendeu até 1965, e alguns planos foram realizados, como o plano Agache, no Rio de Janeiro e em Curitiba, e o Plano de Avenidas, em São Paulo.

Na terceira fase, conhecida como **planos de desenvolvimento integrado**, os planos começam a apresentar a preocupação com questões sociais e econômicas. O território de planejamento foi ampliado ainda mais, contemplando questões metropolitanas, excedendo o limite municipal. Por serem documentos técnicos e complexos no que se refere ao estudo de todas as temáticas envolvidas, muitas vezes, distanciavam-se da realidade a ser implementada na solução dos problemas observados.

A quarta etapa aconteceu como evolução da etapa anterior, buscando a redução de conteúdo com o estabelecimento de diretrizes e metas. Por se constituir em uma proposta de contraponto à grande extensão teórica apresentada anteriormente, os planos se tornaram bem simplificados e sem muito efeito prático.

A quinta etapa iniciou-se com a elaboração da Constituição Federal de 1988, estendendo-se até a mudança de século, e apresentou o desenvolvimento de documentos importantes como a já citada Constituição, além do Estatuto da Cidade – Lei n. 10.257/2001. A elaboração desses estudos trouxe características até então não observadas no planejamento urbano. No caso da Constituição, o reconhecimento dos Planos Diretores como instrumentos de desenvolvimento urbano por meio de políticas públicas, e, no caso do Estatuto da Cidade, a inserção da participação popular como ferramenta obrigatória, além da relação de diretrizes para o "direito à cidade sustentável", prevendo a coexistência dos conceitos desenvolvimento econômico, justiça social e preservação do meio ambiente.

O plano diretor é instrumento obrigatório para os municípios com mais de 20 mil habitantes e deve ser revisado a cada dez anos. A efetivação dos instrumentos previstos nesse importante documento depende dos interesses políticos observados em cada momento no município em questão, entretanto sua existência possibilita a transformação dos territórios.

> *Questão para reflexão*
> 1. Qual a estratégia para que as cidades mesclem seus planos de embelezamento da cidade com a promoção da equidade de acesso da população aos recursos e às oportunidades, inclusive, ao espaço público planejado para promover qualidade de vida e bem-estar?

3.2 Dinâmicas de crescimento urbano e seus efeitos

As cidades expressam claramente as relações econômicas, políticas e culturais das sociedades que participam ou participaram de seu desenvolvimento ao longo da história sobre determinado ambiente. Apesar de almejar sempre uma configuração de harmonia entre todos os setores que a envolvem, as cidades testemunham espaços de conflitos e tensão.

Algumas teorias do urbanismo defendem que o planejamento e o desenho urbanos seriam capazes de produzir espaços satisfatórios às comunidades, entretanto outras teorias afirmam que os espaços urbanos deveriam desenvolver-se organicamente, deixando que as forças de ação e dinâmicas sociais aconteçam sem qualquer intervenção ou planejamento. Na realidade, as duas linhas de pensamento definem a cidade real, a cidade vivida, que mescla crescimento planejado e espontâneo, especialmente em cidades do sul do globo, como as brasileiras.

Nesse aspecto reside o dilema de que a busca pela cidade ideal não consegue ser satisfatória para todos, pois o que seria ideal para um grupo social não seria para outros. A capacidade do desenho urbano de promover a qualidade de vida, servindo à moradia, ao trabalho e à produção de bens, depende muito de cada contexto, assim como de situações de histórico do local e de todas as relações sociais existentes na construção de seu espaço.

> A civilização humana mostrou-se dramaticamente eficaz em gerar sociedades desiguais, e por isso sempre produziu espaços também desiguais. Da cidade antiga às metrópoles industriais, passando pelos burgos medievais ou paradisíacas cidades litorâneas, fosse por motivos religiosos, econômicos ou militares, os poderosos do momento sempre se beneficiaram, ao longo da história, dos melhores lugares para viver. E o desenho dos urbanistas pôde servir, paradoxalmente, tanto para garantir-lhes esses privilégios, em algumas épocas, como para tentar combatê-los ou remediá-los, em outras. (Ferreira, 2012, p. 12)

As figuras a seguir ilustram o contraste social vivenciado nas duas principais cidades brasileiras: Rio de Janeiro e São Paulo. Na Figura 3.2, vemos a Favela da Rocinha, que já foi considerada a maior favela da América Latina, hoje transformada em bairro, que se localiza entre dois bairros nobres do Rio de Janeiro: Gávea e São Conrado. Sua proximidade com as habitações de classe média alta cria grande contraste urbano na paisagem da região. Na Figura 3.3, o contraste das ocupações, grande parte informais, é retratado na cidade de São Paulo, no bairro de Paraisópolis, e, logo atrás, o bairro de alto padrão em seu entorno, o Morumbi.

Figura 3.2 – Favela da Rocinha no Rio de Janeiro

Figura 3.3 – Contraste de ocupações em São Paulo, com Paraisópolis em primeiro plano

No Brasil, por um lado, o padrão de urbanização dos locais em que vivem as classes sociais mais baixas caracteriza-se por bastante carência de qualidade espacial, como a ocupação de encostas e de áreas de mananciais, ausência de infraestrutura como equipamentos de saúde e educação, falta de saneamento básico e de proteção. As áreas onde se encontram as classes mais altas, por outro lado, também não resultam em boas práticas urbanísticas, pois, geralmente, criam espaços isolados nas cidades e causam grandes prejuízos ambientais em razão de sua construção. Entretanto, embora mantenham distintos locais de ocupação urbana, as diferentes classes sociais mantêm relação de dependência por interagirem entre si rotineiramente, o que provoca grave efeito negativo na própria cidade no que diz respeito às questões de acessibilidade e trânsito urbano, temas que serão tratados mais adiante.

O fato descrito de que as classes mais altas estão construindo bairros distantes dos centros para suas moradias e de que as classes mais baixas são deslocadas para as periferias é um fenômeno encontrado atualmente em grande parte dos países. Observamos, portanto, que os centros urbanos estão esvaziando mais a cada dia e seu território sendo extremamente desvalorizado.

Segundo dados do IBGE (2011), no ano de 2010, havia em torno de 6 milhões de residências desocupadas no Brasil e o déficit habitacional, nesse mesmo ano, era de 5,8 milhões de moradias. O Mapa 3.2 ilustra a grande proliferação dos condomínios fechados nas cidades, onde os moradores têm o que podemos chamar de *falsa sensação de segurança*. Esses espaços deixam a cidade mais insegura, produzindo grandes territórios murados e renegando as vias públicas que os circundam.

Na imagem do mapa, há grandes condomínios residenciais no bairro de Alphaville, localizado parte no município de Barueri e parte no município de Santana de Parnaíba, na Região Metropolitana de São Paulo, e percebemos muito poucas conexões com as ruas externas e grandes áreas formando "cidades muradas".

Mapa 3.2 – Condomínios residenciais fechados produzem espaços isolados nas cidades

Fonte: Google Earth, 2020.

    Além de bairros distantes, também é possível observar a ocupação das elites em outros bairros com boa localização, com certa proximidade ao centro das cidades e onde conseguem quase todos os serviços dos quais necessita. Como observa Villaça (2012), essas regiões são tratadas como se fossem a própria cidade, ou seja, quando se considera alguma benfeitoria a ser feita, a prioridade dos governantes é dirigida para essas localidades ocupadas por classes já privilegiadas.

    Os locais de emprego, de lazer e de consumo também se situam nos arredores das regiões de alta renda, o que estabelece facilidade de acesso aos serviços para essa classe. Dessa forma, o tempo de deslocamento é otimizado para essa parcela da população, o que, no entanto, não ocorre para o restante dos habitantes de uma cidade. Para a população de baixa renda, restam as áreas mais distantes, com grandes deslocamentos na busca por satisfazer as mesmas necessidades de trabalho e de diversão.

As exigências para o deslocamento de cada classe social em uma cidade, de acordo com Villaça (2012), explicam a distribuição das classes sociais em seu território, determinado pelo deslocamento diário da população nesse espaço: "A classe dominante manipula a produção do espaço, priorizando sempre a otimização dos seus tempos de deslocamento".

A parcela menos abastada da população, que é a grande maioria, tem sua vida na cidade impactada pela dificuldade de acesso aos serviços básicos. A distribuição do espaço fica ainda mais desigual considerando o tempo envolvido no deslocamento para os diversos serviços e o tempo que sobra ao final do dia para descanso ou para outras atividades. Essa questão a respeito do deslocamento tem como principal causa os investimentos prioritários observados nas atuais gestões urbanas. Percebemos a priorização de infraestrutura para o automóvel particular em relação ao transporte coletivo, utilizado majoritariamente pela população de baixa renda.

Além da questão da infraestrutura de mobilidade e de acessibilidade, outro grande desafio para os governos, relacionado ao crescimento urbano e seus desafios, diz respeito ao provimento igualitário dos serviços básicos como saúde, educação e saneamento. É fácil identificar que a implantação desse tipo de infraestrutura não acompanha o ritmo de crescimento das populações, estando sempre atrás da necessidade real. Hoje, considerando a população mundial, mais de um bilhão de pessoas habita favelas.

A questão ambiental também é um conflito decorrente do intenso crescimento populacional nas cidades. Considerando o aumento do nível do mar e que grande parte dessas cidades situa-se em zonas costeiras, quase metade dos municípios podem ser afetados pela mudança climática. Os desastres naturais e a falta de recursos naturais são outros aspectos de relevância para a possibilidade de insustentabilidade em manter o ritmo de crescimento populacional e das cidades observado atualmente.

> *Questão para reflexão*
> 1. Como deveria ser o planejamento do uso e a ocupação do solo urbano para gerar espaços urbanos com diversidade de pessoas e de atividades, a ponto de promover pertencimento e senso de comunidade nas vizinhanças?

3.3 *Diretrizes para as cidades do século XXI*

A realidade urbana atual tem sido profundamente estudada, e as evidências possibilitadas pelo desenvolvimento do urbanismo como ciência, pelo acesso à informação em âmbito global e pela capacidade de acessar, armazenar e lidar com dados, informações e disseminá-los por meio das tecnologias da informação e da comunicação (TICs) permitem desenhar, simular e promover soluções sem precedentes. Diversos setores da sociedade têm se dedicado à compreensão das cidades: o mercado, a indústria, as instituições acadêmicas, o Poder Público e as instituições do terceiro setor, no intuito de desenvolver soluções. Contudo, os interesses desses setores da sociedade, inclusive das comunidades organizadas, são distintos e divergentes. A definição de marcos orientadores de um caminho a seguir de forma integrada é fundamental como processo educativo e como potencial sinergia, dirigida para soluções eleitas como prioritárias para as melhorias socioambientais nas cidades.

Essas orientações para o futuro global são desenvolvidas por instituições reconhecidamente capazes de gerar conhecimento e indicar diretrizes. A principal orientação para uma dedicação concentrada na direção de certas metas globais é oferecida pela ONU: trata-se da Agenda 2030, que propõe os Objetivos do Desenvolvimento

Sustentável (ODS). Antes dos ODS, havia os oito Objetivos do Milênio, com metas definidas até 2015; nesse mesmo ano, a ONU lançou os 17 ODS para o horizonte de 15 anos, configurando a Agenda 2030.

Os 17 ODS devem ser observados como uma matriz integrada, e não como objetivos dissociados. No entanto, para um aprofundamento na temática urbana, o foco aqui será o ODS 11, sobre cidades e comunidades sustentáveis. A sociedade global enfrenta o desafio de tornar cidades e assentamentos humanos inclusivos, seguros, resilientes e sustentáveis. Nesse desafio, um esforço estratégico é garantir acesso igual a condições decentes quando, aproximadamente, 25% da população vive em favelas e mais da metade da população urbana não tem acesso ao transporte.

Figura 3.4 – *Objetivos de Desenvolvimento Sustentável das Nações Unidas*

© Copyright 2021 Nações Unidas no Brasil

A ONU também é a instituição responsável pela publicação de grandes acordos globais, como o Acordo de Paris, compromisso global na adoção de políticas climáticas para a redução da emissão de gases de efeito estufa que determinam o aquecimento do planeta.

> Concordando em defender e promover a cooperação regional e internacional de modo a mobilizar a ação climática mais forte e mais ambiciosa de todos os interessados, sejam estes Partes ou não, incluindo a sociedade civil, o setor privado, as instituições financeiras, cidades e outras autoridades subnacionais, comunidades locais e povos indígenas. (ONU Brasil, 2015b)

As diretrizes para uma cidade pretendida devem ser extraídas de uma composição entre grandes diretrizes institucionais, conceituais e acadêmicas globais, e políticas, leis e instrumentos da política urbana local, leia-se nacional, estadual e municipal, no caso da organização federativa brasileira (Turbay, 2016). O processo de efetivação das políticas deve ser desenhado e praticado de forma multisetorial e a partir de processos participativos.

A legislação brasileira disponibiliza fundamentos para que se tome um caminho no sentido da sociedade e do ambiente ideais, que alcançarão seus objetivos se efetivadas pelo planejamento, por seus instrumentos e suas regulamentações, e pela gestão por meio das práticas. É necessário o alinhamento da política urbana com os ODS no sentido da transformação das relações ecossistêmicas (Turbay, 2016).

Uma inspiração para um processo contínuo de mudança socioambiental é "uma longa revolução que tenha raízes nas condições contemporâneas e persiga a construção de uma sociedade alternativa com objetivo de longo prazo mediante ações de curto prazo" (Harvey, 2002, p. 5).

Há muitos exemplos de instituições globais e locais que desenvolvem conhecimento e publicações relevantes quanto à orientação do planejamento urbano atualmente: o Banco Mundial, o Banco Interamericano de Desenvolvimento, a organização da sociedade civil brasileira Oxfam*. Além das instituições globais, órgãos públicos também se dedicam a gerar dados, informações e conhecimento, como o Instituto Brasileiro de Geografia e Estatística (IBGE), no caso do Paraná, o Instituto Paranaense de Desenvolvimento Econômico e Social (Ipardes), no caso da cidade de Curitiba, o Instituto de Pesquisa e Planejamento Urbano de Curitiba (IPPUC).

Para saber mais

MOSTAFAVI, M.; DOHERTY, G. **Urbanismo ecológico**. São Paulo: G. Gili, 2014.

BURDETT, R.; SUDJIC, D. **The Endless City**: an Authoritative and Visually Rich Survey of the Contemporary City. Phaidon Press, 2007.

Dois *best-sellers* publicados por instituições de grande relevância e reputação, respectivamente, a Harvard Graduate School of Design, um consórcio da London School of Economics (LSE) e o Urban Age Project da LSE, e o Deutsche Bank's Alfred Herrhausen Society. Trata-se de publicações acadêmicas que apresentam compêndios de conhecimento relativo às cidades.

O *Urbanismo ecológico* oferece um "sistema de referência definido por meio da associação entre ecologia e urbanismo que pode fornecer conhecimento, métodos e pistas sobre o que o urbano pode vir a ser nos próximos anos" (Mostafavi, 2014, p. 13). O autor justifica a urgência do fundamento ecológico ao urbanismo tendo em vistas as seguintes causas: (1) a necessidade urgente de descobrir e produzir maneiras alternativas e eficientes de utilizar os recursos energéticos; (2) os parâmetros para avaliar o impacto de um edifício na cidade deve relacionar-se a seu desempenho ético; e (3) a necessidade de construção de uma base

---

* Mais informações sobre essas instituições podem ser obtidas em seus sites: THE WORLD BANK. Urban Development. Disponível em: <https://www.worldbank.org/en/topic/urbandevelopment>; ADB – Inter American Development Bank. Disponível em: <https://www.iadb.org/pt>; OXFAM BRASIL. Quem somos. Disponível em: <https://www.oxfam.org.br/quem-somos/>. Acesso em: 10 set. 2021.

colaborativa e produtiva para a comunicação e integração das pessoas nos assentamentos humanos.

A publicação *The Endless City*, de 2007, sucedida pela *Living in the Endless City*, de 2011, traz um compêndio de dados, de informações e de conhecimento gerados por representações do notório saber em diversas áreas relacionadas às cidades. Uma importante contribuição do projeto *Urban Age* da LSE é a relação entre diversas cidades de partes diferentes do globo. As comparações são um bom método de informar sobre as cidades. A obra aponta a necessidade de relacionar teoria, política e prática urbana. A teoria, como desenvolvimento científico, tem alto potencial de contribuição para as tomadas de decisão necessárias à efetivação das políticas públicas, e a prática deve seguir as orientações legais e institucionais em detrimento de interesses particulares, em um "compromisso social dos atores do processo, corroborada pela visão comum de que cada intervenção na cidade é uma oportunidade para se aproximar da cidade pretendida" (Turbay, 2016, p. 22).

ONU BRASIL. Organização das Nações Unidas no Brasil. **Acordo de Paris sobre o clima.** 11 dez. 2015a. Disponível em: <https://brasil.un.org/pt-br/node/88191>. Acesso em: 10 set. 2021.

ONU BRASIL. Organização das Nações Unidas no Brasil. **Cidades e comunidades sustentáveis.** Disponível em: <https://nacoesunidas.org/pos2015/ods11>. Acesso em: 10 set. 2021.

Na página da ONU Brasil, há informações mais detalhadas sobre o ODS 11, as cidades sustentáveis e o Acordo de Paris sobre o clima.

Síntese

Antes de avançarmos para temas relativos à prática do planejamento urbano, é necessária uma compreensão da construção social das cidades e sua relação com o suporte natural para reconhecer a cidade contemporânea. É importante recordar o intenso desenvolvimento da urbanização global durante o século XX, que foi acompanhada por um proporcional avanço da ciência do urbanismo. Esse processo de definição das cidades, protagonista do capitalismo, marcado pela desigualdade social, pelo alto consumo de energia e pela degradação ambiental, gera uma reação dos teóricos e pensadores das cidades, os quais fundamentam movimentos urbanos capazes de pressionar os poderes instituídos para cobrar políticas públicas que visem a cidades mais justas, com amplo e irrestrito exercício do direito à cidade.

No aspecto instrumental, os planos urbanos também tiveram um período de franca evolução. Houve uma evolução da qualidade de vida nas cidades de modo geral, mas a desigualdade e a crise climática, como reflexos das práticas sociais e ambientais, exigem um esforço global para a mudança de paradigma no sentido do desenvolvimento urbano inclusivo e ecológico.

Referências institucionais como a ONU, e teóricas, produzidas por centros de conhecimento como Harvard e LSE, orientam para um desenvolvimento urbano promotor de cidades inclusivas, seguras, resilientes e sustentáveis, ecológicas e coerentes entre conhecimento, política e prática. As diretrizes para a cidade pretendida no século XXI estão postas, sendo necessário o estabelecimento de arranjos multisetoriais orientados para essa mudança de paradigma.

Questões para revisão

1. Entre as possíveis orientações para uma cidade pretendida, mediante a descrição do cenário atual, reflita e apresente três soluções urbanas que considerem estratégicas. Justifique.

2. A atual concentração da pobreza, o crescimento das favelas e a ruptura social nas cidades compõem um quadro ameaçador. Contudo, nenhum país, na era industrial, conseguiu atingir um crescimento econômico significativo sem a urbanização (UNFPA Brasil, 2007). Apesar de concentrar a

pobreza, como as cidades poderiam representar oportunidades para escapar dela? Explique.

3. O urbanismo e o planejamento urbano se consolidaram como ciências urbanas a partir da Revolução Industrial, em meados do século XIX. A urbanização no Brasil se intensificou a partir de 1950 e, atualmente, aproximadamente 90% da população brasileira está concentrada nas cidades. Com relação aos conceitos de urbanização e de planejamento urbano e seus efeitos, assinale a alternativa correta:

   a. Diante da nova realidade, ocasionada pela revolução digital, observou-se a necessidade de estudar as cidades e pensá-las de forma organizada, por meio do planejamento urbano, um instrumento de organização territorial nos âmbitos físico-territorial, social, ambiental e habitacional.

   b. O planejamento urbano tem um caráter unidisciplinar e em constante desenvolvimento, pois deve atender às demandas e aos problemas urbanos, independentemente do momento que a sociedade vive.

   c. As cidades são um sistema simples, composto por diversos elementos, que independem de organização e de planejamento para se tornarem cada vez mais adequadas à vida em sociedade.

   d. No contexto brasileiro, o planejamento urbano tem sido implementado de modo a promover um desenvolvimento estruturado, que minimiza as desigualdades sociais, com raras ocorrências de favelização em áreas de relevância ambiental e nas periferias urbanas.

   e. A cidade deve ser acessível para que todas as pessoas experimentem o espaço urbano; os serviços devem estar disponíveis de forma igualitária e por todas as regiões da cidade; e o ambiente urbano é um organismo vivo, devendo estar saudável nos aspectos de sustentabilidade e de preservação dos recursos naturais.

4. "As dinâmicas econômicas recentes têm desafiado as cidades a absorver um crescimento, melhorando suas condições de urbanização de modo a sustentá-lo do ponto de vista territorial. Os desafios não são poucos, já que não se trata apenas de expandir a infraestrutura das cidades para absorver um crescimento futuro, uma vez que a base – financeira, política e de gestão – sobre a qual se constituiu o processo de urbanização consolidou um modelo marcado por disparidades socioespaciais, ineficiência e grande degradação ambiental. Porém, apesar dos sucessos da política econômica entre eles, um aumento espetacular do gasto público no setor de desenvolvimento urbano – e as promessas da descentralização e do Estatuto das Cidades, as marcas desse modelo continuam presentes em várias dimensões do processo de urbanização" (Rolnik; Klink, 2011. p. 90). Com relação à urbanização brasileira, assinale a alternativa correta:

   a. O conjunto das formações urbanas brasileiras constitui a rede urbana nacional, uma estrutura altamente dinâmica, que foi construída ao longo de um processo histórico, sem influência do período colonial.

   b. Os ciclos econômicos brasileiros tiveram forte influência na urbanização brasileira: o ciclo do ouro em Minas Gerais; a pecuária com os movimentos tropeiristas e bandeirantes que impactaram as ocupações do sul e do sudeste; e o ciclo da borracha na Região Amazônica. O ciclo da cafeicultura, porém, pouco dinamizou o espaço, apesar do grande incremento de infraestrutura do período.

   c. Como dinâmicas contemporâneas, a desigualdade urbana soma-se à falta de planejamento urbano, à deficiência de infraestruturas e à especulação imobiliária, expressão que denomina uma prática rentista de se produzir estoque de bens imobiliários, como terrenos, prédios, casas, entre outros, com a finalidade de produzir valor futuro por meio da elevação dos preços de tais imóveis.

d. Apesar das desigualdades geradas pela especulação imobiliária, a gentrificação não se manifesta de forma significativa nos territórios urbanos brasileiros, onde a segregação socioespacial é uma exceção em raras cidades com populações médias.

e. O arcabouço jurídico-legal brasileiro conta com um instrumento para a promoção da função social da propriedade urbana, o Estatuto da Cidade – Lei n. 10.257/2001, que regulamenta artigos da constituição brasileira e que foram orientados pela assembleia constituinte brasileira, sem participação dos movimentos sociais para cidades mais justas.

5. Analise as afirmativas a seguir.
   I. Um dos problemas da falta de controle no crescimento da urbanização de cidades nos países em desenvolvimento é o êxodo rural, que traz consigo problemas como elevadas taxas de desemprego e crescimento da informalidade no mercado de trabalho.
   II. A grande taxa de urbanização observada nos países em desenvolvimento pressupõe melhores condições de vida para a população.
   III. São diversos os fatores relacionados ao crescimento desorganizado da urbanização, entre eles é possível citar o crescimento das favelas e os loteamentos irregulares, além do aumento da população em situação de vulnerabilidade.

Com base em seu conhecimento sobre urbanização, assinale a alternativa correta:

a. Apenas as afirmativas I e II são verdadeiras.
b. Apenas as afirmativas I e III são verdadeiras.
c. Todas as afirmativas são verdadeiras.
d. Apenas a afirmativa III é verdadeira.
e. Todas as afirmativas são falsas.

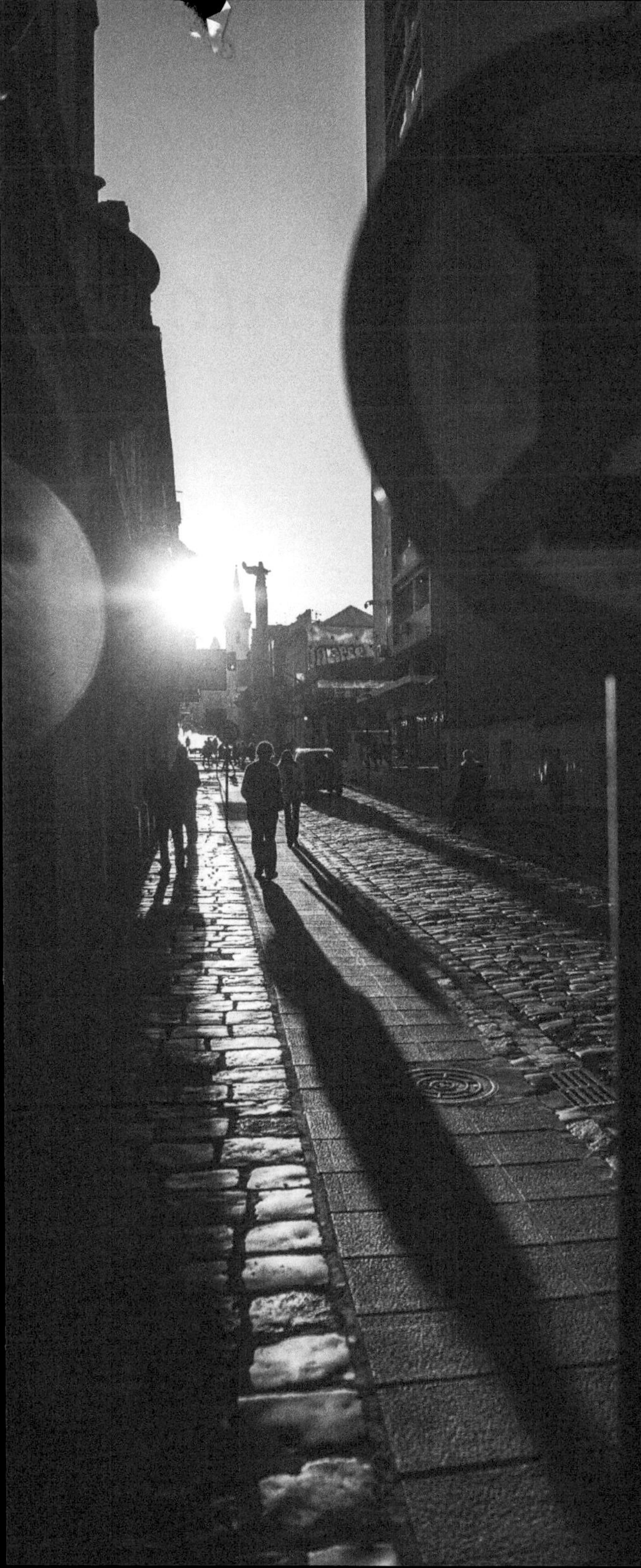

Dimensões do planejamento urbano

Conteúdos do capítulo:

- Abordagens do urbanismo.
- Complexidade do planejamento urbano.
- Importância de integração de conhecimentos.

Após o estudo deste capítulo, você será capaz de:

1. compreender a relação entre o planejamento urbano e os grandes temas da realidade contemporânea;
2. entender a abordagem das questões ambientais, sociais, espaciais e econômicas na prática do planejamento urbano;
3. refletir sobre a complexidade do planejamento urbano e identificar a necessidade de integração de conhecimentos para seu pleno exercício.

Como já afirmamos no capítulo anterior, as cidades são construções sociais condicionadas pelo suporte natural as quais acumulam, em seu processo de desenvolvimento histórico, diversas categorias que determinam um alto nível de complexidade. Para que estudos e avaliações sobre as condições das cidades possam avançar, é preciso que sejam definidos os temas com os quais se deseja trabalhar. É importante considerar que esses temas devem ser integrados para o diagnóstico das condicionantes, deficiências, potencialidades, oportunidades e ameaças de determinado contexto territorial.

Neste capítulo, apresentaremos algumas dimensões do planejamento urbano para fundamentar o desenvolvimento de análises temáticas integradas que devem basear diretrizes, estratégias e ações de planejamento e gestão territorial, especialmente urbano.

4.1 *Determinação das dimensões*

Quando buscamos delimitar a abordagem do estudo do planejamento urbano, é importante observarmos as temáticas envolvidas nesse estudo de grande amplitude. As diversas questões a que está submetido um município, considerando tanto sua escala territorial quanto, excedendo esta, sua inserção regional, estão relacionadas a quatro principais dimensões entre uma ampla gama de aspectos.

É importante considerarmos que toda e qualquer ação resultante de políticas, planejamento e gestão urbana tem efeito social e ambiental. Portanto, cada dimensão tem efeitos diretos e indiretos. Uma atuação especificamente ambiental terá reflexos na vida da sociedade.

Outro fator a considerar é que as dimensões não estão relacionadas a tamanho, porte ou qualquer medida, mas sim a grandes temas que, coloquialmente, são chamados de *temas guarda-chuva*, por abrigarem diversas possíveis variações. Por exemplo, a dimensão socioeconômica está acima do planejamento urbano como ciência do território, já a mobilidade urbana é uma temática que integra o planejamento urbano. Por isso, para este capítulo, selecionamos quatro dimensões com íntima relação com o urbanismo, são elas: (1) ambiental, (2) social, (3) espacial e (4) econômica.

O planejamento urbano pode ser considerado como a base para intervenções no espaço existente a fim de torná-lo melhor futuramente para a população envolvida, quando, então, será comparado com o passado. O espaço, em seus vários aspectos, deve ser transformado a fim de que os resultados sejam satisfatoriamente percebidos pelos atores que participam ativamente, seja apenas no convívio diário com as mudanças, seja pelo caminho mais atuante de práticas governamentais. Além da dimensão espacial, outras extensões auxiliam na análise do planejamento urbano, sempre relacionadas entre si. A dimensão econômica, por exemplo, observa as relações dos gastos orçamentários e seus efeitos diretos no espaço ao qual foram destinados. As quatro dimensões – sociedade, meio ambiente, economia e espaço – têm relação e "alimentam" umas às outras, formando um ciclo.

Na Figura 4.1, vemos a representação dessa interação entre temas e áreas.

Figura 4.1 – Dimensões do planejamento urbano e interação com outras disciplinas

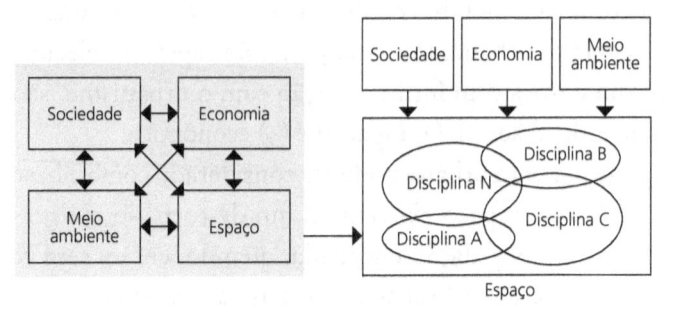

Fonte: Lopes; Loureiro, 2012.

Questão para reflexão

1. A complexidade das cidades exige que, para certas análises, sejam definidas temáticas específicas de aprofundamento. Além das dimensões ambiental, espacial, social e econômica, em sua opinião, qual seria a mais relevante a ser inserida nessa lista?

Dimensão ambiental

A evidente crise climática determina um momento de urgência quanto a medidas de mitigação e compensação de impactos ambientais da urbanização, entretanto é especialmente necessária a mudança do modelo de desenvolvimento urbano, de modo a integrar a dimensão ambiental nas tomadas de decisão. Considerando sua relevância, a questão ambiental influencia diretamente as outras dimensões do planejamento urbano. Nas cidades, concentra-se pouco mais da metade da população global, mas o consumo de energia desse grupo representa 80% dos recursos energéticos disponíveis, o que provoca grande impacto ambiental, especialmente em razão do uso maciço de combustíveis fósseis.

Segundo Sánchez (2013), o meio ambiente é a integração dos meios físico, biótico e antrópico, com os respectivos agrupamentos de disciplinas. Apresentamos, a seguir, uma síntese descritiva de diferentes elementos, compartimentos ou funções.

Quadro 4.1 – Abrangência do conceito de ambiente e termos correlatos em diferentes disciplinas

	Meio físico	Meio biótico	Meio antrópico
Esferas da Terra	Litosfera Atmosfera Hidrosfera Pedosfera	Biosfera	Antroposfera
Componentes ou elementos do meio	Litologia Solos Relevo Ar Águas	Ecossistemas*	Sociedade**
Diferentes acepções do binômio natureza-sociedade	Natureza		Sociedade
	Paisagem		
	Ambiente natural		Ambiente construído
	Espaços naturais	Espaços rurais	Espaços urbano-industriais
	Recursos naturais e ambientais		Recursos humanos e culturais
	Patrimônio natural		Patrimônio cultural
	Capital natural		Capital social**

Fonte: Turbay, 2016, elaborado com base em Sánchez, 2013.

A degradação de meio ambiente deve ser avaliada de modo a compreender quais atores e que tipo de práticas sociais, espaciais e econômicas a determinam. Uma nova condução da questão ambiental deve promover uma relação de pertencimento, de educação e de práticas que redefinam uma sinergia entre o social e o ambiental.

Joachim (2012, p. 228, tradução nossa) defende uma abordagem mais simbiótica com a natureza, em que o desejo humano não seja protagonista para "um novo sentido para a cidade, que privilegia o jogo da natureza sobre os caprichos antropocêntricos".

Entre esses caprichos da ação humana, o conforto gerado pelo uso do automóvel gera alto índices de motorização das cidades brasileiras, o carro, inclusive, serve como indicador de *status* social em uma cultura absolutamente deturpada. Essa disseminação do uso do automóvel nas cidades só é permitida pela ampla implantação de infraestrutura, classificada como carrocêntrica ao longo do século XX. Verificamos que, nas cidades, rios e cursos de água foram sobrepostos por vias, ou seja, os canais naturais de drenagem superficial foram substituídos por infraestrutura urbana que promove impermeabilização do solo, associada à ocupação edilícia, e comumente não suportam a carga hídrica das águas pluviais, provocando enchentes, alagamentos e, consequentemente, riscos à população e ao patrimônio público e privado.

Outra lógica que resulta em relevantes impactos ambientais é a expansão urbana que promove o aumento da superfície ocupada pelas cidades, especialmente quando associada à segregação espacial característica das cidades brasileiras, que "reservam" as áreas periféricas, mais distantes das centralidades urbanas que concentram renda, serviços e oportunidades. Os estudos urbanos evidenciam que cidades compactas, que promovem usos múltiplos e diversidade social em suas vizinhanças, conseguem promover qualidade de vida e bem-estar com menor aplicação de recursos, inclusive energéticos (Rogers; Gumuchdjian, 2011).

Ao tratar de enchentes e alagamentos gerados pela ocupação indevida e indiscriminada, consideramos o incremento desse risco gerado pelo aquecimento global e consequente aumento do nível do mar pelo descongelamento das geleiras. Esse processo, associado a outros eventos climáticos, tem aumentado a incidência e a gravidade de desastres naturais. Ao tratarmos desse tema, cabe identificar como o impacto dos desastres naturais, muitas vezes, majorados pela ação antrópica, expressa um desequilíbrio social. Beck (2014, p. 106, tradução nossa), ao tratar da "exposição socialmente desigual a riscos", observa que "o caráter catastrófico é apenas revelado dentro do campo de referência da sociedade afetada, ou seja, sem o conceito de vulnerabilidade social, é impossível entender o teor catastrófico das mudanças climáticas".

As políticas ambientais urbanas devem ser desenvolvidas com a perspectiva de minimizar impactos indesejados sobre a sociedade, buscando analisar, entender e considerar o comportamento da natureza para fundamentar soluções, o que se denomina *nature-based solutions* (soluções baseadas na natureza).

A legislação brasileira oferece um arcabouço fundamental ao exercício do planejamento e gestão ambiental no território nacional e que orienta a condução municipal. A regulamentação e os instrumentos usados pelos municípios para a gestão ambiental estão fundamentados em diretrizes da Lei n. 6.938, de 31 de agosto de 1981, denominada Política Nacional do Meio Ambiente (PNMA) (Brasil, 1981) e na Política Urbana exposta na Constituição Federal (Brasil, 1988) e regulamentados pelo Estatuto da Cidade (Brasil, 2001), no qual estão estabelecidos princípios e objetivos que subsidiam, de forma direta e indireta, os critérios e as intenções dos estudos de impacto a submeter à avaliação pública para a obtenção dos licenciamentos ambientais urbanos.

O art. 225 da Constituição Federal estabelece a garantia do direito universal ao meio ambiente ecologicamente equilibrado. Em seu art. 2º, a PNMA diz que "tem por objetivo a preservação, melhoria e recuperação da qualidade ambiental propícia à vida, visando assegurar, no País, condições ao desenvolvimento socioeconômico, aos interesses da segurança nacional e à proteção da dignidade da vida humana" (Brasil, 1981). No sentido da promoção dessa política urbana, o Estatuto da Cidade – Lei n. 10.257, de 10 de julho de 2001, marco legal e regulatório estabelecido em 2001, em seu art. 2º preconiza como diretriz geral a "garantia do direito a cidades sustentáveis" (Brasil, 2001).

Como uma orientação global no sentido de estabelecer o protagonismo da questão ambiental, a Organização das Nações Unidas (ONU) lançou, no evento RIO+20, o Índice de Riqueza Inclusiva (IRI), uma nova forma para medir o desempenho econômico dos países (UNU-IHDP; Unep, 2012). Com a inclusão de nove aspectos divididos em três categorias – (1) capital humano, (2) capital produzido e (3) capital natural –, diferentemente do Produto Interno Bruto (PIB) e do Índice de Desenvolvimento Humano (IDH), o IRI é um indicador que considera padrões ambientais de sustentabilidade, subtraindo do desempenho econômico o patrimônio natural reduzido.

O Quadro 4.2 traz a descrição de cada um desses índices.

Quadro 4.2 – *Índices para medição de desempenho dos países*

Índice	Descrição	Aspectos considerados
PIB	Produto Interno Bruto	Consumo privado, investimentos realizados, gastos governamentais, exportações e importações
IDH	Índice de Desenvolvimento Humano	Educação (alfabetização e taxa de matrículas), longevidade e PIB per capita
IRI	Índice de Riqueza Inclusiva	Capital humano, produção industrial, recursos naturais, áreas agrícolas, florestas, recursos fósseis e minerais e capital social (longevidade)

Fonte: Elaborado com base em UNU-IHDP; Unep, 2012.

Mecanismos como o IRI, que repensam e atualizam conceitos em aplicação a tempos, são fundamentais para a promoção de uma consciência global e de atitudes efetivas, para a urgente redução dos impactos da urbanização, especialmente quanto à emissão de poluentes.

> *Questão para reflexão*
>
> 1. Diante da crise climática, do aquecimento global e do grande consumo de energia em razão do modo de vida urbano, como você observa suas práticas cotidianas no que se refere à contribuição para minimizar o impacto ambiental?

Dimensão social

A cidade é decorrência do modo de organização humana no ambiente, desde a necrópoles, conjunto de sepultamentos que configurou uma primeira intenção humana de territorialidade, até as revoluções industriais que consolidaram a organização social urbana, que passou a ter maioria das pessoas nas cidades desde 2007.

A dimensão social ganha relevância em virtude do cenário de desigualdade de acesso, entre grupos de pessoas, a recursos e oportunidades. Essa desigualdade de acesso pode ser identificada ao compararmos diferentes regiões do globo, como continentes e países, e territórios diferentes dentro de um município ou cidade. Ela está diretamente associada à concentração de riqueza, à divisão social do trabalho e à capacidade de emprego e renda das populações que se dividem entre capitalistas, empreendedores e gradações de qualificação de mão de obra.

Ao observarmos o desequilíbrio social gerado pelo modelo de desenvolvimento vigente, fica determinado um dever da sociedade no sentido de "acrescentar fundamentais redefinições de riqueza, bem-estar e valores de modo que sejam canalizados para o desenvolvimento das potencialidades humanas" (Harvey, 2002, p. 6), de modo a prover acesso e dignidade de forma ampla e indistinta.

No Brasil, de acordo com Koga (2003), as políticas públicas devem introduzir dimensões de planejamento para que a grande concentração de riqueza existente dê lugar à distribuição e à inclusão.

Segundo Nelson et al. (2019), desigualdades de acesso podem levar a maiores divisões sociais, econômicas e impacto ambiental. Para compensar e minimizar esses efeitos, as políticas e projetos urbanos precisam ser medidos, interpretados e simulados considerando aspectos éticos complexos, como equidade, distribuição, inclusão social e mitigação do impacto ambiental, a fim de possibilitar o planejamento e o gerenciamento das cidades.

Para viabilizar comparações da realidade social entre territórios nas diversas escalas, foram desenvolvidos alguns indicadores, entre os mais aplicados estão o IDH e o Índice de Gini. A seguir, apresentamos a definição desses indicadores:

> O Índice de Desenvolvimento Humano (IDH) é mede progresso a longo prazo, em três dimensões básicas do desenvolvimento humano: renda, educação e saúde. O objetivo da criação do IDH foi o de oferecer um contraponto a outro indicador muito utilizado, o Produto Interno Bruto (PIB) per capita, que considera apenas a dimensão econômica do desenvolvimento. Criado por Mahbub ul Haq com a colaboração do economista indiano Amartya Sen, ganhador do Prêmio Nobel de Economia de 1998, o IDH pretende ser uma medida geral e sintética que, apesar de ampliar a perspectiva sobre o desenvolvimento humano, não abrange nem esgota todos os aspectos de desenvolvimento. (PNUD Brasil, 2021)

> O Índice de Gini, criado pelo matemático italiano Conrado Gini, mede o grau de concentração de renda em determinado grupo, e aponta a diferença entre os rendimentos dos mais pobres e dos mais ricos. Numericamente, varia de zero a um (alguns apresentam de zero a cem). O valor zero representa a situação de igualdade, ou seja, todos têm a mesma renda. No extremo oposto está o

> valor 1, isto é, uma só pessoa detém toda a riqueza. Na prática, o Índice de Gini costuma comparar os 20% mais pobres com os 20% mais ricos. (Wolffenbüttel, 2004)

A Tabela 4.1 indica o Ranking Global dos Índices de Desenvolvimento Humano, com classificação de **muito alto desenvolvimento** para países como Noruega (0,944), Austrália (0,935), Suíça (0,930), Dinamarca (0,923), entre outros, e a classificação **alto desenvolvimento** para países como Uruguai (0,793), Panamá (0,780), Costa Rica (0,766), entre outros. Como vemos, o Brasil está na 75ª posição, com índice de 0,755.

Tabela 4.1 – Ranking IDH Global 2014

Posição	País	IDH 2014
Muito alto desenvolvimento humano		
1	Noruega	0,944
2	Austrália	0,935
3	Suíça	0,930
4	Dinamarca	0,923
5	Países Baixos	0,922
6	Alemanha	0,916
6	Irlanda	0,916
8	Estados Unidos	0,915
9	Canadá	0,913
9	Nova Zelândia	0,913
11	Singapura	0,912
12	Hong Kong	0,910
13	Liechtenstein	0,908
14	Suécia	0,907
14	Reino Unido	0,907

(continua)

(Tabela 4.1 – conclusão)

Posição	País	IDH 2014
Alto desenvolvimento humano		
50	Belarus	0,798
50	Federação Russa	0,798
52	Omã	0,793
52	Romênia	0,793
52	Uruguai	0,793
55	Bahamas	0,790
56	Cazaquistão	0,788
57	Barbados	0,785
58	Antigua e Barbuda	0,783
59	Bulgária	0,782
60	Palau	0,780
60	Panamá	0,780
62	Malásia	0,779
63	Maurício	0,777
64	Seicheles	0,772
64	Trinidade e Tobago	0,772
66	Sérvia	0,771
67	Cuba	0,769
67	Líbano	0,769
69	Costa Rica	0,766
69	Irã	0,766
71	Venezuela	0,762
72	Turquia	0,761
73	Sri Lanka	0,757
74	México	0,756
75	Brasil	0,755

Fonte: Elaborado com base em PNUD Brasil, 2021.

O Mapa 4.1 apresenta os países do globo marcados em cores conforme seu grau de concentração de renda. As cores mais escuras marcam os países com menor concentração de renda, ou menor desigualdade econômica entre seus habitantes. Já as cores mais claras apontam para países com maior concentração de renda, ou seja, mais desiguais no tocante à distribuição de renda entre seus habitantes.

Mapa 4.1 – Mapa do globo com o Índice de Gini por países (2019)

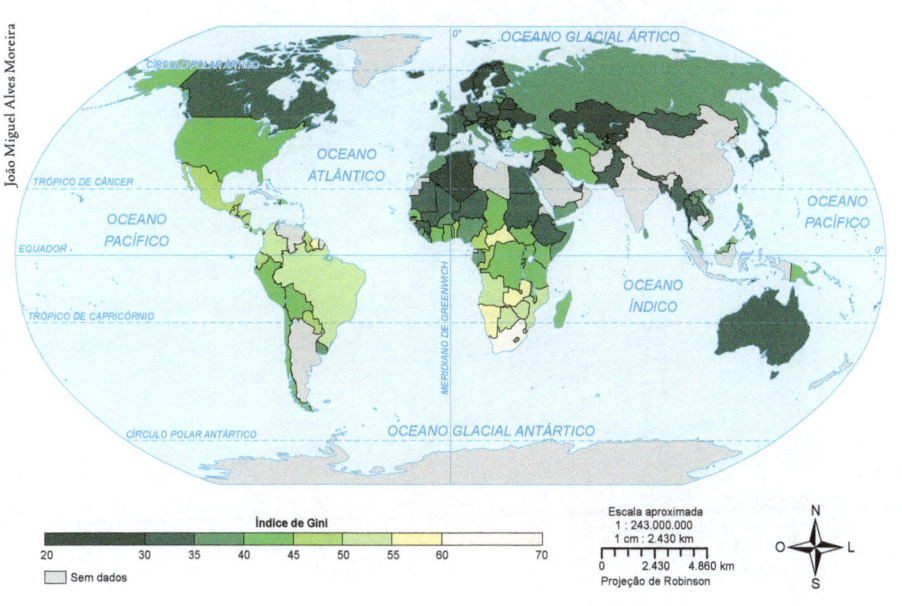

Fonte: Our World in Data, 2019.

A desigualdade social também é demonstrada pela renda média domiciliar *per capita*. Segundo dados do Ipardes (2020), a cidade de Curitiba, capital do Paraná, apresenta Índice de Desenvolvimento Humano Municipal (IDH-M) de 0,823, 10º mais alto do Brasil e Índice de Gini de 0,5652.

Em âmbito nacional, o Brasil tem um IDH de 0,761 e Índice de Gini de 0,533. No Mapa 4.2, é possível observar rendimento médio mensal por bairros do município de Curitiba, ilustrando a desigualdade social no caso desse território.

Mapa 4.2 – Mapa de renda de Curitiba

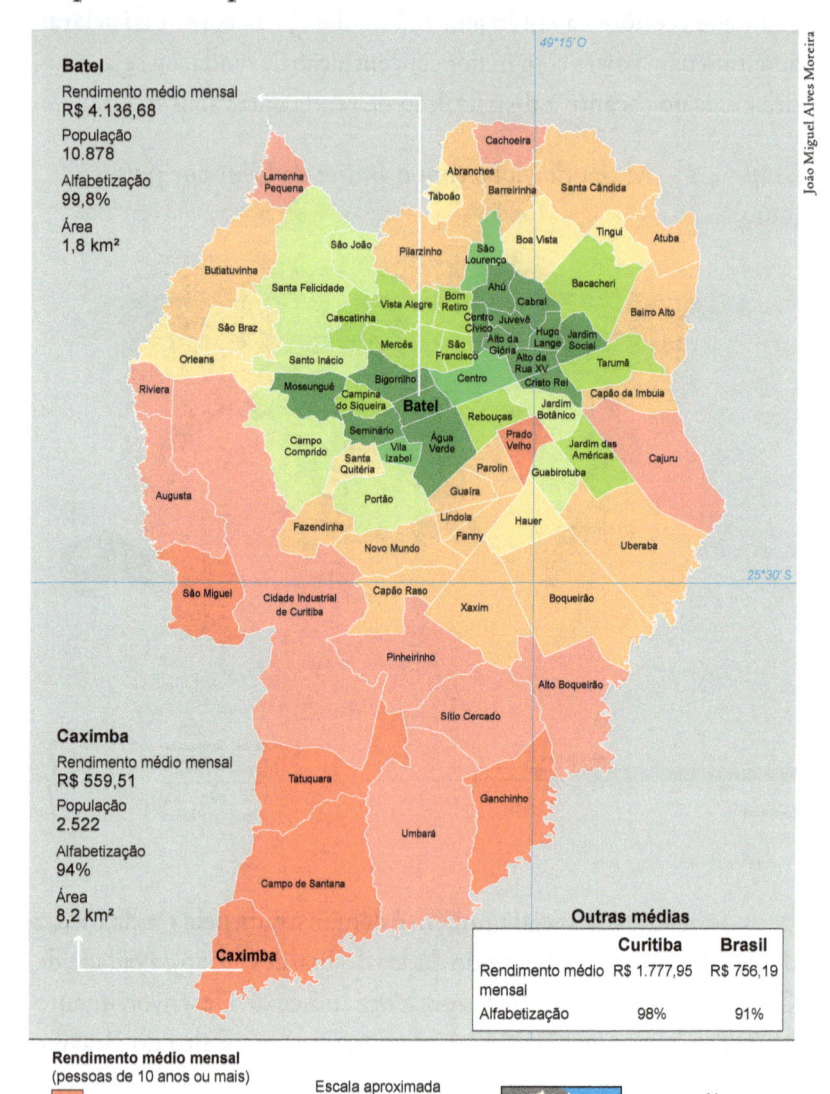

Batel
Rendimento médio mensal
R$ 4.136,68
População
10.878
Alfabetização
99,8%
Área
1,8 km²

Caxamba
Rendimento médio mensal
R$ 559,51
População
2.522
Alfabetização
94%
Área
8,2 km²

Outras médias

	Curitiba	Brasil
Rendimento médio mensal	R$ 1.777,95	R$ 756,19
Alfabetização	98%	91%

Rendimento médio mensal
(pessoas de 10 anos ou mais)
- R$ 700,00
- R$ 1.300,00
- R$ 2.000,00
- R$ 3.000,00

Escala aproximada
1 : 260.000
1 cm : 2,6 km
0   2,6   5,2 km
Projeção Cilíndrica
Equidistante

João Miguel Alves Moreira

Fonte: Boreki, 2011.

O art. 182 da Constituição Federal trata da abordagem social da política urbana brasileira definindo que "a política de desenvolvimento urbano [...] tem por objetivo ordenar o pleno desenvolvimento das funções sociais da cidade e garantir o bem-estar de seus habitantes" (Brasil, 1988).

A função social da cidade, portanto, deve ser entendida como uma inclusão provocada pelos movimentos sociais para fundamentar regulamentações promotoras da justiça distributiva no contexto urbano, ou um instrumento que viabilize enfrentar o poder do capital sobre o social, ou, como diz Caetano Veloso (1978) na música *Sampa*, "enfrentar a força da grana que ergue e destrói coisas belas".

Vinte e três anos depois da promulgação da Constituição Federal, os arts. 182 e 183 foram regulamentados pelo Estatuto da Cidade, publicado em 2001, que será abordado com mais detalhes no decorrer deste livro.

Uma prerrogativa para a promoção da função social da cidade, e da propriedade urbana, adendo do Estatuto da Cidade, é a efetiva participação das populações locais nos processos de tomada de decisão. O planejamento e gestão urbana participativos garantem a legitimidade das diretrizes, das ações e do acompanhamento resultantes das políticas públicas municipais. O "planejamento urbano deve ser nutrido de baixo para cima e de cima para baixo" (Mostafavi, 2014, p. 40), em uma alusão à necessidade de sinergia entre Poder Público e sociedade civil na construção da cidade.

Dimensão espacial

Para compreendermos um território, precisamos entender a dimensão espacial como teoria geográfica e as categorias relacionadas: forma, função, e totalidade. Conforme uma sociedade se desenvolve, o espaço também se altera em suas forma e função, adaptando-se a cada nova realidade de maneira dinâmica. Como explicam Brito et al. (2019, p. 281), "O espaço passa a ser visto com sua parte social, como teia de relações, daí a definição de categoria de formação socioespacial".

O termo *território* pode ser utilizado para explicar uma nação, ou seja, território é o nome político para a extensão de um país. Existe, então, conforme o autor, o conceito de território usado por uma sociedade, com a apropriação de uma parcela do solo para desenvolver suas atividades.

A discussão entre território e espaço é bem apropriada por Vallaux (1914), quando diz que o espaço é a somatória do conjunto dos valores físico (território) e humano (habitantes).

A concentração ou a distribuição de recursos e oportunidades urbanas determina a necessidade ou não de se deslocar nas cidades para ter acesso aos bens e serviços que uma cidade oferece. Essa condição é o que denominamos **equidade espacial**, definida por Taleai, Sliuzas e Flacke (2014), como o grau em que os serviços são distribuídos espacialmente de maneira igual em diferentes áreas, correspondendo à variação espacial da necessidade desses serviços. A equidade espacial na distribuição dos recursos é igual à acessibilidade que os cidadãos têm a esses recursos.

Os pesquisadores Dadashpoor e Rostami (2017) estudam como as cidades se adaptam às desigualdades e quais relações, em uma cidade, geram e intensificam a desigualdade. Em busca de apontar qual a capacidade das cidades para reduzir as desigualdades, os pesquisadores sugerem conexões entre proporcionalidade espacial e equidade espacial.

Dadashpoor e Rostami (2017, p. 45, tradução nossa) explicam que:

> A proporcionalidade espacial pode ser definida como um equilíbrio sustentável entre o que os moradores querem ou podem ter com o que a cidade lhes proporciona ou pode proporcionar, levando em consideração as diferenças espaciais e as condições humanas, as distâncias

espacial e temporal, a qualidade do acesso e o processo de provisão.

Ao lidarmos com a questão socioespacial, é fundamental compreendermos os mecanismos de segregação e as forças que os impulsionam. Um fenômeno característico da cidade contemporânea e que deve ser enfrentado pelo planejamento urbano é conhecido como gentrificação. Esse fenômeno é um processo de reconfiguração urbana que consiste na expulsão de comunidades locais em razão da implantação de grandes projetos urbanos, sejam empreendimentos privados, sejam obras públicas, que determinam uma valorização do preço da terra e favorecem a especulação imobiliária que inviabiliza a permanência de grupos sociais de menor renda. Esse processo é exemplificado por Guattari (1990, p. 25), ao falar da

> liberdade de proliferação que é consentida a homens como Donald Trump, que se apodera de bairros inteiros de New York, de Atlantic City etc., para "renová-los", aumentar os aluguéis e, com isso, rechaçar dezenas de milhares de famílias pobres, cuja maior parte é condenada a se tornar *homeless*.

O investimento imobiliário promotor da gentrificação é um fenômeno social que deve ser considerado em processos de licenciamento ambiental urbano, os quais, por sua vez, são fundamentados em uma política maior mais ampla.

Quanto à importância da instância política, Guattari (1990, p. 8) afirma ainda:

> As formações políticas e as instâncias executivas, apesar de estarem começando a tomar uma consciência parcial dos perigos mais evidentes que ameaçam o meio ambiente natural de nossas sociedades, elas geralmente

> se contentam em abordar o campo dos danos industriais e, ainda assim, unicamente numa perspectiva tecnocrática, ao passo que só uma articulação "ético-política" – a que chamo "ecosofia" – entre os três registros ecológicos – o do meio ambiente, o das relações sociais e o da subjetividade humana – é que poderia esclarecer convenientemente tais questões.

A desigualdade socioespacial deve ser compreendida como resultado de uma construção social, por isso é importante entender que, em muitos casos, o problema central de um território não é técnico, mas sim político, das forças que determinam e dominam o território.

O arquiteto dinamarquês Jan Gehl (2013), ao reestabelecer o ser humano como protagonista no debate sobre a concepção espacial, como reação a um planejamento tecnicista que privilegia o econômico, observa que

> as ideologias dominantes de planejamento deram baixa prioridade ao espaço público, às áreas de pedestres e ao papel do espaço urbano como local de encontro dos moradores da cidade, soma-se a este fator a mudança de foco das forças do mercado e das tendências arquitetônicas, que saíram das inter-relações e espaços comuns da cidade para os edifícios individuais. (Gehl, 2013, p. 3)

É fundamental que a importância da **identidade espacial**, ou seja, da identificação das pessoas com "seu lugar", seja valorizada em avaliações de processos como a periferização e a precarização da habitação das classes mais pobres e como a gentrificação, porque os impactos das forças do mercado, entre outros elementos, são determinantes da segregação socioespacial.

Ao tratar da identidade local, o arquiteto Mostafavi (2014, p. 44), estudioso de processos de urbanização, observa a "necessidade de diferenciação exigida por um urbanismo que não assuma a forma de regras fixas, mas promova princípios flexíveis, adaptados às circunstâncias e condições de cada lugar", adaptado às necessidades e aos desejos das populações de cada vizinhança, cada bairro. Isso determina, portanto, a importância de um planejamento urbano participativo e que vá a campo para compreender as complexidades da vida urbana pela perspectiva de suas diversas populações.

> *Questão para reflexão*
>
> 1. As cidades brasileiras se configuram pela coexistência entre espaços urbanos formais e planejados e espaços informais e espontâneos. Quais são os pontos positivos e negativos de cada um deles?

Dimensão econômica

O planejamento urbano tem estreita relação com o desenvolvimento econômico municipal, com a geração de emprego e renda e com a redução das desigualdades. Para o desenvolver instrumentos de planejamento, como planos estratégicos e planos diretores, é necessário compreender as vocações do território. Análises diagnósticas devem contemplar as condicionantes: deficiências, potencialidades, ameaças e oportunidades, porque são elas que definem referida vocação.

Dada a vocação, é importante que a política urbana oriente os investimentos em infraestrutura, e o uso e a ocupação do solo definam as localizações estratégicas para as respectivas atividades econômicas, desde áreas industriais até a viabilização de negócios vicinais. A organização do território pelo planejamento urbano deve visar à criação de oportunidades de acordo com a vocação local, nos diversos setores: primário (agricultura e pecuária); secundário (indústria); e terciário (comércio e serviços).

Na avaliação econômica dos territórios, é fundamental reconhecer sua capacidade de investimento e de endividamento para fundamentar planos e projetos no sentido do desenvolvimento municipal. Aliás, é muito importante distinguir crescimento e desenvolvimento econômico.

Segundo Bresser-Pereira (2014, p. 56), "o crescimento econômico às vezes pode ser injusto e ofensivo à natureza; o desenvolvimento não, porque para que este se materialize, além de melhorar os padrões de vida é necessário também avanços em objetivos políticos".

A ênfase do crescimento é dada na produção de bens, na quantidade da oferta em relação à sua demanda, na composição dos preços relativos, na importação de bens de capital – como máquinas para a produção – na elevação do consumo de determinados bens duráveis, na expansão da oferta de crédito, na renda média *per capita* e em sua elevação ou retração. Em contrapartida, *desenvolvimento econômico* significa que o crescimento da economia foi acompanhado pela melhoria do padrão de vida da população, preferencialmente, de modo equânime e indistinto. Portanto, é necessário harmonizar o crescimento econômico com a equidade social e com a preservação ambiental.

> *Questão para reflexão*
> 1. Ao analisar crescimento e desenvolvimento econômico, qual seria a melhor alternativa: promover crescimento e distribuir as riquezas geradas posteriormente ou desenvolver riquezas de um modo integrado entre todos os setores da sociedade?

4.2 Círculos da sustentabilidade

Complementando os apontamentos citados sobre dimensões do planejamento urbano, estudos recentes apontam para maior riqueza nas discussões acerca das dimensões de um território e seu entorno quando estas levam em conta as várias visões sobre um território. Os diversos pontos de vista incluem a participação de organizações governamentais, privadas e civis, cada qual com sua experiência, sua vivência e seu conhecimento sobre o território em questão, auxiliando, portanto, na identificação das potencialidades e deficiências do local.

A Organização das Nações Unidas (ONU), em seu Programa de Cidades Compactas, tem como ferramenta de avaliação diagnóstica uma metodologia denominada *círculos da sustentabilidade*. Essa metodologia entende o planejamento urbano nas esferas econômica, política, cultural e ecológica, e sugere a participação da comunidade por meio de um questionário, detalhado mais adiante. O resultado das respostas é analisado graficamente e indica o perfil de sustentabilidade do município ou região (Circles of Sustainability, 2021).

A Figura 4.2 ilustra o círculo de sustentabilidade, cuja representação deve ser analisada de acordo com as quatro esferas em que está dividida. Cada uma das quatro dimensões, que serão detalhadas mais adiante, abarca sete subdivisões:

- **Economia:** 1) produção e recursos; 2) troca e transferência; 3) contabilidade e regulação; 4) consumo e uso; 5) trabalho e bem-estar; 6) tecnologia e infraestrutura; 7) riqueza e distribuição.
- **Ecologia:** 1) materiais e energia; 2) água e ar, 3) flora e fauna; 4) habitat e assentamentos; 5) forma integrada e transporte; 6) modalidade e sustentação; 7) emissão e resíduos.
- **Política:** 1) organização e governança; 2) direito e justiça; 3) comunicação e crítica; 4) representação e negociação; 5) segurança e acordo; 6) diálogo e reconciliação; 7) ética e responsabilidade.
- **Cultura:** 1) identidade e engajamento; 2) criatividade e recreação; 3) memória e projeção; 4) crenças e ideias; 5) gênero

e gerações; 6) investigação e aprendizagem; 7) bem-estar e saúde.

Figura 4.2 – Círculo de sustentabilidade

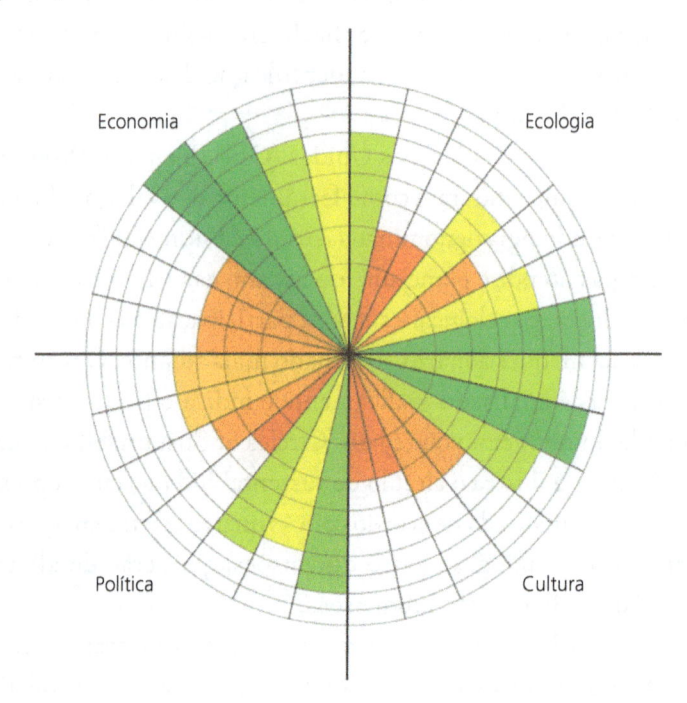

Além das subdivisões citadas, o círculo tem uma escala de avaliação com variação de nove pontos, desde sustentabilidade crítica (mais ao centro) até sustentabilidade vibrante (mais periférica). Apresentada em cores, a escala deve ser representada em vermelho para a situação crítica no aspecto em avaliação, na cor âmbar quando estiver em posição central de sustentabilidade e em verde quando avaliado positivamente.

O círculo de sustentabilidade busca aproximar as cidades da sustentabilidade, abordando tanto questões qualitativas quanto quantitativas. No âmbito da economia, são definidas práticas e usos de materiais associadas à produção, utilização e gestão de recursos. No âmbito da política, são enfatizadas práticas que visam organizar, regular e legitimar a vida em sociedade. Na esfera da cultura, ressaltam-se expressões de significado social para a vida comum. No âmbito da ecologia, têm destaque as práticas humanas dentro do ambiente, construído ou não.

O questionário avalia a realidade do território em busca dos seguintes aspectos:

- **prosperidade econômica:** confiança da população, envolvimento com a temática e resultado direto envolvendo seu bem-estar;
- **resiliência ecológica:** percepção da população sobre a resistência do ambiente natural às ações sofridas;
- **engajamento político:** percepção do poder de envolvimento da população em decisões políticas em seu território de convivência;
- **vitalidade cultural:** capacidade de desenvolvimento, por parte da população, de seus costumes, cultivando a identidade e a formação cultural da comunidade.

Os resultados apontados são muito relevantes, pois traduzem o ponto de vista da comunidade sobre sua relação com o território em diversas questões, apontando, inclusive, pontos importantes para o futuro alcance da sustentabilidade (Keil; Quindani; Kistmann, 2016).

Como explicam os desenvolvedores dessa ferramenta, é complexo definir economia, política, economia e cultura porque são conceitos amplos e de bastante controvérsia no meio acadêmico. De qualquer forma, é importante entendermos que o foco da metodologia é a abordagem social, ou seja, a sustentabilidade buscada não se trata da econômica ou da ecológica, mas da **sustentabilidade social**.

Como já ressaltamos, a questão social deve considerar as condições humanas nos diversos locais, abrangendo distintos modos de vida, e as quatro dimensões analisadas pelo círculo de sustentabilidade contemplam essas condições, que são avaliadas dependentes entre si.

Para saber mais

ONU-HABITAT – Programa das Nações Unidas para os Assentamentos Humanos. **Diretrizes internacionais para planejamento urbano e territorial**. Nairobi: ONU-Habitat, 2015. Disponível em: <https://unhabitat.org/sites/default/files/download-manager-files/IG-UTP_Portuguese.pdf>. Acesso em: 10 set. 2021.

Considerando a transformação observada no mundo todo com relação ao crescimento da população urbana, esse documento traz, além de definições e fundamentos sobre os diversos temas do planejamento urbano, "um quadro de referência para que o planejamento seja aplicável em várias escalas e adaptáveis a contextos regionais, nacionais e locais diversos. [...] essas diretrizes foram desenvolvidas por meio de um amplo processo consultivo e com base em experiências variadas. Elas apresentam doze princípios que podem guiar tomadores de decisão no desenvolvimento ou na revisão de políticas, planos e projetos" (Clos, 2015).

Síntese

Com o objetivo de contextualizar a complexidade e a transdisciplinaridade do planejamento urbano, neste capítulo, abordamos sua relação com as dimensões da realidade contemporânea. Essa complexidade exige que o planejamento territorial seja desenvolvido por equipes de profissionais de diversas áreas do conhecimento.

As dimensões contempladas – ambiental, social, espacial e econômica – servem para viabilizar processos analíticos específicos, mas é importante reconhecermos que os temas urbanos devem ser avaliados de forma integrada e sistêmica, em uma orientação de planejamento para minimizar a crise ambiental, expressada pelo aquecimento global e pela fragilidade de certas populações a desastres naturais, bem como para promover inclusão social no sentido da equidade de acesso a recursos e oportunidades.

Questões para revisão

1. A desigualdade social é uma característica comum de cidades brasileiras e latino-americanas. Quais as alterações estruturais no modelo de desenvolvimento atual que viabilizariam a redução das desigualdades?

2. Em sua opinião sobre a temática deste capítulo, considerando, principalmente, o círculo de sustentabilidade, ilustrado na Figura 4.2, quais atitudes poderiam ser tomadas para alcançarmos a sustentabilidade social?

3. Considerando as discussões relacionadas ao crescimento econômico, percebemos, cada vez mais, que elas devem abordar também questões no âmbito do desenvolvimento sustentável. Assinale a alternativa a seguir que mais se aproxima dessa afirmação:

    a. Por preservar o meio ambiente em seus territórios, os países em desenvolvimento são os que melhor praticam essa ideia, pois têm baixa industrialização.

    b. Para garantir que o desenvolvimento traga qualidade de vida aos cidadãos, o meio ambiente, fundamental para garantia da vida humana, deve ser manejado de forma consciente.

    c. Existe uma visível incompatibilidade entre desenvolvimento econômico e proteção ao meio ambiente, portanto é inevitável aceitar os riscos ambientais inerentes ao crescimento de um país.

    d. Durante o período de colonização, os países colonizadores, hoje considerados ricos, garantiram o acúmulo de riquezas, por isso devem sustentar o crescimento econômico dos países em desenvolvimento.

e. Quando se observa o crescimento econômico de um país, o fator de maior relevância é a melhoria nos padrões de vida de parte de sua população.

4. Observe com atenção a Figura 4.3:

Figura 4.3 – Charge sobre dinâmicas urbanas

A charge apresentada ilustra um problema presente em dinâmicas espaciais experienciadas, principalmente, em grandes cidades e metrópoles. Investimentos para renovações urbanas alteram a ocupação existente e antigos moradores desses territórios não conseguem se manter mais nesses espaços. Esse evento é conhecido como:

a. emigração.

b. metropolização.

c. gentrificação.

d. investimento industrial.

e. degradação ambiental.

5. Conforme as classificações do círculo de sustentabilidade, ilustrado na Figura 4.2, desenvolvido pelo Programa de Cidades Compactas da ONU, os aspectos são relacionados de acordo com as dimensões:

   a. ecologia, trabalho, riqueza e cultura.
   b. metropolização, política, economia e conhecimento.
   c. economia, meio ambiente, metropolização e privatização.
   d. economia, ecologia, política e cultura.
   e. meio ambiente, governo, tecnologia e cultura.

❖ ❖ ❖

capítulo cinco

Escalas do planejamento urbano

Conteúdos do capítulo:

- Planejamento urbano e suas escalas de intervenção.
- A prática do planejamento urbano.
- Relação entre escalas de atuação.

Após o estudo deste capítulo, você será capaz de:

1. compreender a relação entre o planejamento urbano e os grandes temas da realidade contemporânea;
2. entender a abordagem das questões ambientais, sociais, espaciais e econômicas na prática do planejamento urbano;
3. refletir sobre a complexidade do planejamento urbano e reconhecer a necessidade de integração de conhecimentos para seu pleno exercício.

Como vimos nos capítulos anteriores, entre os conceitos fundamentais no exercício do planejamento urbano estão termos como *espaço, território, região*, que demonstram a multiplicidade de abordagens do tema. O planejamento urbano se relaciona com diversas escalas da cidade, pois suas diretrizes contemplam não apenas grandes eixos de desenvolvimento regional, mas também o desenho de loteamentos e a definição de características dos lotes. A definição das escalas colabora com a compreensão e o desenvolvimento de estudos e propostas territoriais.

A escala é um conceito que varia conforme o objeto em estudo. Se considerarmos a escala na arquitetura, ela define a dimensão de uma edificação ou de um espaço. No urbanismo, podemos considerar alguns tipos de escala definidas pelo foco da atuação ou do problema em questão. Portanto, é importante sempre considerarmos que o conceito de escala assume diferentes leituras.

A primeira aplicação do tema é a divisão entre macroescala, em uma abordagem integrada e ampla do território, considerando inserção regional, metropolitana ou municipal, e microescala, que trata de áreas urbanas específicas, em escalas reduzidas a setores, bairros ou comunidades.

A segunda é a escala que define as medidas apresentadas em mapas e demais representações gráficas que permitirão reconhecer elementos físico-territoriais em leituras diagnósticas e a leitura de consequentes propostas.

A terceira diz respeito às diferentes percepções da escala de uma cidade, que varia de acordo com as diversas maneiras como os habitantes interagem com o espaço urbano: se a pé, de bicicleta ou dentro de algum veículo, a passeio ou a trabalho (Guimarães, 2004).

A seguir, as escalas do planejamento urbano, divididas em micro e macro para efeitos didáticos, serão descritas a fim de promover a melhor compreensão de suas especificidades.

5.1 Macroescala

Nesta seção, abordaremos as escalas do planejamento regional e municipal. O planejamento urbano assume o trabalho de orientar o desenvolvimento territorial para além da escala essencialmente urbana, em escalas que extrapolam limites municipais ou de cidades e avança sobre planejamentos regionais que integram dinâmicas de diferentes unidades federativas, sejam municípios, sejam estados. Essa escala de planejamento urbano é denominada **planejamento regional**.

Outra escala que pode provocar certo questionamento com relação à atribuição do termo *planejamento urbano* é a escala do município, objeto dos planos diretores, principal instrumento de planejamento urbano, porque ela integra áreas urbanas e rurais no desenvolvimento do plano territorial.

Escala regional – Inserção regional

A escala do planejamento regional extrapola as áreas urbanas e municipais, porém as regiões determinam relevante influência sobre esses contextos territoriais. Nesse sentido, é importante que o conhecimento, a ciência do planejamento, integre os planos regionais.

Um primeiro movimento para o desenvolvimento de planos regionais é a definição da região propriamente dita, sua localização e sua extensão, que podem ser determinadas por diversos fatores. A noção de região pode estar relacionada a um elemento concreto, como uma bacia hidrográfica, ou a um conceito abstrato, como um polo econômico que varia de extensão, de acordo com seu desenvolvimento. Regiões também são determinadas administrativamente com a divisão de territórios políticos, como as cinco regiões brasileiras – Norte, Nordeste, Centro-oeste, Sudeste e Sul – ou como as dez mesorregiões do Estado do Paraná, como é possível observar no Mapa 5.1, a seguir.

Mapa 5.1 – Mapa das mesorregiões paranaenses

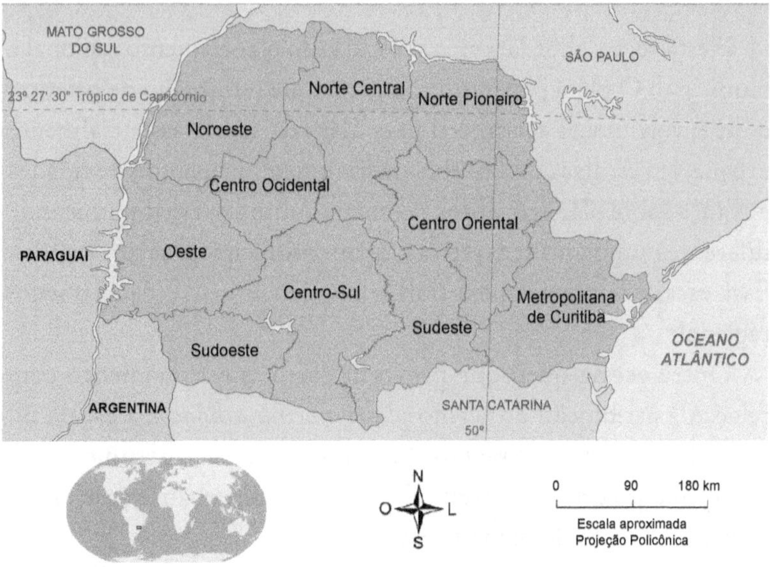

Fonte: ATLAS nacional digital. Rio de Janeiro: IBGE, 2005. Adaptação.

Independentemente da delimitação física ou abstrata, o estabelecimento das regiões a serem trabalhadas deve ser fundamentada por elementos como o objetivo da regionalização e os critérios preliminarmente definidos. Entre os critérios que estruturam a regionalização, podemos identificar três possibilidades. O primeiro critério seria a **homogeneidade**, baseada em características comuns, tanto naturais quanto culturais ou socioeconômicas.

O segundo critério de regionalização pode ser **administrativo**, representado por ação pública que afirma uma compreensão do território com base nas necessidades de determinados exercícios do poder regulatório do Estado, ou, ainda, como base para consórcio de serviços.

Um terceiro possível critério de regionalização é o de **polarização**, resultante da interdependência entre as diversas áreas, pertencentes a regiões homogêneas, em razão da influência socioeconômica das aglomerações urbanas. Essa região pode integrar heterogeneidades, porém a influência de uma cidade ou organização territorial, com poder de polarização, provoca elos de interdependência comuns entre diferentes partes.

O método de definição de uma área de influência determinante de uma região pode ser gravitacional (modelo newtoniano) ou embasado na direção e na intensidade de fluxos. A regionalização por polarização estabelecida pela grande intensidade de relações socioeconômicas e socioespaciais gera fenômenos como o surgimento das metrópoles, megalópoles, redes urbanas, entre tantos outros arranjos territoriais, cujos conceitos foram explorados no Capítulo 2. Esses arranjos contam com cidades com tamanha dinâmica socioeconômica que assume uma centralidade como elemento propulsor de seu desenvolvimento.

Os fenômenos de interdependência econômica regional começaram a ser observados por meio do desenvolvimento de um sistema integrado por malhas viárias, ferroviárias inicialmente. A partir de então, teorias de centralidade foram elaboradas e permanecem como referências aos estudos urbanos, entre as quais se destacam a teoria da centralidade, proposta por Von Thünnen no início do século XIX, ainda quanto à relação campo-cidade.

Em meados do século XX, Walter Christäller desenvolve o conceito da teoria dos lugares centrais. Esse conceito identificou que o polo de crescimento é sempre um ponto ou uma área que influencia determinada região e, para que essa influência realmente seja exercida, são necessários canais de integração, seja por meios físicos, como vias e transporte, seja pela comunicação. Nesse caso, não é difícil associar esse conceito às relações digitais desenvolvidas pelas tecnologias de informação e comunicação. Assim, a intensa relação no espaço ampliado virtual estabelece as conexões globais entre diferentes cidades que superam interações físicas, especialmente entre cidades globais.

> *Questão para reflexão*
> 1. Considerando a escala de inserção regional, conforme a classificação de macroescala, você conhece algum plano de escala regional que foi desenvolvido no estado onde vive? Além de refletir sobre algum plano, é possível perceber características próprias à sua região estadual que a difere das demais dentro do mesmo estado?

Escala municipal

Ao mesmo tempo em que a centralização da população nas cidades ao longo do desenvolvimento da sociedade global foi responsável por esvaziar demograficamente as áreas rurais, ela estabeleceu uma intrínseca relação socioeconômica entre o urbano e o rural, a ponto de enfraquecer a dicotomia campo-cidade. Nesse sentido, o planejamento urbano municipal, especialmente efetivado pelos planos diretores, deve incorporar as áreas rurais e entender o território municipal como um todo para estabelecer diretrizes que favoreçam a sinergia entre as dinâmicas do campo e da cidade, de modo a garantir os desenvolvimentos social, econômico, espacial e ambiental em harmonia.

Um fator relevante a ser ponderado na escala municipal do planejamento urbano é a inserção regional. Apesar da clara definição dos limites político-administrativos de um munícipio, ele não pode ser entendido como uma ilha, como um território isolado, mas como um ente que se relaciona de forma mais ou menos dinâmica com seus municípios vizinhos ou de sua região.

> *Importante!*
> É muito comum, e previsto legalmente, que municípios de uma mesma região se consorciem para garantir acesso à infraestrutura e a serviços por meio de equipamentos como hospitais, aterros sanitários, ou até mesmo se associem para determinadas linhas de transporte. Portanto,

> a escala municipal do planejamento urbano deve considerar o contexto regional tanto de regiões administrativas quanto por homogeneidade ou, ainda, por polarização.

5.2 Microescala

A divisão entre macro e microescalas do planejamento urbano não tem a pretensão de ser uma separação definitiva, trata-se apenas de um critério para favorecer a compreensão didática. Nesta seção, abordaremos as escalas de análise de partes de um município, ou, mais coloquialmente, **do município para dentro**. Isso inclui a própria escala urbana, definida pelos perímetros urbanos, em alguns casos 100% da área municipal; a escala da regional urbana, como uma subdivisão administrativa da cidade; a escala dos setores urbanos, que não se configuram como limites administrativos, mas por homogeneidade ou polarização; a escala do bairro, como partes componentes de uma cidade consolidadas administrativamente; e a escala da vizinhança.

Escala urbana

Considerando as pessoas como escala de análise de uma cidade, a limitação de espaço passa a ser o quanto uma pessoa consegue se deslocar a pé para realizar suas atividades. A distância média adotada de quanto uma pessoa está disposta a caminhar é entre 500 e 1.000 metros, o que se traduziria em, aproximadamente, dez quadras. Essa, então, seria a escala para definir agrupamentos de áreas comerciais, por exemplo.

As escalas às quais nos referimos para tratar de certa análise dentro de um município também podem ser dimensionadas pela facilidade de acesso a certas áreas ou serviços. As comodidades de tempo e de distância são fatores determinantes na escolha da comunidade pela utilização de um serviço em certa área da cidade, assim como a não utilização em outras. A idade e os hábitos das pessoas também têm influência direta nessas escolhas.

Campos Filho (2003) propõe que um município seja examinado conforme as necessidades dos cidadãos e com uma abordagem em três níveis:

1. **Apoio a necessidades imediatas:** o primeiro nível seria aquele em que o habitante tende a satisfazer suas necessidades com frequência diária ou semanal. Caracterizado como nível local, exemplos desses serviços seriam comércios como panificadora, mercado de bairro, açougue, cabeleireiro, entre outros.
2. **Apoio a demais necessidades:** neste nível, a frequência seria de menor necessidade. Caracterizado como diversificado, exemplos desses serviços seriam lojas de roupas, de eletrodomésticos, supermercado, entre outros.
3. **Apoio a outras atividades urbanas:** no terceiro nível, encontram-se serviços com menor frequência de necessidade, com demanda semestral ou anual. Os comércios desse nível, geralmente, são localizados em centros de comércio de importante hierarquia na cidade, como lojas de automóveis, equipamentos para utilização em comércio e serviços, artigos para a casa, entre outros.

A abordagem em níveis sugere a facilidade de deslocamento e acesso. Para os habitantes, quanto maior for a frequência de que necessita de um serviço, melhor deveria ser a facilidade de acesso e a proximidade com sua residência ou seu trabalho. "O local deve estar mais perto da sua casa, o diversificado pode estar um pouco mais longe, e o sofisticado mais longe ainda" (Campos Filho, 2003, p. 18).

Escala regional urbana

A divisão de um município em regionais se configura como importante escala de distribuição administrativa, com representações de órgãos e funções da Administração direta municipal. Essa compartimentação do território é comumente chamada de *regional, prefeitura regional* ou *subprefeitura* e busca descentralizar a Administração Pública e representar a presença do governo municipal em todo o território.

Segundo o art. 166 da Lei n. 14.771, de 17 de dezembro de 2015, da Prefeitura Municipal de Curitiba, "o Plano de Desenvolvimento Regional é um instrumento de planejamento e gestão territorial de escala intermediária, tendo por finalidades a estruturação, qualificação ou renovação de compartimentos urbanos" (Curitiba, 2015). No caso do município de Curitiba, ele conta com dez regionais, conforme ilustrado no Mapa 5.2, a seguir.

Mapa 5.2 – Mapa de Curitiba com divisões das Regionais

Fonte: IPPUC, 2018.

Ainda sobre Curitiba, a Lei n. 7.671, de 10 de junho de 1991, foi responsável pela reorganização administrativa do Poder Executivo municipal e ficou definido, nos incisos do parágrafo 3º do art. 1º, acerca da estrutura organizacional, que cada regional deveria ter como unidades administrativas constantes:

> I – Unidades de deliberação, consulta e orientação ao Prefeito Municipal;
>
> II – Unidades de assessoramento e apoio direto ao Prefeito, para o desempenho de funções auxiliares, coordenação e controle de assuntos e programas inter-secretarias;
>
> III – Secretarias Municipais de natureza meio e fim, órgãos de primeiro nível hierárquico, para o planejamento, comando, coordenação, fiscalização, execução, controle e orientação normativa da ação do Poder Executivo. (Curitiba, 1991)

No caso do município de São Paulo, a divisão foi formalizada pela Lei n. 13.399, de 1º de agosto de 2002, em 32 regionais, que levam o nome de subprefeituras, como ilustrado no Mapa 5.3, adiante (São Paulo, 2002).

Segundo a Lei n. 13.399/2002, as subprefeituras têm como unidades administrativas: assessorias técnicas, supervisões de obras públicas, supervisão de serviços públicos, supervisão de uso e ocupação do solo, supervisão de finanças e administração, supervisão de saúde e abastecimento e unidade de desenvolvimento comunitário (São Paulo, 2002).

Mapa 5.3 – Mapa de São Paulo dividido pelas subprefeituras

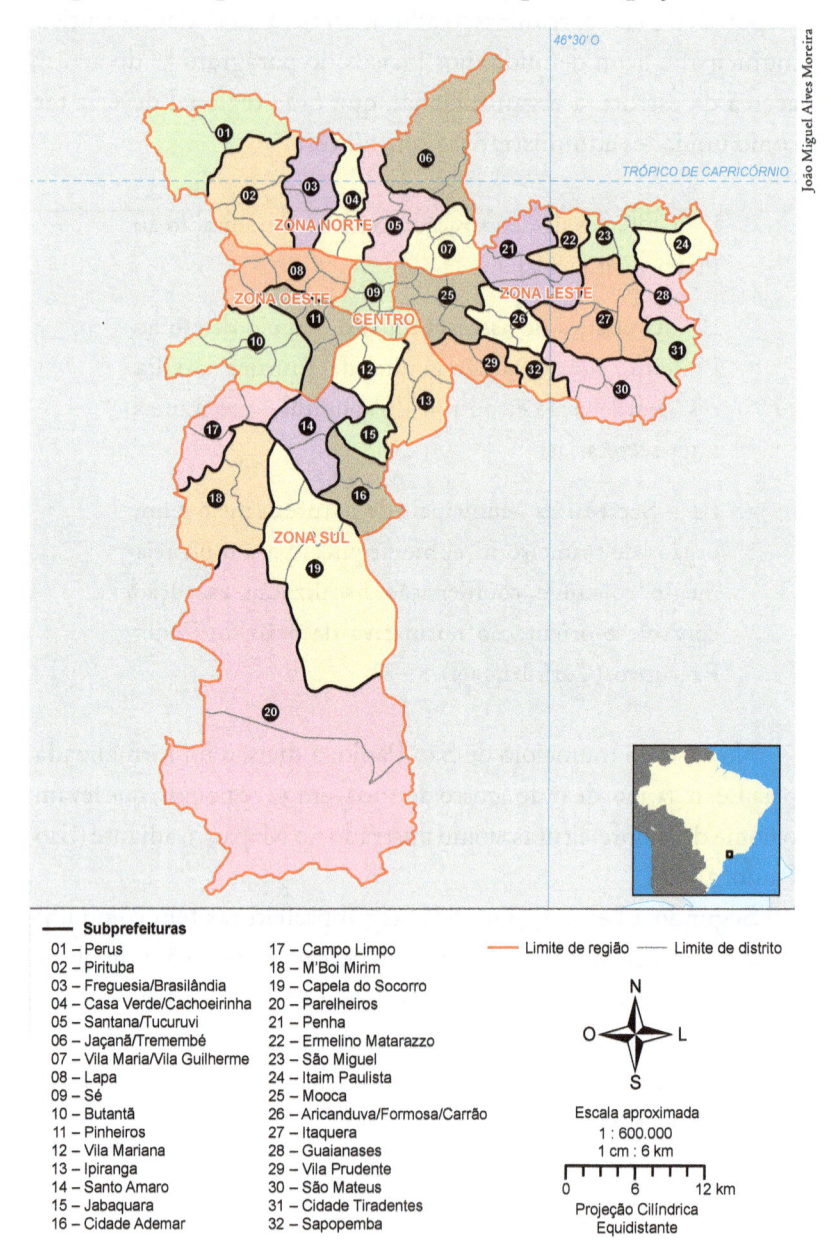

Subprefeituras

01 – Perus
02 – Pirituba
03 – Freguesia/Brasilândia
04 – Casa Verde/Cachoeirinha
05 – Santana/Tucuruvi
06 – Jaçanã/Tremembé
07 – Vila Maria/Vila Guilherme
08 – Lapa
09 – Sé
10 – Butantã
11 – Pinheiros
12 – Vila Mariana
13 – Ipiranga
14 – Santo Amaro
15 – Jabaquara
16 – Cidade Ademar
17 – Campo Limpo
18 – M'Boi Mirim
19 – Capela do Socorro
20 – Parelheiros
21 – Penha
22 – Ermelino Matarazzo
23 – São Miguel
24 – Itaim Paulista
25 – Mooca
26 – Aricanduva/Formosa/Carrão
27 – Itaquera
28 – Guaianases
29 – Vila Prudente
30 – São Mateus
31 – Cidade Tiradentes
32 – Sapopemba

Limite de região   Limite de distrito

Escala aproximada
1 : 600.000
1 cm : 6 km

0   6   12 km

Projeção Cilíndrica
Equidistante

Fonte: São Paulo (Cidade), 2010.

De acordo com a Prefeitura Municipal de São Paulo, para administrar cada subprefeitura, são indicados representantes locais, chamados de *subprefeitos*, os quais devem garantir a execução e a manutenção de obras e serviços, com relação à zeladoria ou ao funcionamento de equipamentos sociais, assim como levar as principais demandas da população local para o governo da cidade, sugerindo propostas que alavanquem o desenvolvimento (São Paulo (Cidade), 2002).

> *Questão para reflexão*
>
> 1. Considerando que a divisão de um município em regionais busca descentralizar a Administração Pública e representar a presença do governo municipal em todo o território, visando, entre outros aspectos, fomentar o exercício da cidadania, é possível perceber efetiva participação dos cidadãos nos aspectos urbanos com a aplicação desse instrumento?

Escala setorial

A escala de análise setorial de um município pode ser dimensionada como intermediária entre a escala urbana e a escala de bairro. Não existe uma delimitação exata quanto à dimensão, podendo relacionar-se com um eixo viário importante, um setor econômico municipal, entre outras questões. Intervenções urbanas que abordam a escala setorial devem ser fundamentadas em objetivos dentro da cidade, baseadas em características comuns do território em análise.

Não existe uma divisão oficial para determinar a escala setorial, ela seria subjetiva em relação à determinação legal, não coincidindo com as demais escalas abordadas neste livro. Existem as divisões oficiais e as subjetivas, que normalmente não coincidem. A primeira é bem delimitada por barreiras físicas, já a segunda inclui fatores e esquemas cognitivos (Rapoport, 1978). Limites subjetivos são necessários em uma cidade onde a manifestação social e as reivindicações ocorrem de maneira relacionada com as experiências locais.

Escala de bairro

A escala territorial de bairro permite identificar características comuns dentro daquele espaço. Fisicamente delimitado por alguma via ou outro limite natural, o bairro é dividido tanto para fins administrativos quanto para provimento de serviços, sendo caracterizado nos planos diretores, geralmente, pelo uso e pela ocupação do solo urbano.

Como vimos, em alguns municípios, existe a figura de administrações regionais, denominadas *subprefeituras* em alguns casos, que seriam representadas pela reunião de certos bairros para autogestão. Essas regionais são geridas por servidores públicos municipais e auxiliam na descentralização da prefeitura, possibilitando um acompanhamento mais próximo dos problemas de cada localidade, o que nem sempre é possível quando a gestão é centralizada.

Alguns bairros têm características distintas do restante do município, sendo facilmente identificáveis pela sua tipologia de ocupação ou atividades, definidas pelo zoneamento de uso e pela ocupação do solo. No entanto, algumas áreas podem diferenciar-se da ocupação existente no restante do bairro inteiro, ficando, então, com tipologias mais aproximadas aos seus bairros limítrofes, o que dificulta a legibilidade e, muitas vezes, confunde a delimitação de início e fim de um bairro, característica própria de uma escala setorial.

Por pertencerem a distintos zoneamentos, os bairros estão diretamente relacionados ao valor da terra. Existem bairros de ocupação exclusivamente residencial, com menor densidade; outros com maior densidade e ocupados majoritariamente por edifícios altos; outros de uso exclusivo por indústrias ou comércios. Os bairros centrais, geralmente, são de ocupação mais antiga e com melhor oferta de serviços urbanos, porém outros mais distantes e ocupados pela camada de alta renda tendem a ser bem-atendidos por serviços para aquela população.

O nome de um bairro está relacionado com seu histórico de ocupação e, no caso dos mais antigos, muitas vezes, com comunidades que ocupam há gerações aquele espaço. Em um bairro, geralmente, fica estabelecido um perfil social e econômico de habitantes e é por meio dessa delimitação física que o Poder Público e as empresas privadas oferecem serviços públicos e de infraestrutura urbana.

Conforme afirma Wilheim (1982, p. 63) acerca dessa escala urbana naquela década:

> inegavelmente, o bairro constitui hoje a unidade urbana, a representação mais legítima da espacialidade de sua população, e não é por acaso que São Paulo conta com 900 'sociedades de moradores', também conhecidas como 'sociedade amigos do bairro', cuja territorialidade é facilmente estabelecida.

Escala da vizinhança

Unidade de vizinhança é a forma territorial que mais se aproxima do espaço de convívio rotineiro de um habitante inserido na cidade. Ela pode variar entre o espaço físico de trabalho ou de moradia por exemplo, mas sua dimensão continua a mesma independentemente do contexto. Não existe delimitação territorial legal para essa escala, pois ela depende das necessidades de cada habitante, mas se aproxima do primeiro nível de necessidades, descrito na escala urbana como apoio a necessidades imediatas.

O espaço abrangido pela vizinhança extrapola a área do lote onde o habitante se insere, estendendo-se para o espaço público e coletivo da cidade, como praças e parques próximos. Infelizmente, as áreas públicas de um município sofrem, cada vez mais, com a violência, o trânsito e a degradação ambiental, causando e contribuindo com o isolamento dos cidadãos e a falta de segurança na utilização desses espaços.

Dentro da unidade de vizinhança, insere-se o conceito de unidade ambiental de moradia, delineado por Campos Filho (2003). Esse conceito traz para a localidade a noção de "ilhas de tranquilidade", nas quais o volume de tráfego de veículos seria controlado para trazer segurança para os pedestres que têm ali seu espaço de convívio diário. De acordo com o autor, o uso controlado do automóvel nessas áreas poderia ser conseguido por meio de bolsões, vias sem saída ou outro protetor físico contra excessivo volume de tráfego.

Questão para reflexão

1. Analisando o espaço em que vive, considerando o atual desenvolvimento e caos urbano existente em algumas localidades, você consegue perceber o conceito de "ilhas de tranquilidade" aplicado em algum espaço de sua cidade?

Para saber mais

CAMPOS FILHO, C. M. **Reinvente seu bairro:** caminhos para você participar do planejamento de sua cidade. São Paulo: Editora 34, 2003.

Neste livro, o autor apresenta, de forma acessível a todos, uma leitura da cidade com vistas a incentivar os habitantes, maiores conhecedores de suas realidades locais, a exercer a cidadania de maneira a repensar e propor melhorias urbanas para seus bairros. Algumas ferramentas do planejamento urbano são também elucidadas, promovendo a compreensão do urbanismo até aos não familiarizados com o tema.

DEL RIO, V. **Introdução ao desenho urbano no processo de planejamento.** São Paulo: Pini, 1990.

O autor enfatiza no livro a importância da participação popular no planejamento urbano, explicando de modo compreensível as diretrizes

> do desenho urbano, bem como propondo uma abordagem metodológica de percepção ambiental e de interpretação da morfologia urbana.

Síntese

Quando refletimos a respeito da complexidade do planejamento urbano, de todas as disciplinas envolvidas e da complexa delimitação de territórios, percebemos que determinar a escala de análise para o problema proposto faz toda a diferença na proposição de resolução. Questões como as dimensões ambiental, social, espacial ou econômica sempre estão presentes, mas devem ser analisadas conforme o espaço em questão, em micro ou macroescala. Isso demonstra a multiplicidade de abordagens relativas ao tema.

É importante, portanto, sabermos nos referir ao conceito de escala considerando que esta pode resultar em diferentes leituras do território. A macroescala considera as inserções regional, metropolitana ou municipal. Já a microescala trata de áreas com escalas reduzidas a setores, bairros ou comunidades.

Visando orientar o desenvolvimento territorial, a escala no planejamento urbano extrapola os limites municipais e avança sobre escalas regionais, podendo integrar diferentes unidades federativas, municípios ou estados.

Questões para revisão

1. O estabelecimento das regiões no nível estadual deve ser fundamentado por elementos com objetivos e critérios preliminarmente definidos. Entre os critérios que estruturam a regionalização, é possível identificar três possibilidades. Quais são elas?

2. Conforme defende Campos Filho (2003), um município poderia ser examinado consoante as necessidades dos cidadãos, por meio de uma abordagem que se releva em três níveis. De acordo com os níveis relacionados, insira três exemplos de serviços para cada nível:
Apoio a necessidades imediatas: _____
Apoio a demais necessidades: _____
Apoio a outras atividades urbanas: _____

3. Com relação às diversas escalas do planejamento urbano, podemos citar as seguintes dimensões de análise: escala urbana, escala setorial, escala de bairro e escala de vizinhança. Com relação à análise pela escala urbana, assinale a alternativa que apresenta elementos de morfologia aplicados a essa dimensão:

   a. Edificações e seu entorno.
   b. Mobiliário urbano.
   c. Paisagismo e áreas verdes.
   d. Infraestrutura viária.
   e. Quarteirão e vias do entorno.

4. "A possibilidade de melhor redistribuição – e usufruto – da riqueza social e tecnológica aos cidadãos de uma comunidade e a garantia de um ambiente de desenvolvimento ecológico e participativo de respeito ao homem e à natureza, com o menor grau de degradação e precariedade" (Sposati, 1999, p. 7).
No trecho citado, a autora aponta, com relação ao conceito de desenvolvimento humano trabalhado pela ONU, que outros aspectos poderiam ser inseridos, expandindo o que chama de "pacote básico" com a inserção de medidas de combate à discriminação e ao desenvolvimento ecológico. Nesse âmbito, essa descrição se enquadra no aspecto de:

a. autonomia.
b. qualidade de vida.
c. equidade.
d. exclusão social.
e. desigualdade.

5. O planejamento urbano contempla as diretrizes de eixos de desenvolvimento regional, o desenho de loteamentos e, até mesmo, a definição de características de lotes. A definição das escalas colabora com os estudos e as propostas territoriais. Com base nos estudos deste capítulo, assinale a alternativa em que todos os elementos são relacionados à macroescala:

   a. urbana, regional, regional urbana e municipal.
   b. vizinhança, setorial, urbana e regional.
   c. urbana, regional, regional urbana e setorial.
   d. urbana, regional, setorial e municipal.
   e. vizinhança, setorial, urbana e municipal.

✦ ✦ ✦

capítulo seis

Política urbana brasileira e instrumentos de planejamento urbano

Conteúdos do capítulo:

+ Fundamentos da política urbana brasileira.
+ Planos do planejamento urbano.
+ Instrumentos do planejamento urbano.

Após o estudo deste capítulo, você será capaz de:

1. compreender a regulamentação relacionada à política urbana;
2. perceber a evolução da legislação desde a promulgação da Constituição Federal, em 1988;
3. entender as políticas públicas que incentivam a participação popular no desenvolvimento dos planos e das políticas públicas urbanas.

A evolução da ciência do urbanismo, a urgência das demandas urbanas e a pressão dos movimentos sociais são ingredientes que, associados, contribuíram para o desenvolvimento de políticas públicas e seu consequente regramento. A regulamentação de orientações da política urbana é necessária para seu desdobramento em planos e projetos como etapa intermediária para a implementação, que transforma a política pública em realidade para a população das cidades.

No caso do Brasil, a tríade *ciência*, *urgência* e *movimentos sociais* resultou na inclusão da política urbana na Constituição Federal, promulgada em 1988. A seguir, apresentaremos os fundamentos da política urbana nacional e sua regulamentação por meio dos instrumentos que as regulamentam para posterior aplicação.

6.1 *Fundamentos da política urbana brasileira*

O Brasil é um país com cerca de 85% de sua população concentrada em áreas urbanas, distribuídas em cidades das mais variadas características, como ilustrado na Figura 6.1, adiante. Essa realidade impõe que se determinem políticas urbanas como forma de fundamentar a governança dos territórios urbanos. Entre os documentos que compõem esse arcabouço jurídico-legal se destacam:

+ a Constituição Federal de 1988, especialmente seus arts. 182 e 183, da Política Urbana;
+ a Lei Federal n. 10.257, de 10 de julho de 2001, conhecida como Estatuto da Cidade, a qual regulamenta os referidos artigos da Constituição Federal;
+ a Lei Federal n. 13.089, de 12 de janeiro de 2015, conhecida como Estatuto da Metrópole, como um desdobramento do Estatuto da Cidade;
+ a Lei Federal n. 6.766, de 19 de dezembro de 1979, Lei de Parcelamento do Solo, cujo ano de publicação indica que se trata de uma necessidade que surgiu há bastante tempo.

A seguir, a base jurídica será mais detalhada como referência aos instrumentos de planejamento urbano orientados pelas referidas leis, conteúdo posterior deste capítulo.

Figura 6.1 – Distribuição das populações urbanas – nacional e por regiões

Porcentagem da população que vive em área urbana por região (2015)

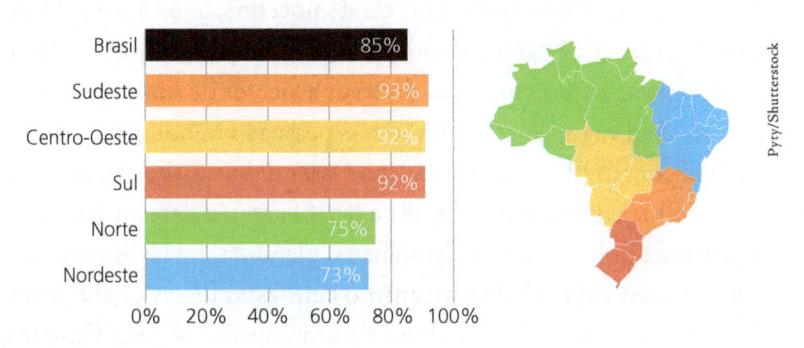

- Brasil: 85%
- Sudeste: 93%
- Centro-Oeste: 92%
- Sul: 92%
- Norte: 75%
- Nordeste: 73%

Fonte: IBGE, 2016.

Constituição Federal

O Brasil é uma República Federativa, composta por 26 estados mais o Distrito Federal, dividida política e administrativamente em governos federal, estadual e municipal. Por essa razão, os estados recebem o nome de *unidades da federação*. A federação é uma forma de Estado na qual as divisões territoriais têm autonomia: os estados têm autonomia na organização e na administração, e os municípios, na administração.

Outro aspecto da autonomia diz respeito à legislação: à União compete legislar sobre temas genéricos aos entes da federação, ao passo que os municípios o fazem sobre temas específicos. Os estados podem legislar sobre questões específicas mediante autorização de Lei Complementar, e os municípios, conforme o art. 30 da Constituição Federal, podem "legislar sobre assuntos de interesse local", além de "suplementar a legislação federal e a estadual no que couber" (Brasil, 1988).

As atribuições do Poder Público municipal foram expandidas após a promulgação da Constituição Federal. Nela, o município ganha destaque na organização político-administrativa do país, sendo dotado de autonomias política, administrativa, financeira e legislativa. As possibilidades de ação do Poder Público municipal, com a vigência do Estatuto da Cidade, ampliam-se e consolidam-se. Portanto, a constituição da volta da democracia, após o período de ditadura militar, é caracterizada como municipalista, por conferir autonomia aos municípios em diversos aspectos de sua governança.

País com mais de 170 milhões de pessoas vivendo nas cidades, o Brasil contempla na Constituição Federal dois dispositivos voltados à política urbana: os arts. 182 e 183. O art. 182 determina como objetivo da política urbana "ordenar o pleno desenvolvimento das funções sociais da cidade e garantir o bem-estar de seus habitantes" (Brasil, 1988), estabelece o plano diretor, aprovado pela Câmara Municipal, como instrumento básico da política urbana municipal e oferece ao Poder Público a atribuição de fazer cumprir a função social da propriedade urbana. O art. 183 se refere à orientação para aplicação de usucapião, como claro interesse de promoção de regularização fundiária.

Como desdobramento da política urbana brasileira presente na Constituição, 23 anos depois, é publicado o Estatuto da Cidade, sobre o qual trataremos a seguir.

Estatuto da Cidade

A Lei n. 10.257/2001, denominada *Estatuto da Cidade*, foi criada para regulamentar os arts. 182 e 183 da Constituição Federal, que tratam da política urbana, como já explicamos. O Estatuto da Cidade, em seu art. 1º, parágrafo único, "estabelece normas de ordem pública e interesse social que regulam o uso da propriedade urbana em prol do bem coletivo, da segurança e do bem-estar dos cidadãos, bem como do equilíbrio ambiental" (Brasil, 2001).

Em seu art. 2º, Capítulo I, o Estatuto da Cidade indica as diretrizes gerais que buscam garantir o "desenvolvimento das funções sociais da cidade e da propriedade urbana" (Brasil, 2001).

Entre as diretrizes, a primeira é genérica ao estabelecer "a garantia do direito a cidades sustentáveis" (Brasil, 2001, art. 2º, inciso I). A segunda diretriz é emblemática quanto ao impacto do Estatuto da Cidade como marco regulatório da "participação popular e acompanhamento de todas as fases dos planos de desenvolvimento urbano" (Brasil, 2001, art. 2º, inciso II), que exige a documentação da realização de audiências públicas para validação do processo de desenvolvimento dos planos diretores municipais.

A mensagem do Estatuto da Cidade é clara no estabelecimento de que o planejamento municipal precisa ser entendido como uma construção participativa com acompanhamento permanente, adequando, sempre que possível, a legislação às demandas de cada localidade.

Entre os instrumentos regulamentados pelo Estatuto da Cidade, estão os planos territoriais nas diversas escalas, institutos tributários e jurídicos e estudos de impacto ambiental, além de instrumentos específicos de regulação da propriedade urbana*.

Uma das contribuições do Estatuto da Cidade que destacaremos é o conteúdo de seu Capítulo IV – Da Gestão Democrática da Cidade, que estabelece a obrigação de uso dos seguintes instrumentos:

---

* Em razão da extensão do conteúdo desses instrumentos, eles não serão listados ou descritos neste livro, mas os instrumentos da política urbana estão disponíveis no Capítulo II do Estatuto da Cidade (Brasil, 2001). Algumas das ferramentas de planejamento e gestão urbana serão descritas no decorrer deste capítulo, especialmente, o plano diretor e o Estudo de Impacto de Vizinhança, com tópicos específicos. Sugerimos o acesso à legislação propriamente dita, assim como a materiais complementares, para o aprofundamento no tema. Como exemplo, citamos o guia técnico elaborado pelo Instituto Pólis, que oferece um disponível em seu endereço eletrônico (Instituto Pólis, 2021).

I – órgãos colegiados de política urbana, nos níveis nacional, estadual e municipal;

II – debates, audiências e consultas públicas;

III – conferências sobre assuntos de interesse urbano, nos níveis nacional, estadual e municipal;

IV – iniciativa popular de projeto de lei e de planos, programas e projetos de desenvolvimento urbano; (Brasil, 2011, art. 43)

Reconhecidamente, houve avanços quanto à participação cidadã na tomada de decisão, resultado da atuação dos movimentos populares, porém ainda de forma incipiente e imatura como exercício democrático. Nesse sentido, ao dedicar um texto específico à gestão democrática, o Estatuo da Cidade busca promover um dispositivo que estabelece um espaço de discussão referente às disputas de poder orientada à democratização da cidade. O papel de incentivar e articular os processos participativos deve ser exercido pelo Poder Público municipal, e é fundamental que a sociedade acompanhe e fiscalize esse exercício.

Flávio Villaça, em artigo de 2012, intitulado *Estatuto da Cidade, para que serve?*, faz uma crítica à lei de regulamentação da política urbana constitucional afirmando que, ao justificar que as descrições extensas e superficiais e o facultar ao poder municipal às orientações para o exercício da função social da propriedade, o EC burocratiza e perde força de aplicação. Villaça (2012) defende também que as atribuições das políticas urbanas deveriam constar nas constituições federal e estadual e na lei orgânica municipal, como cartas magnas das três instâncias.

Raquel Rolnik (2012, p. 10) reforça o olhar crítico ao constatar que "apesar do êxito quantitativo de elaboração de planos diretores municipais e da presença de instrumentos, a aplicação destes mesmos instrumentos ou a sua articulação com o território e com estratégias de desenvolvimento urbano tem se mostrado muito deficiente".

É importante compreendermos o Estatuto da Cidade como um marco regulatório e promotor da gestão urbana por instrumentos legais e por processos participativos, mas esse amadurecimento dependerá da dedicação conjunta integrada por todos os ramos da sociedade, de forma a educar a população e as instituições para o exercício do planejamento urbano democrático.

Estatuto da Metrópole

Os instrumentos de regulamentação da política urbana brasileira têm a delicada missão de contemplar situações inerentes à variada gama de tipos de cidades que compõem o universo urbano nacional. Treze anos após a Constituição Federal de 1988 estabelecer as bases da política urbana, o Estatuto da Cidade foi publicado oferecendo bases de planejamento e gestão, porém questões específicas relativas às regiões metropolitanas exigem uma complementaridade. Após dez anos de tramitação, em janeiro de 2015, o Estatuto da Metrópole – Lei n. 13.089 – foi publicado, com a função de estabelecer:

> diretrizes gerais para o planejamento, a gestão e a execução das funções públicas de interesse comum em regiões metropolitanas e em aglomerações urbanas instituídas pelos Estados, normas gerais sobre o plano de desenvolvimento urbano integrado e outros instrumentos de governança interfederativa, e critérios para o apoio da União a ações que envolvam governança interfederativa no campo do desenvolvimento urbano especialmente diretrizes gerais para o planejamento, a gestão e a execução das funções públicas de interesse comum

> em regiões metropolitanas e em aglomerações urbanas.
> (Brasil, 2015)

O Estatuto da Metrópole conta com capítulos dedicados especialmente a fornecer as bases para:
- a instituição de regiões metropolitanas;
- a governança interfederativa;
- os instrumentos de desenvolvimento urbano integrado;
- as atribuições da União como apoio ao desenvolvimento integrado.

Uma das aplicações práticas, provavelmente a mais efetiva, foi regular a criação das regiões metropolitanas. Moura e Hoshino (2015, p. 3) observam que, antes do estabelecimento do Estatuto da Metrópole, o ato de "criar RMs tornou-se uma ação meramente política nos estados, porém completamente ineficaz para assumir os desafios mais típicos das aglomerações que exigem a atuação coordenada entre municípios e entre instâncias de governo, com participação da sociedade".

A partir dessa regulamentação legal, o arcabouço jurídico brasileiro relativo às cidades "avança, ao prever o compartilhamento de responsabilidades e ações entre os entes federados na organização, planejamento e execução das funções públicas de interesse comum" (Andrade; Guimarães, 2015, p. 1266), no sentido da gestão democrática e orientado ao desenvolvimento sustentável.

Outra contribuição importante é a exigência de um planejamento específico da região metropolitana, integrado pelos entes federativos que a compõem, no sentido de orientar a determinação de macrozonas e fundamentar o uso e a ocupação do solo e seu respectivo parcelamento.

Ainda é cedo para afirmar que o Estatuto da Metrópole foi bem-sucedido em atender à complexidade do processo de metropolização do Brasil, mas, segundo Moura e Hoshino (2015, p. 12), "o fato de a nova lei disciplinar a institucionalização e a governança das RMs, penalizando autoridades pelo descumprimento de seus dispositivos, significa, em si mesmo, um avanço".

Nesse sentido, é importante entender que as leis não configuram entes imutáveis, que não estão "escritos na pedra", e que o desenvolvimento urbano, especialmente metropolitano para esse caso, demonstrará a aplicabilidade do instrumento e a necessidade de ajustes ao longo de sua aplicação.

Lei do Parcelamento do Solo

Os anos de 1970 são caracterizados por uma importante inflexão no sentido da urbanização do Brasil, o que exige ações públicas como o estabelecimento de regiões metropolitanas e a regulamentação dos processos de ocupação com características urbanas, como o parcelamento do solo. Nesse contexto, em 19 de dezembro de 1979, foi publicada a Lei n. 6.766, que dispõe sobre o parcelamento do solo, tão importante e fundamental que segue em vigência até hoje, mais de 40 anos depois, após mudanças estruturais, como a redemocratização, a nova constituição e, depois, os regulamentos da política urbana brasileira, como o Estatuto da Cidade e o Estatuto da Metrópole. A máxima da Lei n. 6.766/1979 é de que apenas áreas urbanas, ou seja, oficialmente pertencentes a um perímetro urbano, são passíveis de parcelamento ou loteamento.

Como se trata de uma legislação antiga, muitas inclusões foram feitas até os dias de hoje. A mais contundente foi em 1999, quando já se discutiam os instrumentos de planejamento urbano, especialmente o plano diretor, regulamentado pelo Estatuto da Cidade dois anos depois. Novas inclusões foram feitas ao longo dos anos 1990 e 2000, até 2019. Há compatibilidades e sombreamentos com o Código Civil, com o Código do Consumidor, ajustes posteriores ao Estatuto da Cidade etc. (Saule Jr. et al., 2008).

A Lei de Parcelamento do Solo trata do parcelamento do solo para fins urbanos, em zonas urbanas, da expansão urbana e da urbanização específica, assim definidos pelo plano diretor ou aprovados por lei municipal. A Lei n. 6.766/1979 definiu conceitos de lote, loteamento e desmembramento. Estabeleceu obrigações como a infraestrutura básica para loteamentos, áreas a serem doadas como públicas – o que inclui o sistema viário e áreas para equipamentos públicos e comunitários – e regrou o lote mínimo a ser considerado, podendo ter exceções em áreas de comprovado interesse social.

Demais elementos fundamentais ao exercício da ocupação urbana são também contemplados nessa lei, que deve ser integralmente conhecida para o pleno exercício do planejamento urbano.

Segundo Barreiros e Abiko (1998, p. 11), a Lei n. 6.766/1979 apresenta "um caráter inovador, demonstrando preocupação com a ordenação do espaço urbano, determinando indicadores mínimos de áreas públicas, de áreas e testadas de lotes e de faixas não edificáveis, estabelecendo também as condições de salubridade para a implantação de novos loteamentos".

Apesar da complexidade da realidade urbana brasileira e dos desafios cabíveis à regulamentação da ocupação das cidades em todo o território nacional, a Lei de Parcelamento do Solo se mantém fundamental e em atualização para atender a novas situações e demandas, para as boas práticas do loteamento nas áreas urbanas brasileiras.

6.2 *Planos e instrumentos de planejamento urbano*

As políticas urbanas são criadas para resolver questões efetivas da sociedade e, para que se convertam em efeitos reais, são necessárias regulamentações e orientações a serem desdobradas em planos e instrumentos. Os planos territoriais têm seu ponto de partida histórico no século XIX, com os clássicos planos de Haussmann (leia-se Osman) em Paris; de Cerdá, em Barcelona; e de Forster, em Viena.

Nesse mesmo período, Patrick Geddes, biólogo, sociólogo, geógrafo e planejador, criou o planejamento regional com uma notável visão ecossistêmica. Desde então, linhas diversas de planejamento, progressivamente, dedicam-se com maior intensidade às cidades, como fenômeno característico do desenvolvimento industrial e seu poder de atração e concentração de pessoas organizadas em núcleos urbanos.

> A partir da consolidação de um processo histórico e mesmo civilizatório de urbanização ocorrida nos finais do século 19, com a assimilação pela sociedade da Revolução Industrial, seria obrigatória a busca de soluções para problemas criados por um novo uso sobre um espaço antigo e sobre espaços naturais de forma jamais vista. Esse fenômeno socioeconômico acontecendo sobre uma base física chamada cidade requereria, então, novos procedimentos de análise e de intervenção científica, oportunizando a formalização da ciência do urbanismo. (Ultramari, 2009, p. 169)

O crescimento da urbanização como decorrência da evolução dos processos industriais contribui para o desenvolvimento da ciência do urbanismo. No início do século XX, com certa fundamentação nos exemplos previamente citados, tipologias de cidades passam a ser propostas pelo urbanismo modernista, com propostas de Le Corbusier, Frank Lloyd Wright, Bruno Taut, entre outros. O urbanismo modernista, especialmente o corbusiano, é racionalista e busca a setorização das cidades por zonas especializadas, fundamento ao zoneamento praticado até hoje.

Esse urbanismo de áreas especializadas tem seu ponto alto na construção de Brasília, plano de Lúcio Costa, como uma cidade que segue os preceitos do modernismo urbanista, em uma oportunidade de iniciar uma cidade do zero. O urbanismo dos preceitos modernistas, que respondia a certo caos decorrente do crescimento desordenado das cidades na revolução industrial, foi alvo de muitas críticas em razão de seu excesso de racionalidade, que colocava as relações humanas em segundo plano, especialmente pela genial ativista Jane Jacobs, além de ser um urbanismo desenhado para o automóvel, como protótipo de mobilidade, o que determinou o grande impacto socioambiental das cidades "carrocêntricas".

A partir da segunda metade do século XX, os desafios urbanos se intensificaram, visto que, além do incremento de centros urbanos, houve um processo de globalização, tanto da indústria quanto das cidades. Certa utopia da cidade ideal, característica do período modernista, dá lugar a uma busca por solucionar crises e demandas ambientais e sociais resultantes do modelo de desenvolvimento capitalista industrial. Há uma reação a essa crise por parte da academia e do Poder Público no sentido de instrumentalizar a gestão das cidades para lidar com uma crise que perdura até o momento atual.

O pensamento de Andrea Branzi (2014, p. 110) ilustra e direciona como deve ser a abordagem frente à crise urbana atual ao propor uma reestruturação necessária à cidade do presente, a cidade "autorreformadora, que precisa produzir novas leis e regras para gerenciar de maneira positiva sua crise permanente".

A seguir, apresentaremos planos e instrumentos que objetivam contribuir com a qualidade de vida urbana como representações das políticas públicas.

Plano regional

Uma das principais características do planejamento urbano é a necessidade de atender às diferentes escalas territoriais, desde territórios definidos administrativamente até regiões estabelecidas por outras forças ou características. Uma das escalas do planejamento urbano é a regional no sentido macro, que envolve diferentes municípios, infraestruturas de grande porte, de ocorrências ambientais de grande incidência e a influência sobre uma população em grande número.

Para abordar a multiplicidade de elementos e os temas característicos dos estudos territoriais, os planos regionais devem ser elaborados com a participação de diversas áreas de conhecimento e de diferentes setores da sociedade, bem como garantir que os setores envolvidos participem das tomadas de decisão que afetam suas vidas.

O território dos planos regionais pode ser definido por uma bacia hidrográfica, por um setor econômico, pela relação entre polarização e influência entre territórios, como no caso dos municípios de uma região metropolitana, entre outras possíveis associações, a depender de critérios específicos.

A política urbana brasileira lança bases de planos regionais para as regiões metropolitanas no Estatuto da Metrópole, que estabelece, como instrumento de desenvolvimento urbano integrado, em seu art. 9º, o Plano de Desenvolvimento Urbano Integrado – PDUI (Brasil, 2015).

Segundo o Estatuto da Metrópole, o PDUI deve ser referência para compatibilização pelos planos diretores municipais e considerar o conjunto de municípios que compõem a unidade territorial urbana, além de abranger áreas urbanas e rurais. Seu escopo deve abordar elementos como "diretrizes para as funções públicas de interesse comum" (Brasil, 2015, art. 11), incluindo projetos estratégicos e ações prioritárias para investimentos, o macrozoneamento e diretrizes de parcelamento, uso e ocupação do solo.

O Estatuto da Metrópole reforça para o PDUI as diretrizes de processo participativo estabelecidas pelo Estatuto da Cidade para planos diretores, realização de audiências públicas, publicidade dos produtos gerados e acompanhamento do Ministério Público.

O Estatuto da Cidade também cita o plano regional como um de seus instrumentos de política urbana no art. 4º: "Para os fins desta Lei, serão utilizados, entre outros instrumentos: I – planos nacionais, regionais e estaduais de ordenação do território e de desenvolvimento econômico e social" (Brasil, 2001).

Como exemplo de Plano de Desenvolvimento Integrado (PDI), elaborado antes da publicação do Estatuto da Metrópole, podemos citar o planejamento elaborado para a Região Metropolitana de Curitiba (RMC), publicado pela Coordenação da Região Metropolitana de Curitiba (Comec), cujo escopo está organizado em três partes:

> Parte 1 – Contextualização da RMC: como uma abordagem do cenário atual de diversos temas, seus indicadores, dados, informações que servem como base fundamental às futuras diretrizes;
>
> Parte 2 – Proposta de ordenamento territorial: observa as condicionantes naturais, legais, de acessibilidade, vetores de ocupação, premissas e objetivos, e respectivas linhas estratégicas e diretrizes. As linhas estratégicas foram divididas em duas temáticas:
>
> 1ª Linha Estratégica: proteção, conservação e preservação do meio ambiente;
>
> 2ª Linha Estratégica: ordenamento e da expansão e do crescimento urbano.
>
> Parte 3 – Proposta de um novo arranjo institucional: as demandas da gestão metropolitana exigem o estabelecimento de uma governança específica com clareza na definição de atribuições entre os diferentes entes administrativos. (Comec, 2006)

Os planos regionais ganham importância no cenário de concentração da população global nos núcleos metropolitanos, pois, à medida que as metrópoles se desenvolvem, as relações com os territórios vizinhos são ampliadas. Além disso, os planos regionais abordam bacias que servem como mananciais de abastecimento das respectivas áreas, e estas muitas vezes extrapolam os limites políticos-administrativos definidos.

Essa centralidade de metrópoles, capitais regionais, entre outras polarizações, também provoca crescentes deslocamentos regionais diários que exigem um olhar regional para a acessibilidade e a mobilidade. Outro ponto a realçar é a simbiose entre áreas urbanas e rurais que devem ser contempladas nesse planejamento.

Plano diretor

A Constituição Federal de 1988 é reconhecida como uma orientação municipalista por conferir autonomia e atribuições aos municípios, inclusive, com relação a regramento, fiscalização, planejamento e gestão urbana. Isso representa uma coerência ao considerarmos que o Poder Público municipal é a esfera de governo mais próxima do cidadão e da sociedade civil. Essa situação empodera o município na tomada de decisão relativa ao quanto ele incentivará a promoção da cidade coletiva. Ao orientar a realização de planos diretores, a Constituição Federal confere aos municípios a obrigação de definir a função social da propriedade e, ainda, a delimitação e a fiscalização das áreas subutilizadas, sujeitando-as ao parcelamento ou à edificação compulsórios, ou, ainda, à desapropriação com pagamento de títulos e cobrança de Imposto Predial Territorial Urbano (IPTU) progressivo no tempo, instrumentos posteriormente regulamentos pelo Estatuto da Cidade.

O advento da legislação maior é ilustrado por Cardoso (1997, p. 79), quando coloca que a

Constituição de 1988 consagrou o princípio da função social da propriedade, estabelecendo, todavia, a sua vinculação à função social da cidade, a ser definida pelos planos diretores municipais. Com isso, não somente a esfera local ganhou uma dimensão estratégica adicional na implementação da reforma urbana, como se redefiniu o campo do debate político, que se deslocou da esfera do direito para a do plano.

O plano diretor (PD), "instrumento básico da política de desenvolvimento e expansão urbana" (Brasil, 2001, art. 40), principal instrumento de planejamento urbano da política pública brasileira, tem no município sua escala territorial de análise e proposta, incluindo áreas urbanas e rurais, apesar das limitações da esfera pública municipal para regulamentação e gestão da ocupação das áreas rurais, assumidas pela União.

O PD busca efetivar a orientação constituinte de promover o "uso da propriedade urbana em prol do bem coletivo, da segurança e do bem-estar dos cidadãos, bem como do equilíbrio ambiental" (Brasil, 2001, art. 1º). *Plano diretor* pode ser definido como o conjunto de diretrizes que orientam as ações dos atores que intervêm no espaço urbano, incorporando tanto as áreas urbanas quanto as rurais, no curto, médio e longo prazos.

> Tomando como exemplo o caso do plano diretor, para o caso específico brasileiro: a ciência que o elabora, o planejamento urbano agora não parece mais ser suficiente. Ao se ampliar, constitucionalmente, a responsabilidade desses planos para além do traçado do perímetro urbano até os limites político-administrativos do município, distanciar-se-ia do detalhe do urbanismo e mesmo do tradicional planejamento urbano, mas avançar-se-ia

> para um desejo, mais uma vez, de consertar a sociedade.
> (Ultramari, 2009, p. 171)

O plano diretor deve ser elaborado com a participação da população, sendo assim considerado um instrumento de gestão democrática. Ele é desenvolvido pelo corpo técnico das prefeituras, frequentemente, com uma consultoria contratada, contando com a participação do poder local, como prefeito e vereadores. A população participa por meio de audiências públicas que ocorrem ao longo do processo de sua elaboração, com duração aproximada de seis meses a um ano, dependendo da complexidade do município.

No caso das metrópoles brasileiras, em razão da grande complexidade, inclusive de garantir o processo participativo, o processo de elaboração do plano diretor requer um período maior, chegando a três ou quatro anos entre seu início e a respectiva aprovação nas câmaras municipais, evento que determina a conclusão do instrumento de planejamento urbano.

Como desdobramento regulatório da Constituição Federal, o Estatuto da Cidade, Lei n. 10.257/2001 – cujo objetivo é a garantia do direito à cidade a todos os cidadãos –, determinou claramente o conteúdo a ser abordado no plano diretor, com seu posterior acompanhamento e controle.

Além disso, importante definição constante no Estatuto diz respeito à obrigatoriedade de formulação de plano diretor para municípios:
- com mais de 20 mil habitantes;
- integrantes de regiões metropolitanas ou aglomerações urbanas;
- integrantes de áreas de especial interesse turístico;
- inseridos em áreas de empreendimentos com significativo impacto ambiental, regional ou nacionalmente.

Outro ponto estabelecido pelo Estatuto da Cidade foi a revisão dos planos diretores por todos os municípios, a cada dez anos passados de sua elaboração. Quanto à obrigatoriedade de elaboração dos planos diretores para municípios e sua abrangência no território nacional, o Brasil tem, hoje, 5.570 municípios, dos quais 3.919 com população menor de 20 mil habitantes, portanto os 1.651 restantes devem, obrigatoriamente, elaborar seu plano diretor.

Tabela 6.1 – Municípios brasileiros pelo número de habitantes

Habitantes (por mil)	até 20	20 a 50	50 a 100	100 a 500	Mais de 500
Brasil	3.919	1.043	325	245	38

Fonte: Elaborado com base em IBGE, 2020.

O horizonte temporal de planejamento estabelecido em dez anos determina que o plano diretor extrapole uma gestão administrativa específica – atualmente com mandatos de quatro anos, com a possibilidade de uma reeleição, somando oito anos –, favorecendo a continuidade das diretrizes, estratégias e ações definidas de modo participativo com a população local. Também é fundamental que o plano diretor esteja coadunado com instrumentos da gestão pública orçamentária, como o plano plurianual, as diretrizes orçamentárias e orçamento anual, além da gestão orçamentária participativa.

No Estatuto da Cidade, estão definidas formas de participação e estabelecido que todos os documentos e as informações produzidos ao longo do processo devem ser públicos e de fácil e livre acesso. O processo participativo dos planos diretores inclui momentos de conflito e de harmonia, porém deve ser promovido com a compreensão de que a gestão democrática dos territórios urbanos é a única forma de integrar conhecimentos, necessidades e desejos para um desenvolvimento municipal orientado à justiça social e ao equilíbrio ambiental. A participação da população deve ocorrer por meio de audiências públicas, obrigatórias, mas também por meio de oficinas, comitês e conselhos temáticos, entre outras formas de envolver todos os setores sociais e o maior número de contribuições possível.

Caso seja desenvolvido por uma consultoria externa ao município, situação mais frequente, é extremamente recomendável que o plano diretor seja acompanhado e promovido por uma equipe municipal, como forma de colaborar com o reconhecimento da realidade local.

Devem estar indicados no plano diretor ações estratégicas municipais de acordo com suas vocações e potencialidades, assim como previstos os objetivos de cada ação e os investimentos públicos e privados necessários. As ações devem almejar o desenvolvimento sustentável relacionado a questões ambientais e sociais. Nesse aspecto, o plano deve buscar garantir a função social da propriedade, atendendo à demanda de toda a população, inclusive a de baixa renda, e das empresas como um todo, prevendo o desenvolvimento urbano equilibrado e harmonioso.

Quanto ao escopo do plano diretor, o Estatuto da Cidade determina conteúdos mínimos associados aos instrumentos de exercício da função social da cidade e propriedade urbana, bem como ao ordenamento territorial. Entre os instrumentos de exercício da função social da propriedade, o primeiro é a delimitação das áreas urbanas para aplicação do parcelamento, edificação ou utilização compulsórios e, em sequência, o imposto predial e territorial urbano progressivo no tempo e a desapropriação com pagamento em títulos da dívida pública, orientações previstas na própria Constituição Federal.

Outros instrumentos, como o usucapião especial de imóvel urbano, do direito de superfície, outorga onerosa e transferência do direito de construir, direito de preempção, operações urbanas consorciadas e estudos de impacto de vizinhança, devem ser regulamentados e explicitados no conteúdo do plano diretor municipal (PDM).

O PDM deve contemplar o ordenamento territorial por meio da elaboração ou da revisão de leis específicas para atender às prerrogativas do Estatuto da Cidade nesse sentido, a começar pela delimitação das áreas urbanas, consequentemente, as rurais, para as quais pode ser aplicado o parcelamento do solo e de edificação ou uso compulsórios; esse conteúdo integra a Lei de Perímetro(s) Urbano(s).

Uma legislação específica de parcelamento do solo, também indicada para especificidades necessárias ou desejadas, é a Lei Federal n. 6.766/1979 e suas alterações, que incidem exclusivamente sobre as áreas urbanas, de urbanização específica ou de expansão urbana.

A partir da definição dos perímetros urbanos e do regramento do parcelamento do solo, é necessário estabelecer as orientações de uso e ocupação do solo municipal, de acordo com o potencial de cada área específica do território municipal, algumas com maior restrição a determinados tipos de uso, outras com vocações específicas quanto à promoção do adensamento ou do controle da ocupação, além da orientação para usos e ocupações específicas, como áreas industriais, de habitação coletiva, áreas de interesse social e ambiental específicos, entre outros.

Essas diretrizes são materializadas na Lei de Uso e Ocupação do Solo (Luos), conhecida como Lei de Zoneamento por conter o mapa de divisão da orientação de uso e ocupação do solo por zonas específicas da cidade. Na Luos, estão definidos os parâmetros para fins de construção, de acordo com orientação de potencialidades e restrições de uso e ocupação das diferentes áreas urbanas, e cada município é responsável pela definição de seus zoneamentos, conforme as especificidades locais.

No sentido de favorecer a acessibilidade e a mobilidade entre as diferentes áreas da cidade, é necessária a compatibilização da infraestrutura viária com o uso e a ocupação do solo propostos, consoante as peculiaridades das diferentes zonas urbanas. A Lei de Sistema Viário deve ser responsável pelo estabelecimento das hierarquias viárias ao determinar, com base na demanda de transporte de pessoas e de mercadorias, as características viárias que deverão ser atendidas em obras públicas e na abertura de loteamentos. Também nesse caso, cada município responsabiliza-se pelas regulamentações de seu sistema viário.

Segundo o Código de Trânsito Brasileiro (Lei n. 9.503, de 23 de setembro de 1997), o sistema viário de uma cidade é composto por vias arteriais, coletoras e locais, e a Lei de Sistema Viário (LSV) deve orientar essa determinação de acordo com a dinâmica urbana prevista pela Lei de Uso e Ocupação do Solo. A LSV também deve prever os padrões e o desenho das respectivas vias, além de orientar a execução da infraestrutura para a mobilidade ativa, como a caminhada e a ciclomobilidade, que devem ser favorecidas em detrimento do uso de veículos motorizados, como automóveis e motocicletas.

A orientação é de que a LSV inclua diretrizes para o transporte público coletivo, que também será afetado pelas transformações urbanas previstas pelo PDM como tendência e como orientação pela nova Luos.

Ainda entre os instrumentos legais que compõem o PDM, é importante a elaboração ou a revisão de códigos municipais, como Código de Posturas e Código de Obras, para a atualização desses instrumentos de acordo com a realidade contemporânea e com o que se pretende como referência ao município com base no novo planejamento.

Além do arcabouço jurídico-legal para as questões técnicas urbanas, recém-citados, o PDM deve instrumentalizar o exercício do acompanhamento das orientações do plano diretor e estabelecer um sistema de gestão participativa. Deve ser previsto o estabelecimento de conselhos municipais que possam atender a variados temas, garantindo um acompanhamento específico dos avanços do instrumento municipal da política urbana, o PDM.

Os sistemas participativos devem contribuir para o exercício da gestão democrática para além do universo municipal, com impactos sobre o desenvolvimento de uma sociedade consciente e ativa nas tomadas de decisões coletivas.

> *Questão para reflexão*
>
> 1. As políticas públicas devem incentivar a participação popular no desenvolvimento de planos urbanos porque eles devem ser criados para resolver questões efetivas da sociedade. Você participou da elaboração do plano diretor de sua cidade? Se sim, como? Se não, por quê? Quais políticas públicas de sua região ajudaram a solucionar questões que afetavam sua vida na cidade?

Planos complementares

O plano diretor municipal é responsável por estabelecer a política urbana local e orientar o desenvolvimento territorial municipal, porém não cabe a esse documento se aprofundar em temáticas específicas e complexas. Além disso, um município apresenta diversas realidades territoriais que merecem um olhar no que chamamos de **microescala no planejamento urbano**, que se detém a núcleos urbanos específicos. Além de decretos, portarias e outras forças de lei comumente complementarem as orientações dos PDMs, planos específicos devem ser desenvolvidos no sentido de corroborar a política e o planejamento urbano, rumo à sua efetivação em melhoria de qualidade de vida e bem-estar.

a) Planos setoriais

Os planos setoriais têm como escala de análise a dimensão da própria temática em estudo. Como exemplo, podemos citar os planos de mobilidade, desenvolvimento social, habitação, desenvolvimento econômico, controle ambiental, segurança e defesa social. As escalas são diferentes conforme o contexto em que estão inseridas, podendo variar desde uma pequena área municipal até a escala de país.

No caso do plano de desenvolvimento social, por exemplo, deve ser analisado o âmbito municipal, entretanto programas nacionais definidos pelo governo federal apresentam direta influência nos resultados municipais, pois estão relacionados à saúde, à educação e à assistência social, dimensões que contam com farto arcabouço político-administrativo nas esferas da União e dos estados, além dos municípios. Já temáticas como mobilidade e controle ambiental restringem-se mais ao território municipal ou metropolitano.

De acordo com o Estatuto da Cidade (Lei Federal n. 10.257/2001), os planos setoriais são fundamentados pela política urbana definida nos planos diretores e com eles devem ser atualizados, a cada dez anos. Os planos setoriais devem abordar planos e ações a serem implementados pelas prefeituras, e são divididos nas seguintes áreas de interesse:

- mobilidade e transporte integrado;
- habitação e regularização fundiária;
- desenvolvimento econômico;
- desenvolvimento social;
- defesa social e de defesa civil;
- desenvolvimento ambiental e de conservação da biodiversidade;
- saneamento básico.

Nos planos setoriais, são aprofundadas as temáticas de maior importância para os municípios e as regiões metropolitanas envolvidas e são desenvolvidos por técnicos das diversas secretarias municipais das prefeituras. No caso da prefeitura de Curitiba, por exemplo, os planos foram desenvolvidos pelas secretarias, com coordenação do Instituto de Pesquisa e Planejamento Urbano de Curitiba (IPPUC) e importante participação de lideranças comunitárias e empresariais. Um fator importante a ser considerado, e que ocorreu nesse caso citado, é que os planos não são documentos definitivos, pois estão sempre em atualização, com constante contribuição por parte de todos os cidadãos envolvidos.

Os objetivos dos planos setoriais são definidos no plano diretor municipal. No caso do município de Natal, no Rio Grande do

Norte, os planos devem trazer as seguintes determinações: detalhar ordenamento do uso e ocupação do solo urbano, otimizar a função social da propriedade e compatibilizar o adensamento territorial à infraestrutura. Ainda no caso da capital potiguar, os planos devem considerar os condicionantes existentes: bacia hidrográfica, entorno de implantação e funcionalidade municipal para o setor ao qual se destina, bem como contemplar a definição do perímetro de abrangência e a infraestrutura existente, além de respeitar parâmetros já regulamentados por outras instituições. Os planos setoriais, como desdobramento dos PDMs, e seus processos de elaboração devem reconhecidamente ser desenvolvidos com a participação da população e dos diversos setores da sociedade.

b) Plano de regionais e territórios submunicipais

A complexidade da realidade municipal exige, muitas vezes e especialmente em metrópoles, a divisão de seu território em partes menores para viabilizar o aprofundamento em situações específicas. O caso de São Paulo, por exemplo, tem a administração de seu território descentralizada em prefeituras regionais*, no caso de Curitiba, e o território municipal é dividido em administrações regionais, como já abordamos.

A descentralização da gestão pública municipal institucionalizada viabiliza o diagnóstico e a elaboração de propostas específicas que deverão ser compatibilizadas com a política urbana municipal e com as demais subdivisões do município. A Prefeitura Municipal de São Paulo conceitua *planos regionais* como

> instrumentos de planejamento e gestão da política urbana que têm como objetivo detalhar as diretrizes do

---

* Em virtude do Decreto n. 57.576 de janeiro de 2017, o termo *subprefeitura* foi alterado para *prefeitura regional*, conforme exposto em: SÃO PAULO (Cidade). **Planos regionais**. Disponível em: <https://gestaourbana.prefeitura.sp.gov.br/marco-regulatorio/planos-regionais/>. Acesso em: 10 set. 2021.

> Plano Diretor Estratégico no âmbito territorial de cada subprefeitura, articulando as políticas setoriais e complementando as questões urbanístico-ambientais em seus aspectos físicos e territoriais. (São Paulo (Cidade), 2014)

O Plano Diretor de Curitiba, em sua última revisão publicada em 2015, em seu art. 4º, observa que os planos das administrações regionais "são planos de ação desenvolvidos em cada uma das Administrações Regionais da cidade, conforme suas necessidades e peculiaridades, considerando os princípios e diretrizes previstos no Plano Diretor, nos Planos Setoriais e demais planos" (Curitiba, 2015). Considerando o desenvolvimento urbano sustentável, em seu art. 6º, o PDM Curitiba ainda faz menção aos

> Planos de Desenvolvimento de Bairros e os Planos de Vizinhança [que] serão elaborados conforme a discricionariedade do Poder Público Municipal e o interesse da população envolvida, e se constituem em processos participativos e locais de priorização de ações físico territoriais e socioeconômicas orientados pelos princípios, objetivos e diretrizes previstos neste Plano Diretor e em demais Planos, Programas e Projetos. (Curitiba, 2015)

Os planos submunicipais podem indicar especificidades como demanda por equipamentos públicos e comunitários, por espaços públicos, especialmente áreas verdes, identificação de estrangulamentos de acessibilidade e mobilidade urbana, orientação de qualificação dos espaços e estruturas urbanos no sentido de promover o pertencimento e a usabilidade para as populações locais, além de potencializar a participação ativa da sociedade nas tomadas de decisão.

Lei de Uso e Ocupação do Solo

A Lei de Uso e Ocupação do Solo (Luos) é o instrumento jurídico-legal da gestão mais acessada pelas populações locais, pois incide diretamente no direito e na forma de utilização das propriedades urbanas, especialmente os lotes. Por esse motivo, abordaremos sobre a regulamentação e a aplicação prática dessa ferramenta de planejamento urbano com atenção especial.

Em um município, o uso e a ocupação do solo devem ser articulados com o zoneamento, ambos por meio de leis municipais definidas no plano diretor. A definição das diretrizes de uso e ocupação do solo é, portanto, de responsabilidade dos municípios, embora devam ser considerados os aspectos previamente definidos em lei federal de parcelamento do solo. Como já ressaltamos, essas diretrizes versam sobre as atividades permitidas em cada porção do município e de que forma esses territórios podem ser ocupados.

Existem distintas experiências a respeito da divisão de usos e ocupações dentro do território municipal: uma de agrupamentos das atividades em zonas e outra da mescla de atividades dentro de uma zona. Como exemplo de forma de ocupação mais agrupada, podemos citar a cidade de Brasília, com áreas exclusivas para moradias, outras para hotéis, hospitais, comércios etc. Esse planejamento torna a cidade mais propícia para a circulação por meio de veículos e restringe a capacidade de acesso para os pedestres, pois as distâncias a serem percorridas são extremamente grandes.

Quando a forma de ocupação é pela mescla de atividades dentro de uma zona, os cidadãos têm a proximidade dos serviços de que necessitam para atender a suas exigências rotineiras, evitando grandes deslocamentos diários, além da possibilidade de manutenção de circulação de pessoas durante todos os períodos do dia.

Como já apontamos nos capítulos anteriores, o uso e a ocupação do solo definem o desenvolvimento socioeconômico municipal por meio da determinação do valor da terra para cada zona municipal, principalmente pelas densidades estipuladas. Por isso, é essencial a participação de toda a comunidade na elaboração dos planos diretores, a fim de que o espaço seja pensado visando ao bem comunitário, evitando quaisquer privilégios para uma minoria.

Apesar de os planejamentos serem feitos por profissionais habilitados, algumas simulações de plena ocupação, seguindo os critérios estabelecidos no plano diretor, poderiam afetar consideravelmente os serviços de infraestrutura e de mobilidade encontrados em um munícipio (Duarte, 2009).

Para ilustrar essas possibilidades, trataremos, a seguir, de conceitos diretamente relacionados ao uso e à ocupação do solo urbano, os quais encontram parâmetros também definidos na lei do plano diretor.

O método de efetivação da Luos ocorre mediante o estabelecimento de orientações dos usos indicados e não indicados para determinada zona, que trata, especificamente, dos usos do solo. Complementarmente ao uso do solo, definem-se as condições de ocupação do solo associadas ao potencial de construção daquele lote e às regras de como exercer esse potencial, com base na prerrogativa de que um lote urbano é uma parte de um espaço coletivo e de que as boas práticas incidem diretamente no convívio harmonioso entre vizinhos.

a) Parâmetros de uso do solo

O uso do solo urbano está relacionado à atividade a ser desenvolvida em determinado lote ou área da cidade, classificadas quanto à sua natureza e a seu porte, normalmente divididas em permitidas, permissíveis, toleradas e proibidas.

O **uso permitido** orienta o que o planejamento urbano deseja e entende como compatível àquela determinada zona. O **uso permissível** direciona a possibilidade de exercício da referida atividade desde que em acordo com certos critérios e orientações específicas.

O **uso tolerado**, muitas vezes, relacionado a usos existentes que conflitam com uma nova orientação da Luos, indica um tipo de uso não prioritário para aquela zona urbana, mas que se capacita mediante especificidades. O **uso proibido** indica atividades que seriam incompatíveis com a área em questão, ou mesmo com seu entorno, com potencial geração de prejuízos à sociedade e ao ambiente.

Quanto à natureza, as atividades urbanas estão distribuídas, majoritariamente, em uso residencial, comercial, industrial, institucional e comunitário. Para uma cidade vibrante e sustentável, o indicado é que esses usos tenham certo nível de compatibilização para gerar espaços urbanos que acolham usos diversificados, de modo a viabilizar que as pessoas vivam próximas ao comércio, às oportunidades de trabalho e aos serviços comunitários.

Também é importante salientar que, dentro dos usos observados, detalham-se tipologias específicas: a atividade residencial pode ser abrigada por casas unifamiliares, ou por edifícios de habitação coletiva; o comércio e os serviços variam entre um serviço vicinal, próprio da vizinhança, como uma pequena lavanderia, uma mercearia, serviços de bairro como mercados, galerias ou centros comerciais, ou serviços setoriais, como hipermercados e *shoppings centers*.

Usos industriais também podem variar em porte e potencial de impactos indesejáveis, como poluição atmosférica e trânsito de veículos de grande porte; nesse sentido, é importante distinguir as atividades secundárias, ou de transformação. Uma pequena confecção pode conviver com atividades de um bairro ou zona majoritariamente residencial, onde uma indústria química ou automobilística geraria impactos significativos e exigiria infraestrutura logística de grande porte para o recebimento de matérias-primas e o escoamento da produção.

Os usos institucionais também podem variar entre um grande centro cívico e uma unidade administrativa pública, por exemplo. Entre os usos comunitários, existe uma gama de possibilidades como equipamentos de saúde variáveis entre unidades básicas de saúde e hospitais; de educação, variando entre centros municipais de educação infantil e universidades; e de usos de culto religioso, entre outros.

A Luos e seus respectivos parâmetros devem ser elaborados de forma cuidadosa não apenas no sentido de viabilizar a comunhão de atividades em determinado espaço urbano, mas também de orientar a implantação de atividades de potencial impacto socioambiental em áreas adequadas.

b) Parâmetros de ocupação do solo

Os parâmetros de ocupação do solo mais comumente utilizados são os seguintes:

- lote mínimo;
- coeficiente de aproveitamento;
- taxa de ocupação;
- altura máxima;
- recuos obrigatórios em relação à via ou ao espaço público;
- afastamentos de divisa em relação a lotes ou áreas confrontantes;
- taxa de permeabilidade.

> *Fique atento!*
>
> O uso do solo se refere às atividades urbanas, e a ocupação do solo se relaciona a orientações de como utilizar os lotes e as áreas urbanas, muitas vezes, por meio de medidas geométricas lineares, de área e de volume representativos do potencial construtivo e da relação com o entorno do lote, seja a via, sejam os lotes vizinhos. A ocupação tem como base de cálculo a densidade – demográfica, construída, pretendida – para determinada zona urbana.

Lote mínimo

A primeira definição ao elaborarmos a ocupação do solo de um município para determinada densidade e de acordo com dado uso é o lote mínimo que resultará da atividade de loteamento. O lote mínimo indicado pela Lei de Parcelamento do Solo, Lei n. 6.766/1979, é de 125 m², porém essa medida, indicada para usos residenciais, pode configurar um tipo de ocupação indesejado conforme o que se pretende como espaço urbano.

A definição de lote mínimo também deve ter uma vinculação com o preço da terra, normalmente associado ao valor do metro quadrado de uma área urbana. A relação valor por metro quadrado com a área do lote determina a faixa de renda da população que teria acesso àquela área urbana.

O lote mínimo deve variar de acordo com o uso principal de determinada zona urbana: lotes industriais, por exemplo, devem permitir minimamente a manobra de veículos de carga, garantir certo afastamento em relação a lotes vizinhos e determinado recuo em relação às vias para o plano exercício de atividades correlatas ao uso industrial.

Uma medida complementar ao lote mínimo é a testada mínima do lote, que é a medida da linha que se estende pela frente do lote à via pública.

Figura 6.2 – Exemplos de lotes mínimos para área residencial e para zona industrial

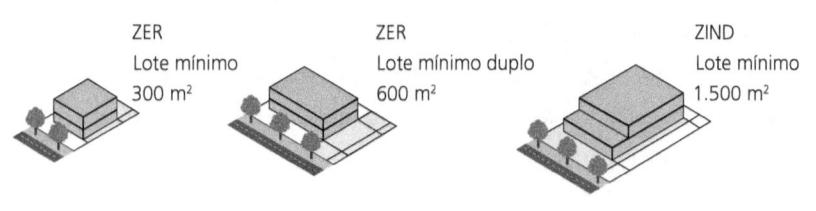

ZER
Lote mínimo
300 m²

ZER
Lote mínimo duplo
600 m²

ZIND
Lote mínimo
1.500 m²

Fonte: Jorge..., 2021.

Coeficiente de aproveitamento

Trata-se do índice que indica a metragem quadrada máxima que pode ser construída em um lote, a qual pode ser dividida em quantos pavimentos forem necessários, ou permitidos, na zona em questão. Chamado também de *potencial construtivo*, o parâmetro definido deve ser multiplicado pela área total do lote. Por exemplo: se um lote de 300 m² tem coeficiente de aproveitamento igual a 3, poderá ter uma edificação com área total construída de 900 m².

Figura 6.3 – Exemplos de coeficiente de aproveitamento para um lote

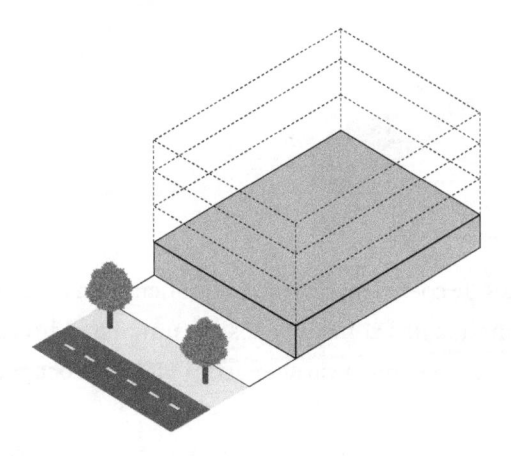

Fonte: São Paulo (Cidade), 2021a.

Taxa de ocupação

A taxa de ocupação de um lote é definida pela projeção da edificação nesse terreno em que será construída. Determinada por um percentual, ela representa a porção do lote sobre o qual existe alguma construção, discriminando, consequentemente, a superfície permeável que será mantida.

Como se trata da projeção da edificação no lote, se todos os pavimentos tiverem o mesmo formato térreo, ou ainda se forem menores que este, a taxa de ocupação corresponderá ao formato do terreno. Já se algum dos pavimentos superiores exceder a projeção do pavimento térreo, a parte excedida deverá também entrar no cálculo do percentual da taxa.

Figura 6.4 – Exemplo de taxa de ocupação – projeção da edificação no lote

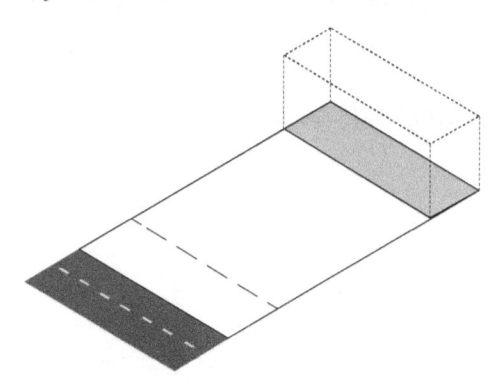

Fonte: São Paulo (Cidade), 2021d.

Os índices de coeficiente de aproveitamento e a taxa de ocupação são determinados nos zoneamentos em um plano diretor, gerando o que se considera como a **característica visual de ocupação de uma cidade.**

Como algumas zonas objetivam o adensamento, outras almejam a restrição à ocupação, e outras pretendem proteger a paisagem ou a vegetação nativa, a combinação desses índices urbanísticos pode ser infinita. Portanto, é função de arquitetos e engenheiros adotarem a melhor delas na busca pelo resultado que satisfaça tanto o local de implantação quanto os futuros usuários daquela edificação.

Altura máxima

A relação entre taxa de ocupação (TO) e coeficiente de aproveitamento (CA) pode resultar na altura do edifício em uma situação convencional – como quando o CA é igual a 1 e a TO é definida como 50% do lote –, a altura da edificação, ao ocupar e aproveitar o potencial total do lote, define uma edificação de dois pavimentos.

Essa definição da altura máxima, também conhecida como *gabarito*, carece, no entanto, de definições de alturas da edificação, como a altura entre pisos e pés-direitos, bem como de determinar qual altura máxima a edificação pode assumir, tanto em uma dimensão de altura linear quanto pelo número de pavimentos.

Frequentemente, a legislação de parâmetros edilícios associa a altura do edifício ao afastamento aos lotes confrontantes, que fazem divisa com o lote em questão.

Figura 6.5 – Desenho ilustrativo da área do terreno e das relações de altura e gabarito

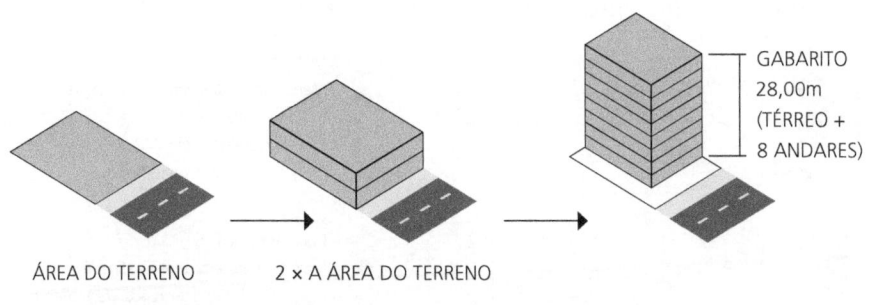

ÁREA DO TERRENO   2 × A ÁREA DO TERRENO   GABARITO 28,00m (TÉRREO + 8 ANDARES)

Fonte: São Paulo (Cidade), 2021e.

Afastamento da divisa

A divisa dos lotes é configurada por um perímetro definido na matrícula de registro do imóvel. Essa divisa é demarcada no nível do solo, porém se expande verticalmente e determina uma espécie de parede virtual como limite da propriedade. Essa parede virtual é compartilhada pelos lotes confrontantes, por isso é importante estabelecer critérios para um convívio harmônico. Entre essas medidas está o afastamento da edificação em relação às divisas dos lotes.

Normalmente, para edificações de baixo gabarito, o afastamento em relação à divisa é facultativo, sendo compulsório apenas se houver abertura, como uma janela, uma varanda ou algo congênere que configure uma proximidade que interfira na privacidade do vizinho. Quando há abertura, o afastamento mínimo é de 1,5 metro.

Em casos de zonas urbanas que permitam maior verticalização, com gabaritos mais altos, é comum que o afastamento das divisas esteja vinculado à altura do edifício. No município de Curitiba, por exemplo, o afastamento da divisa é a altura da edificação dividida por 6 (h/6); um edifício de 18 metros deverá atender a um afastamento de 3,0 metros em relação às suas divisas.

Figura 6.6 – Diagrama de comparação bioclimática entre edifícios de diferentes tipologias, com distintos afastamentos

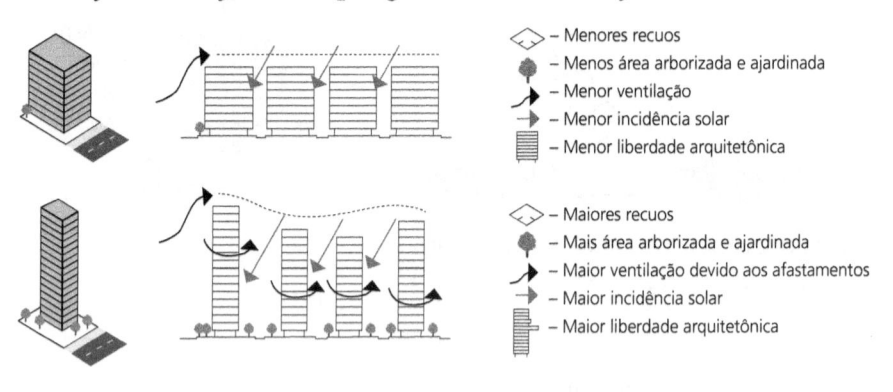

- Menores recuos
- Menos área arborizada e ajardinada
- Menor ventilação
- Menor incidência solar
- Menor liberdade arquitetônica

- Maiores recuos
- Mais área arborizada e ajardinada
- Maior ventilação devido aos afastamentos
- Maior incidência solar
- Maior liberdade arquitetônica

Fonte: São Paulo (Cidade), 2021b.

Recuos obrigatórios

Ao visitar cidades coloniais e centros históricos, percebemos os casarios contíguos às ruas, onde a fachada da edificação está no alinhamento predial, sem manter nenhuma distância da calçada. Com o desenvolvimento das cidades e sua constante reconstrução, a abertura e o alargamento de vias afetavam as construções existentes.

Esse foi o principal elemento definidor do recuo obrigatório: um espaço entre o alinhamento predial, o limite entre a via pública e o interior do lote, este representado pela testada do lote, ou seja, a área para construir. Nesse espaço, as ruas são implementadas e deve haver espaço para a infraestrutura de saneamento, de iluminação e de energia pública, entre outros elementos inerentes às vias urbanas.

O recuo mínimo obrigatório pode variar conforme as condicionantes da área ou de acordo com o uso do solo da zona urbana. Em sítios históricos, onde o conjunto arquitetônico está no alinhamento predial, e em áreas consolidadas, onde não são previstas novas intervenções urbanas que impactem o alinhamento predial, o recuo acaba por não existir, pois são áreas onde geralmente se iniciou a ocupação do território da cidade e há interesse em manter o desenho ou traçado histórico daquele lugar. Em áreas residenciais de baixa a média densidades, é muito comum que os recuos obrigatórios sejam de 5 metros, mas em áreas industriais, especialmente localizadas em rodovias ou de grande infraestrutura pela circulação de veículos e carga de grande porte, inclusive para o atendimento das faixas de domínio dos eixos rodoviários, o recuo comumente é de 15 metros.

Além da relação com a infraestrutura urbana, o recuo permite certo afastamento das atividades da via pública, conferindo mais conforto e harmonia para o convívio público. Ademais, muitas vezes, o recuo serve para gerar maior afastamento entre edificações que ficam face a face.

Figura 6.7 – Desenho esquemático do recuo frontal, espaço entre a via pública e a edificação

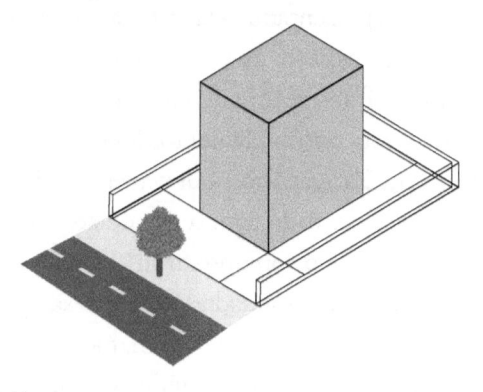

Fonte: São Paulo (Cidade), 2021c.

Taxa de permeabilidade

Um dos principais problemas urbanos contemporâneos é a incapacidade de drenagem das águas pluviais em relação à grande extensão da impermeabilização do solo urbano. Outros impactos da impermeabilização do solo são a redução do volume de água dos lençóis freáticos e a geração das chamadas *ilhas de calor*, que prejudicam o bem-estar da população e contribuem para o aquecimento global. A urgência ambiental determinou a criação de um novo parâmetro urbanístico: a taxa de permeabilidade.

A taxa de permeabilidade diz respeito a uma porção do lote que deve permitir que águas pluviais escoem pelo solo como uma forma de reduzir o volume e retardar a velocidade de escoamento das águas chuvas para as galerias de drenagem pluvial. A taxa de permeabilidade também funciona para amenizar os impactos sobre o clima.

É importante que novas ferramentas urbanas e parâmetros inovadores sejam exigidos no sentido de mitigar os efeitos da urbanização sobre o meio ambiente. O Plano Diretor Municipal de São Paulo contribui nesse sentido ao estabelecer a quota ambiental, e a lógica de aplicação desse instrumento é que cada lote ou empreendimento contribua com uma pontuação mínima relacionada à drenagem e ao microclima/biodiversidade. A gestão municipal oferece um cardápio de possibilidade para se atingir essa pontuação.

As figuras a seguir apresentam esquema síntese com as possibilidades ofertadas pela Prefeitura Municipal de São Paulo para adoção da quota ambiental nas ocupações. Elementos como cobertura verde, reservatório de contenção de cheias e áreas ajardináveis estão entre as soluções, e têm pontuações distintas, que devem ser atingidas conforme a localização do lote dentro do município.

Figura 6.8 – Esquema dos elementos componentes de uma ocupação para adoção da quota ambiental

Legenda:
1 – Edificações
2 – Piso Permeável
3 – Área ajardinável sobre solo (permeável)
4 – Área ajardinável sobre laje
5 – Piso semipermeável com vegetação
6 – Cobertura verde
7 – Reservatório de retenção
8 – Árvores

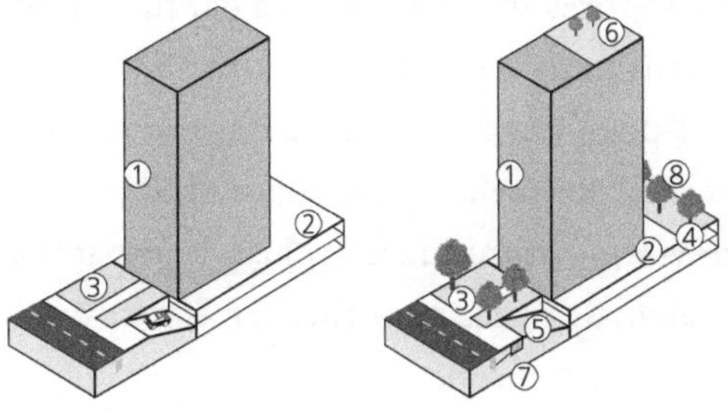

Lote médio 1000 m²   Lote médio 1000 m²

Fonte: São Paulo (Cidade), 2021b.

Figura 6.9 – Desenho esquemático ilustrativo da quota ambiental

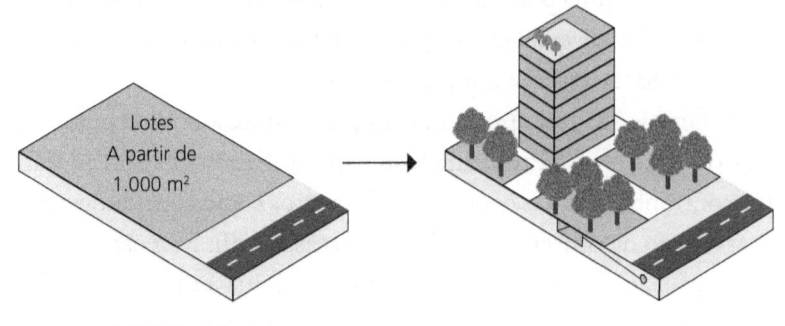

Fonte: São Paulo (Cidade), 2021b.

c) Zoneamento

O zoneamento urbano é um instrumento presente nos planos diretores municipais para garantir a organização do território enquadrando-o em porções chamadas de *zonas* e *setores*. As atividades possíveis de ser instaladas e desenvolvidas em cada zona são descritas por meio de diretrizes e índices urbanísticos estabelecidos com vistas a minimizar eventuais impactos negativos da urbanização, além da busca por otimizar as relações urbanas sob os aspectos econômico e social.

Pelo zoneamento, é possível relacionar uso e ocupação do solo para cada região, de acordo com as características relevantes existentes, como sistema viário, topografia e infraestrutura. As zonas e os setores recebem ocupações e adensamentos distintos, sendo, geralmente, delimitadas fisicamente por vias ou elementos topográficos.

Os zoneamentos possibilitam diversas categorias de ocupação dentro do município, como, por exemplo, zonas residenciais, comerciais ou industriais, cada uma com subcategorias e especificidades de adensamento, porte ou capacidade de construção, determinando características gerais, socioespaciais e paisagens distintas para cada localidade do município.

O zoneamento tem alguns objetivos, como controlar o crescimento urbano, proteger áreas inaptas à ocupação (como encostas e áreas de proteção ambiental), minimizar possíveis conflitos de uso do solo, controle do tráfego (por meio de diretrizes do sistema viário).

Parte integrante do plano diretor municipal, o zoneamento é apresentado por meio de mapas, com cores e siglas para cada zona, e as respectivas descrições pormenorizadas são elaboradas em textos e tabelas que delineiam os parâmetros construtivos permitidos. Pode ser interessante para um município que as zonas tenham usos mistos, permitindo a mescla de usos residencial e comercial, entretanto alguns tipos de comércio ou indústrias podem trazer conflito e desconforto quando instalados em proximidade a moradias, motivo pelo qual esses usos têm implantação controlada.

O Mapa 6.1 mostra um recorte do zoneamento do município de Curitiba. É possível perceber algumas características na delimitação das zonas nesse município, como o setor definido como Eixo Estrutural, onde é permitida a construção de edifícios com altura livre – desde que respeitados os demais parâmetros – determinado pelas quadras que acompanham a via estrutural. A partir desse setor, que possibilita edificações de grandes dimensões, as zonas limítrofes determinam certa transição de ocupação, densidade e altura, iniciando na zona ZR3-T (Zona Residencial 3 Transição), passando pela ZR3 (Zona Residencial 3), até a ZR1 (Zona Residencial 1), onde as densidades de ocupação vão diminuindo gradativamente.

Mapa 6.1 – Mapa de zoneamento – Município de Curitiba

Fonte: Curitiba, 2019.

Conforme revela a imagem, é fácil compreender como o município controla a ocupação em certas áreas e induz o crescimento em outras. O eixo estrutural é um exemplo de determinação, pelo plano diretor, de crescimento da cidade, em que a infraestrutura é prevista para a alta densidade de ocupação, servindo, inclusive, como apoio às áreas contíguas.

Mapa 6.2 – Recorte do mapa de zoneamento – Município de Curitiba

ZONA HISTÓRICA - ZH

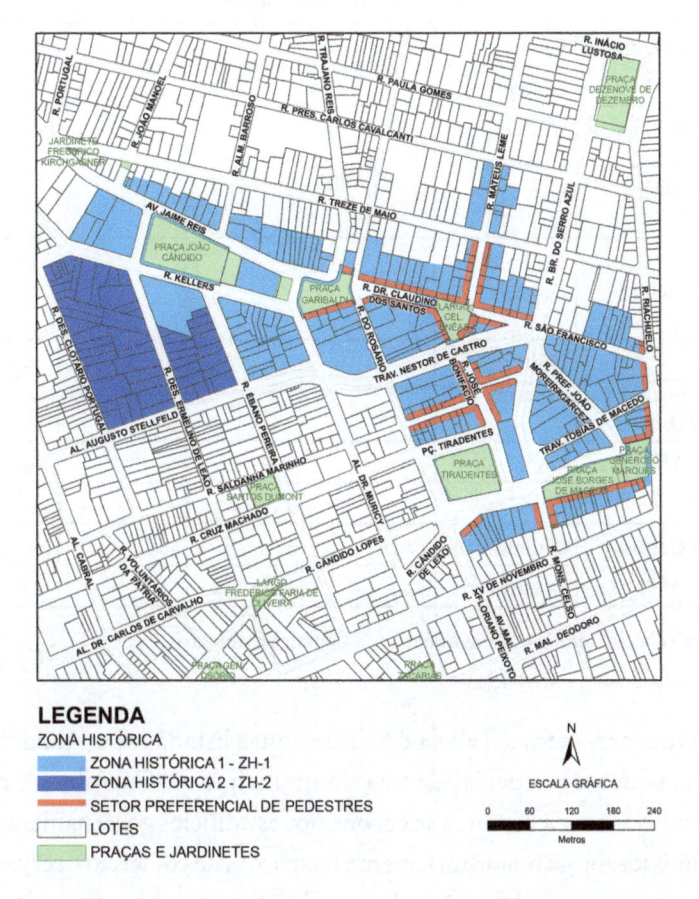

LEGENDA
ZONA HISTÓRICA
- ZONA HISTÓRICA 1 - ZH-1
- ZONA HISTÓRICA 2 - ZH-2
- SETOR PREFERENCIAL DE PEDESTRES
- LOTES
- PRAÇAS E JARDINETES

ESCALA GRÁFICA
0   60   120   180   240
Metros

Fonte: Curitiba, 2019, p. 100.

Na Tabela 6.2, apresentamos uma comparação entre os parâmetros de ocupação das diferentes zonas, com destaque para os coeficientes de aproveitamento e altura máxima, pois eles se relacionam diretamente com a densidade habitacional.

Tabela 6.2 – Parâmetros construtivos – Lei de Zoneamento Curitiba

Zona	Uso (habitação)	Coeficiente de aproveitamento	Altura máxima (pavimentos)	Taxa de ocupação máxima (%)	Lote-padrão (testada × área)
Eixo Estrutural (EE)	Unifamiliar	1	2	50	15 × 450
	Coletiva	4	livre	100[*1] / 50[*2]	
Zona Residencial 3 Transição (ZR3-T)	Unifamiliar/Coletiva	1	4	50	15 × 450
Zona Residencial 3 (ZR3)	Unifamiliar/Coletiva	0,5	3	50	12 × 360
Zona Residencial 1 (ZR1)	Unifamiliar/Coletiva	1	2	50	15 × 600
Zona Militar (ZM)	Unifamiliar	0,5	2	30	20 × 600
	Coletiva		4		
Zona Centro Cívico (ZCC)	Unifamiliar	1	2	50	20 × 600
	Coletiva	4	livre		

[*1] para subsolo, térreo e 2º pavimento / [*2] demais pavimentos

Fonte: Elaborado com base em IPPUC, 2017.

De acordo com a Tabela 6.2, duas zonas listadas se enquadram como ocupação especial dentro do município de Curitiba. A primeira delas é a ZCC, onde se encontram os edifícios governamentais e, por isso, abriga majoritariamente ocupações de comércio e serviços, nesse caso, com edificações de grande porte, por isso com altura livre. Já a outra área de ocupação específica é a Zona Militar, com lotes maiores do que as demais zonas e baixa densidade de ocupação.

É importante reforçarmos que, apesar da delimitação física entre as diferentes zonas de uso e ocupação do solo, a cidade deve ser entendida como um ente dinâmico e essas divisões são virtuais, ou seja, as diferentes áreas com os respectivos parâmetros de uso e ocupação do solo se integram no espaço urbano de modo a gerar paisagens integradas por usos e ocupação variadas. É função do planejador urbano, em conjunto com equipes multidisciplinares, com a população local e com setores sociais, promover o convívio harmonioso entre ambiente e sociedade.

Para saber mais

SÃO PAULO (Cidade). Prefeitura do Município de São Paulo. **Plano Diretor Estratégico do Município de São Paulo**: Lei Municipal n. 16.050, de 31 de julho de 2014; texto da lei ilustrado. São Paulo: PMSP, 2015. Disponível em: <https://gestaourbana.prefeitura.sp.gov.br/wp-content/uploads/2015/01/Plano-Diretor-Estrat%C3%A9gico-Lei-n%C2%BA-16.050-de-31-de-julho-de-2014-Texto-da-lei-ilustrado.pdf>. Acesso em: 10 set. 2021.

Visando facilitar a compreensão de todos a respeito do plano diretor municipal, a Prefeitura de São Paulo desenvolveu esse volume, que traz as 10 estratégias do plano de forma ilustrada. De fácil apreensão, os elementos constantes do Plano Diretor são exemplificados em forma de esquemas, possibilitando que os cidadãos compreendam todos os termos técnicos que envolvem as questões e os parâmetros urbanísticos.

Síntese

A regulamentação relacionada à política urbana facilita a compreensão e a abordagem dos estudos e deixa claro o grande universo que os cercam. Percebemos evoluções nas questões legais com abordagens que tendem a se aproximar da escala dos cidadãos, efetivando a participação das comunidades envolvidas, o que, de início, não era pensado.

Após a promulgação da Constituição Federal, em 1988, as atribuições do Poder Público Municipal foram expandidas, inclusive com a exigência de Planos Diretores Municipais, o que conferiu autonomia aos municípios em diversos aspectos de sua governança: política, administrativa, financeira e legislativa.

A principal consequência da Constituição Federal de 1988 para o planejamento urbano foi a regulamentação de seus arts. 182 e 183, materializada na Lei do Estatuto da Cidade – Lei n. 10.257/2001 (Brasil, 2001). As possibilidades de ação do Poder Público municipal, com a vigência do Estatuto, ampliam-se e consolidam-se.

No ano de 2015, o Estatuto da Metrópole – Lei n. 13.089 – estabeleceu uma orientação específica de diretrizes gerais para o planejamento, a gestão e a execução das funções públicas de interesse comum em regiões metropolitanas e em aglomerações urbanas instituídas pelos Estados (Brasil, 2015a).

Com o objetivo de mostrar a multiplicidade de elementos e temas característicos dos estudos territoriais, apresentamos planos e instrumentos que objetivam contribuir com a qualidade de vida urbana. Além dos planos diretores municipais, os planos regionais, setoriais e complementares devem ser elaborados com a participação de diversas áreas de conhecimento e de diferentes setores da sociedade, bem como garantir que os setores envolvidos participem das tomadas de decisão que afetam suas vidas.

A urgência das demandas urbanas e as pressões dos movimentos sociais transformaram as políticas públicas e fazem com que as populações demonstrem interesse e consigam enxergar a possibilidade de que seus anseios tenham voz ativa, considerando, entretanto, que as questões podem, e devem, sempre evoluir.

Questões para revisão

1. O Estatuto da Cidade "estabelece normas de ordem pública e interesse social que regulam o uso da propriedade urbana em prol do bem coletivo, da segurança e do bem-estar dos cidadãos, bem como do equilíbrio ambiental" (Brasil, 2001, art. 1º). Essa lei aponta, no Capítulo II, alguns aspectos a respeito da regulação da propriedade urbana. Cite e explique três desses aspectos.

2. Cite os aspectos presentes na Constituição Federal de 1988, em seus arts. 182 e 183, voltados à política urbana.

3. O Plano Diretor Municipal é o "instrumento básico da política de desenvolvimento e expansão urbana" e visa promover o "uso da propriedade urbana em prol do bem coletivo, da segurança e do bem-estar dos cidadãos, bem como do equilíbrio ambiental" (Brasil, 1988). Sobre o plano diretor, analise as afirmativas a seguir e indique V para as verdadeiras e F para as falsas.

    ( ) Bairros de uso misto, onde coexistem ocupações residenciais e comerciais, não se apresentam como boas soluções por aumentar a necessidade de deslocamento da população.

    ( ) A distinção existente na ocupação dos centros urbanos e periferias não tem como causa a valorização do solo urbano, e, além disso, todos os lugares são providos de equipamentos urbanos de qualidade, independentemente de sua localização.

    ( ) A elaboração desse plano, assim como sua implantação e revisão, exigem a participação da população envolvida.

( ) Após elaborado, esse plano se configura em um documento municipal privado, ao qual apenas os órgãos públicos responsáveis têm acesso.

Agora, assinale a alternativa que apresenta a sequência correta:

a. V, V, V, F.
b. V, F, V, F.
c. V, F, F, F.
d. V, F, V, V.
e. F, F, V, F.

4. "A zona de expansão urbana é a área de reserva para o crescimento horizontal da cidade. Sua delimitação comporta cuidados especiais e possui implicações urbanísticas mais delicadas e, até certo ponto, mais importantes do que a delimitação da própria zona urbana. [...] A delimitação da zona de expansão urbana deve ser bastante criteriosa pois, se por um lado o subdimensionamento pode levar ao aumento de preço da terra, por outro lado, o superdimensionamento pode aumentar excessivamente os custos de implementação da rede de serviços e equipamentos urbanos." (Braga, 2001, p. 96).

Com relação ao tema, analise as afirmativas a seguir e indique V para as verdadeiras e F para as falsas.

( ) No plano diretor municipal, o macrozoneamento determina as zonas de expansão urbana.

( ) O superdimensionamento dessa zona pode ser benéfico ao município, por facilitar a implantação de loteamentos.

( ) Se a zona de expansão urbana for subdimensionada, a diminuição da oferta de solo urbano pode favorecer a especulação imobiliária.

( ) A zona de expansão urbana pode provocar o aumento dos custos de infraestrutura se for superdimensionada.

( ) As zonas de expansão não precisam ser definidas de acordo com condicionantes propícias à ocupação urbana, como declividade do terreno, existência de áreas de preservação e condições de instalação de infraestrutura.

Agora, assinale a alternativa que apresenta a sequência correta:

a. V, F, V, V, F.
b. V, V, V, V, F.
c. V, F, F, V, F.
d. V, F, V, F, F.
e. V, F, V, V, V.

5. Assinale a alternativa correta sobre parâmetros urbanísticos quantitativos:

a. A taxa de ocupação está relacionada com o tipo de edificação construída no lote, caracterizando, assim, uma homogeneidade no uso do solo da localidade em questão.

b. A densidade demográfica é controlada pela regulamentação urbanística de interesse sanitário, representada pela tipologia da casa ou do apartamento conforme o número de dormitórios, segundo leis de mercado.

c. O coeficiente de aproveitamento se caracteriza pela divisão entre a área construída do edifício e a área do lote. Sua utilidade principal é regular a densidade demográfica, evitando sobrecarga de infraestrutura.

d. A verticalização é a associação entre coeficiente de aproveitamento e servidão administrativa, de modo a permitir livre circulação de passantes e condições adequadas de salubridade do imóvel em altura.

e. A taxa de permeabilidade deve ser considerada para a ocupação de um lote urbano, variando conforme determinação do próprio proprietário do empreendimento.

✦ ✦ ✦

capítulo sete

Mobilidade urbana

Conteúdos do capítulo:

+ Contextualização e conceitos da mobilidade urbana.
+ Legislação referente à mobilidade.
+ Aspectos de infraestrutura gestão da mobilidade.
+ Tendências e inovações.

Após o estudo deste capítulo, você será capaz de:

1. compreender os fundamentos e os conceitos básicos, sociais e jurídico-legais da mobilidade urbana;
2. entender a relação da mobilidade com o planejamento urbano;
3. identificar as questões urbanas que impactam a mobilidade, como atividades geradoras de tráfego, que requerem medidas para compensar seus impactos urbanos;
4. compreender instrumentos de estudo relacionados à mobilidade urbana;
5. identificar estratégias da mobilidade urbana inteligente e as tendências e inovações relativas à temática.

Neste capítulo, apresentaremos os conceitos relacionados à mobilidade urbana, assunto de grande relevância para a qualidade de vida da população, visto que o entendimento de sua participação na organização das cidades contemporâneas torna-se cada vez mais necessário.

O acesso aos serviços públicos e a garantia aos cidadãos do direito à cidade têm ampla relação com a mobilidade. Segundo Sommer (2014, p. 380), "hoje em dia, a acessibilidade das pessoas é tão importante para a democracia e a emancipação humana quanto os marcos mais tradicionais da liberdade civil e da representação igualitária".

O transporte rodoviário está entre os maiores emissores de gases de efeito estufa, ao lado das queimadas. A diminuição da emissão de gases e o impacto ecológico positivo dependem de uma economia de baixo carbono e, no caso das cidades, de uma tomada de decisão relativa ao transporte sustentável, além de questões sociais e econômicas. As respostas positivas ao transporte sustentável são as consequentes melhorias na saúde e na poluição e uso do solo.

A seguir, apresentaremos questões históricas, global e brasileiras, assim como exemplos de boas práticas para ilustrar o tema da mobilidade urbana. Aspectos jurídico-legais relacionados à mobilidade auxiliarão na compreensão de alguns entraves ainda existentes com relação à "mobilidade pretendida", como a micromobilidade e a mobilidade ativa.

7.1 *Contextualização da mobilidade urbana*

A atual urbanização observada em âmbito global e sua tendência de exponencial crescimento estão gerando um processo de alteração na mobilidade ativa, com relevante inclusão de motorização nos deslocamentos. Nesse aspecto, podemos apontar, ao menos, dois dados preocupantes: o primeiro, relatado pelo Ministério da Saúde, é referente ao crescimento de procedimentos hospitalares relacionados a acidentes de trânsito; o segundo, como observado no município de Curitiba, é o de que o transporte foi o principal componente emissor de CO_2.

A mobilidade precisa ser entendida em seu grande nível de complexidade, com impactos em diversas dimensões urbanas. "O processo de planejamento tradicional, em que cada problema urbano deve ser resolvido separadamente, não pode mais ser utilizado para solucionar os atuais problemas urbanos" (Magagnin; Silva, 2008, p. 25).

Entender a desigualdade das cidades, em especial as latino-americanas, facilita a compreensão e o possível caminho a ser traçado visando torná-las mais acessíveis, principalmente pelo transporte. Nesse caso, a acessibilidade se refere à equidade de acesso aos direitos básicos a todos os cidadãos, gerando cidades mais sustentáveis.

Um sistema de transporte é uma tecnologia socialmente construída tanto quanto as favelas. Milton Santos (2005, p. 10) define *cidade* como "polo da pobreza, o lugar com mais força e capacidade de atrair e manter gente pobre, ainda que em condições sub-humanas". Essa população de baixa renda, geralmente, vive nas periferias das grandes cidades e metrópoles dedicando muitas horas de seus dias no caminho de casa para o trabalho, o que caracteriza vários municípios periféricos como cidades-dormitório.

Nas cidades brasileiras, é fácil identificar como a cultura do automóvel está enraizada, portanto não apenas uma mudança nas condições do transporte, mas também uma profunda mudança cultural são mais do que necessárias. O transporte coletivo precisa competir com as qualidades vistas pela população no automóvel: eficiência, conforto e flexibilidade.

> *Questão para reflexão*
>
> 1. Em algum momento de sua rotina, já se imaginou locomovendo-se de outra forma além da que normalmente utiliza? Qual seria a percepção da cidade e das localidades por onde você passa utilizando esse outro meio de transporte?

Uma alternativa para essa mudança com relação à mobilidade urbana seria a **intermodalidade de transportes**, que se caracteriza, segundo Silva (2013, p. 384), por "vários modos de transporte articulados entre si e que as mudanças entre eles não sejam penalizadoras para quem se desloca, quer em tempos de espera e condições físicas em que essa mudança se processa, quer em termos de custo".

Para que essa mudança ocorra, entretanto, outra mudança precisa acontecer: a promoção de mais segurança pública e viária para que o cidadão seja motivado a praticar a mobilidade ativa.

7.2 Conceitos da mobilidade urbana

Além dos conceitos já abordados no Capítulo 2, outros relacionados exclusivamente à temática da mobilidade urbana serão abordados aqui. O planejamento da mobilidade tem relação intrínseca com a cidade e sua operação, devendo incorporar não apenas aspectos de transporte e de circulação, mas também o uso e a ocupação do solo e a mobilidade ativa. A mobilidade urbana, determinada por diversos fatores, e com a função de promover o deslocamento de pessoas e a distribuição de bens, deve contribuir para a promoção da equidade de acesso da população urbana aos bens, aos serviços e às oportunidades.

Os principais conceitos relacionados ao tema são: mobilidade, acessibilidade, conectividade, tráfego, trânsito, transporte, distância, origem, destino, circulação, uso e ocupação do solo, serviços de mobilidade e mobilidade ativa, os quais serão explicados a seguir.

O conceito de **mobilidade** diz respeito ao deslocamento entre dois pontos, independentemente da escala. De acordo com o dicionário *Oxford* (2019), *mobilidade* é a habilidade de mover-se livremente ou de ser facilmente movido. No campo do planejamento de transporte, a mobilidade pode significar a habilidade de transitar de um local para outros.

De acordo com o Departamento Nacional de Infraestrutura de Transportes – DNIT (Brasil, 2017a), *acesso* é definido como "facilidade para atingir determinado local, área ou sistema". Assim, podemos entender a **acessibilidade** como a possibilidade de acessarmos algo, incluindo não apenas os fatores de tempo e de custo, mas também o fator de atração ou qualificação dos destinos.

A **conectividade**, em geral relacionada ao universo da informática, pode facilmente ser transposta para a esfera da mobilidade, pois indica a possibilidade de realizar ou fazer operações em ambiente de rede. Silveira (2011 p. 407) explica que "a conectividade de uma rede mede sua complexidade e a acessibilidade de um nó qualifica as possibilidades de atingir outros nós".

Segundo o DNIT (Brasil, 2017a), **tráfego** é o "transporte, em veículos, de mercadorias e/ou passageiros nas vias, utilização de qualquer via pública para fins de circulação ou de estacionamento por parte de pedestres, de animais montados ou conduzidos e de veículos de qualquer espécie, isolados ou em grupos". Já **trânsito** é definido como o "movimento de pessoas, veículos e semoventes que se utilizam de uma via de transporte terrestre" (Brasil, 2017a) e **transporte** como o "deslocamento de pessoas, animais e veículos por determinadas distâncias" (Brasil, 2017a).

O conceito de **distância** deve considerar que, além de dimensionar o espaço entre dois pontos, é necessário incluir outra dimensão de análise quando do estudo da mobilidade urbana: o tempo. Dessa forma, a distância abriga também os conceitos espacial e temporal.

O ponto inicial de uma viagem é a **origem**, e o **destino** é seu ponto final. O conceito de **circulação** envolve o "movimento de mercadorias, pessoas e informações transformadoras do espaço" e se diferencia por ser mais abrangente do que o "transporte em seu caráter mais específico e a logística como estratégias, planejamento e gestão de transportes e armazenamento" (Silveira, 2011, p. 9).

Já abordamos anteriormente a questão de **uso e ocupação do solo**, que determina parâmetros na lei de zoneamento municipal. Entretanto, aqui, vamos incluir a abordagem proposta para o município de Curitiba, em 1965, pelo Plano SERETE-Wilheim: TOD – Transit Oriented Development. Nesse plano, os eixos de transporte induzem a ocupação e maior densidade na cidade, onde também é disponibilizada rede de infraestrutura urbana compatível com a previsão de concentração populacional.

Os **serviços de mobilidade** estão classificados na Política Nacional de Mobilidade Urbana quanto: (1) ao objeto: serviços de passageiros e de cargas; (2) à característica do serviço: coletivo e individual; (3) à natureza: público e privado. Além dos serviços já estabelecidos ao longo do tempo, como transporte público, individual ou coletivo, nessa conceituação, incluímos a questão mais recente de serviços de mobilidade por aplicativo, tanto o motorizado remunerado privado individual de passageiros quanto os não motorizados, como compartilhamento de bicicletas e patinetes.

A **mobilidade ativa** diz respeito a práticas de mobilidade sustentáveis que promovem saúde aos usuários, com baixíssima emissão de poluição, e que possibilitam a redução no número de veículos motorizados.

> A possibilidade de ir a pé ou de bicicleta de uma dada origem a um dado destino infere uma série de atributos sobre a cidade: conectividade, acessibilidade, segurança, prioridade aos pedestres. Além de contribuir para a saúde [...], o transporte ativo ajuda a tornar as

> cidades mais humanas e equitativas [...]. Assim, investir nos meios de transporte ativo é uma forma de garantir à população o acesso aos bens e serviços necessários no dia a dia, como trabalho, saúde e educação. (WRI Brasil, 2017b)

7.3 Contexto histórico global

O histórico da mobilidade urbana está relacionado à história das cidades. A partir da Revolução Industrial, as pessoas passaram a viver concentradas em comunidades ou núcleos, próximas aos centros produtivos. Segundo Benevolo (1983), os principais fatores de ordenamento das cidades foram:

- o aumento da população;
- o incremento da produção em todos os níveis;
- a redistribuição e adensamento dos habitantes no território;
- o desenvolvimento dos meios de comunicação;
- a inédita rapidez dos acontecimentos;
- as tendências do pensamento político, que fundamenta os planos e regulamentos urbanísticos.

Nessas localidades, foram observados fortes impactos socioambientais conforme o crescimento acontecia, principalmente diante da falta de cuidado com os recursos naturais e do descompasso com a infraestrutura disponibilizada. A necessidade de desenvolvimento das cidades determinou a evolução das ciências tanto do urbanismo quanto do transporte e da mobilidade urbana.

A partir dos séculos XIX e XX, houve uma transição, com consolidação de questões urbanísticas aplicadas, ficando para trás a cidade orgânica e emergindo a urbe planejada. Apesar do avanço das ciências e das engenharias, o crescimento das populações urbanas avançava, naquela época, em velocidades ainda maiores. Foi considerado, então, o modelo de cidade sugerido por Le Corbusier (na Carta de Atenas), que a dividia conforme funções: habitar, trabalhar, cultivar corpo e espírito, e circular, com organização de vias, em "percursos separados entre pedestres, bicicletas, veículos lentos, veículos velozes traçados livremente no espaço contínuo da cidade-parque" (Le Corbusier, 1993).

Esse modelo surgiu durante o segundo período do Congresso Internacional de Arquitetura Modera (CIAM), de 1933 a 1947, quando se entendeu que a arquitetura e o urbanismo deveriam existir por meio da colaboração, buscando se aproximar de uma unidade de expressão para a resolução de problemas complexos. Essa segunda fase teve como grande liderança o arquiteto e urbanista francês Le Corbusier, que enfatizou a relevância do planejamento urbano na publicação, considerada um importante manifesto urbanístico, chamada *Carta de Atenas*.

A Carta de Atenas traz reflexões para o desenvolvimento das cidades à época, discutindo a importância da criação de legislações onde o Estado tornava-se o ente regulador, com vistas a garantir os interesses coletivos em detrimento dos interesses individuais. Nesse documento são propostos elementos e parâmetros para a melhoria da estrutura urbana existente nas cidades, desde a reestruturação de edificações até a urbanização de cidades inteiras.

Considerando os quesitos de urbanização e melhoria das estruturas urbanas, a Carta de Atenas trazia informações sobre descrições das vias urbanas, citando a necessidade de dimensionamento de cada porção por estudos baseados nas funções e particularidades.

É claro, entretanto, nesse documento, a prioridade dada, naquele momento, ao automóvel quanto à tomada de decisão no sistema de mobilidade: "aquilo que era admissível e até mesmo admirável no tempo dos pedestres e dos coches pode ter-se tornado, atualmente uma fonte de problemas constantes", "as vias devem ser classificadas conforme sua natureza, e construídas em função dos veículos e de suas velocidades", "os cruzamentos de tráfego interno serão organizados em circulação contínua por meio de mudança de níveis" (Le Corbusier, 1993).

Após a Segunda Guerra Mundial, cidades foram sendo reconstruídas, e a preferência pelo modelo norte-americano de prioridade ao automóvel continuou sendo predominante. Na Europa e nas demais localidades da América, outras formas também tiveram lugar. No caso europeu, pelo território limitado, e, no caso americano, pela adoção de preceitos modernistas, onde a então protagonista infraestrutura deu espaço ao desenvolvimento urbano com foco em boas condições de viver (Neuman; Smith, 2010).

7.4 Contexto histórico brasileiro

O processo brasileiro de industrialização ocorreu entre os anos de 1930 e 1960, prioritariamente com a indústria automobilística, que passou a se interessar pelo desenvolvimento de infraestrutura nos países chamados de "Terceiro Mundo", o que explica, de certa forma, as grandes taxas de urbanização percebidas nesses momentos da história.

Conforme afirma Milton Santos (1993), entre as décadas de 1960 e 1970, a urbanização brasileira realmente se desenvolveu. Com base no histórico disponibilizado pelo Ministério de Planejamento (Brasil, 2008), elencamos, a seguir, os marcos que acompanharam o desenvolvimento brasileiro:

+ **Anos 1850 a 1889**: avanço da agricultura, principalmente, a cafeeira, que exigiu importantes evoluções na infraestrutura de transportes, com destaque para a portuária. Nesse período, também houve a implantação das primeiras estradas de ferro brasileiras, com 732.397 quilômetros de linhas férreas.

As estradas de rodagem permaneceram ainda em modesta expansão, porém o desenvolvimento de outras tecnologias permitiu a construção dos primeiros túneis nessas vias. Nesse contexto, os bondes de tração animal, em extensa utilização, deram espaço para os bondes a vapor.

+ **Anos 1889 a 1950:** com a criação dos ministérios de Infraestrutura, Viação e Obras Públicas, as questões do transporte ganham importância. Apesar de paralisada durante a Segunda Guerra Mundial, a substituição da tração a vapor pela tração a diesel elétrica foi efetivada na década de 1950. O movimento vivido pelo país nesse período, quando se afirmava que "governar é abrir estradas", proporcionou impulso ao desenvolvimento rodoviário, com divisão de classes nas rodovias, federais e estaduais. Essa malha seguia a ferroviária já existente. A tecnologia de motores a combustão teve grande avanço tanto nos bondes e ônibus quanto nos automóveis. Apesar de esse último ainda ser de acesso restrito à pequena parcela da população.

+ **Anos 1950 a 2000:** com a construção do Distrito Federal no município de Brasília e a consequente interiorização de ocupação no país, o governo de Juscelino Kubitscheck incentiva o desenvolvimento da indústria automobilística. Dois fatos que, em conjunto, impulsionaram a malha rodoviária brasileira. A rede de ferrovias foi estatizada nesse período, com a criação da Rede Ferroviária Federal S.A. (RFFSA). Foi também nessas décadas que se observou o grande salto da taxa de urbanização no Brasil, saindo de 25% em 1940 para aproximadamente 70% nos anos 1980. Vários fatores ocorridos nesse período incentivaram o desenvolvimento do transporte de massa, como observado com o metrô em São Paulo e o sistema expresso em Curitiba (ambos na década de 1970):

a criação das primeiras regiões metropolitanas, o grande investimento em infraestrutura, o expressivo incremento da população.

> *Questão para reflexão*
>
> 1. Qual sua avaliação sobre a mobilidade urbana no município onde vive? Houve avanços ou retrocessos nos últimos anos ou décadas? Qual é a prioridade dos eventuais avanços: pedestres ou veículos?

Transporte metroviário de São Paulo

O planejamento do metrô de São Paulo teve início nos anos 1960, com determinação do traçado, apoiado em pesquisa de origem-destino, uma inovação para o padrão brasileiro na época. A primeira viagem desse metrô aconteceria anos depois, em 1974, com a linha azul, ligando as regiões Jabaquara-Tucuruvi, passando pela Avenida Paulista e centro.

O metrô seguiu em expansão, inaugurando, entre as décadas de 1980 e 1990, a linha vermelha (que liga Itaquera à Barra Funda), e a Estação da Sé, a maior do sistema. Com quase 90 quilômetros de extensão e seis linhas de transporte, o metrô da cidade de São Paulo recebe, aproximadamente, 4,5 milhões de usuários por dia.

Grande inovação inserida no sistema metroviário de São Paulo ocorreu nos anos 2000, com o lançamento do bilhete único. Segundo a Companhia do Metropolitano de São Paulo (Metrô, 2021), "o bilhete único foi uma solução adotada para facilitar a integração entre os transportes da cidade – ônibus, metrô e ferrovia, que permite que ao passageiro a integração com Metrô e trem pagando um preço menor do que a soma das tarifas de transportes utilizados".

Figura 7.1 – Estação de metrô de São Paulo

Sistema expresso de Curitiba

O sistema característico do transporte de Curitiba teve sua implantação no mesmo ano em que ocorreu o metrô da capital paulista, em 1974. O estudo que antecedeu sua implantação foi feito pelo plano diretor, desenvolvido na década de 1960, que integrava os conceitos de uso do solo, sistema viário e transporte coletivo.

Acompanhando os eixos estruturais implantados no município, definidos pelo plano diretor, o sistema expresso auxiliou na consolidação do adensamento previsto para essas áreas. As primeiras linhas implementadas foram o eixo norte, que liga a região do Santa Cândida ao Centro (Praça Rui Barbosa), e o eixo sul, ligando a região do Capão Raso à Praça Dezenove de Dezembro.

A figura a seguir traz uma imagem da atual configuração do sistema expresso existente em Curitiba, o ônibus biarticulado que trafega em vias exclusivas em eixos específicos da cidade.

Figura 7.2 – Ônibus biarticulado – Curitiba

7.5 Infraestrutura e gestão

A infraestrutura lidera o processo de urbanização das cidades e, no caso das cidades contemporâneas, essa liderança acontece, principalmente, no aspecto do desenvolvimento tecnológico. Neuman e Smith (2010, p. 21) citam que "grandes cidades nascem e dão origem a uma grande infraestrutura. O estabelecimento dos impérios, como Roma, Madri e Londres deviam seu protagonismo à extensa infraestrutura. Essas capitais não poderiam governar a extensão de seus domínios sem sistemas avançados de transporte e comunicação".

Quando nos referimos ao transporte, a infraestrutura é composta por: sistema viário, sinalização e comunicação, obras de arte especiais, pontos de conexão e transbordo.

Os meios de transporte (de pessoas e cargas) brasileiros se dividem em:

- **Rodoviário:** é o meio de transporte mais utilizado no território brasileiro, correspondendo a 60% do transporte de cargas e 90% do transporte de passageiros. Segundo o Anuário CNT do Transporte, a malha rodoviária brasileira totaliza 1.720.700 quilômetros, sendo 94,7% rodovias estaduais e municipais, e 5,3% federais (CTN, 2019). Esse mesmo anuário aponta alguns dados alarmantes como: apenas 12,4% dessa malha é pavimentada, 92,7% das rodovias têm pista simples, 61,8% das vias apresentam algum tipo de problema e 71,4% das mortes registradas no ano de 2017 foram em rodovias federais (CTN, 2019).
- **Ferroviário:** segundo dados da Agência Nacional de Transportes Terrestres (ANTT, 2021), a malha ferroviária brasileira tem extensão total de 29.075 quilômetros e quase sua totalidade é privatizada. Esse fato revela o baixo domínio e a alta atuação privada na questão do transporte ferroviário.
- **Aeroviário:** apesar de adequado para transporte de cargas com alto valor agregado, o transporte aéreo é o mais caro no valor por quilômetro percorrido. Segundo a Agência Nacional de Aviação Civil (Anac, 2021), a "concessão de aeroportos tem como objetivo atrair investimentos para ampliar, aperfeiçoar a infraestrutura aeroportuária brasileira e, consequentemente, promover melhorias no atendimento aos usuários do transporte aéreo no Brasil".
- **Aquaviário:** segundo o Ministério da Infraestrutura, o Brasil conta com 37 portos organizados, 52 instalações portuárias de pequeno porte, 51 portos públicos, 13 eclusas e 7 companhias docas, em seus 8.500 km de costa e 21.000 km de hidrovias navegáveis. A Diretoria de Infraestrutura Aquaviária (DAQ) é responsável pela gestão das hidrovias, portos interiores e eclusas, com finalidade de garantir melhores condições para embarcações de pequeno porte e transporte de passageiros.

Cada modal de transporte tem características próprias, assim como condições de movimentação de passageiros ou de cargas. O planejamento de cada um deles deve considerar oportunizar melhores condições para a sociedade, garantindo competitividade em âmbito global. Para que sejam planejados corretamente, os planos de gestão devem seguir legislações e políticas de mobilidade, as quais abordaremos a seguir.

7.6 *Fundamentação jurídico-legal*

Segundo Souza (2001, p. 111), "todo espaço definido e delimitado por e a partir de relações de poder é um território". Esse item trará a fundamentação jurídico-legal brasileira relacionada à mobilidade, ao transporte e ao trânsito nas esferas federal, estadual e municipal.

Constituição Federal de 1988

De acordo com o Preâmbulo da Constituição Federal de 1988, esse documento é

> destinado a assegurar o exercício dos direitos sociais e individuais, a liberdade, a segurança, o bem-estar, o desenvolvimento, a igualdade e a justiça como valores supremos de uma sociedade fraterna, pluralista e sem preconceitos, fundada na harmonia social e comprometida, na ordem interna e internacional, com a solução pacífica das controvérsias. (Brasil, 1988)

Alguns trechos da Constituição foram separados e serão trazidos aqui por sua relevância, como fonte de informação e contribuição ao estudo do tema *mobilidade urbana*. Por muitas vezes alguns documentos oficiais referentes principalmente à legislação, necessitam de uma linguagem mais amigável, assim como explanações complementares, para que sejam acessíveis a todos os cidadãos.

A Constituição Federal estabelece, em art. 6º, que o transporte é um direito social e, em seu art. 7º, que o salário-mínimo nacional deve ser capaz de atender às necessidades vitais básicas do cidadão e de sua família, incluindo o transporte. Já o art. 21, inciso XII, define que compete à União explorar, diretamente ou mediante autorização, concessão ou permissão: a navegação aérea, aeroespacial e a infraestrutura aeroportuária; os serviços de transporte ferroviário e aquaviário entre portos brasileiros e fronteiras nacionais, ou que transponham os limites de Estado ou Território; os serviços de transporte rodoviário interestadual e internacional de passageiros; os portos marítimos, fluviais e lacustres. No mesmo artigo, o inciso XX prevê que cabe à União: "instituir diretrizes para o desenvolvimento urbano, inclusive habitação, saneamento básico e transportes urbanos" (Brasil, 1988).

A União, ao instituir a Política Nacional de Mobilidade Urbana, está seguindo a definição do art. 22 da Constituição Federal, que determina "diretrizes da política nacional de transportes; e trânsito e transporte" (Brasil, 1988). Já os arts. 23 e 30 trazem dados relativos à educação para a segurança no trânsito. O primeiro cita a divisão de competências entre estados e municípios, e o segundo trata exclusivamente dos deveres municipais: compete ao município: "organizar e prestar, diretamente ou sob regime de concessão ou permissão, os serviços públicos de interesse local, incluído o de transporte coletivo, que tem caráter essencial" (Brasil, 1988).

Sobre o sistema tributário relativo aos transportes, o art. 155 dispõe que compete aos estados a fiscalização e a tributação, ainda que as operações tenham início no exterior; e o art. 157 determina que "25% do produto da arrecadação do imposto do Estado sobre operações relativas à circulação de mercadorias e sobre prestações de serviços de transporte interestadual e intermunicipal e de comunicação é dedicado aos Estados e Distrito Federal" (Brasil, 1988).

Ainda relativo ao sistema tributário e financeiro, o art. 177 determina que "o financiamento de programas de infraestrutura de transportes receberá parte dos recursos arrecadados" (Brasil, 1988); e o art. 178 define que a lei determinará as disposições sobre a ordenação dos transportes aéreo, aquático e terrestre, devendo, quanto ao transporte internacional, atender ao princípio da reciprocidade ao observar os acordos firmados pela União (Brasil, 1988).

No parágrafo 10 do art. 144, a Constituição Federal trata do tema de mobilidade relacionando-o à segurança pública:

> § 10. A segurança viária, exercida para a preservação da ordem pública e da incolumidade das pessoas e do seu patrimônio nas vias públicas:
>
> I – compreende a educação, engenharia e fiscalização de trânsito, além de outras atividades previstas em lei, que assegurem ao cidadão o direito à mobilidade urbana eficiente. (Brasil, 1988)

Mais adiante, sobre acessibilidade, no art. 230, é estabelecido que "aos maiores de sessenta e cinco anos é garantida a gratuidade dos transportes coletivos urbanos" (Brasil, 1988); e no art. 227, que "a lei disporá sobre a adaptação dos logradouros, dos edifícios de uso público e dos veículos de transporte coletivo atualmente existentes a fim de garantir acesso adequado às pessoas portadoras de deficiência" (Brasil, 1988).

Sendo um direito social básico, a mobilidade urbana deve ser contemplada e implementada por União, estados e municípios, fazendo cumprir as prerrogativas apresentadas para o alcance do acesso à cidade por todos os cidadãos. Seria importante que o transporte, em todas as suas citações, desde estudos mais aprofundados a legislações ou abordagens das diversas mídias, fosse visto como tema mais abrangente: mobilidade urbana.

Constituição Estadual do Paraná

Em seu documento estadual, o Estado do Paraná reforça alguns itens da Constituição Federal, como, por exemplo, no art. 12, ao definir que "é competência do Estado, em comum com a União e os Municípios, estabelecer e implantar política de educação para a segurança do trânsito" (Paraná, 1989); e, no art. 17, citando ser competência dos municípios "organizar e prestar, diretamente ou sob o regime de concessão ou permissão, os serviços públicos de interesse local, incluído o de transporte coletivo, que tem caráter essencial" (Paraná, 1989).

Colaborando com a correta implantação do sistema de transporte público, o art. 146 determina que "incumbe ao poder público, na forma da lei, diretamente ou sob regime de concessão ou permissão, sempre através de licitação, a prestação de serviços públicos"; e especifica, no parágrafo 2º, "as delegações de novas linhas de transporte coletivo de passageiros, a serem implantadas no Estado, bem como nas renovações e prorrogações das mesmas, é vedada a cláusula de exclusividade" (Paraná, 1989).

Sobre a educação voltada ao trânsito, o art. 179 prevê como dever do poder público o "atendimento ao educando, no ensino pré-escolar, fundamental, médio e de educação especial, através de programas suplementares de material didático-escolar, transporte, alimentação e assistência à saúde" (Paraná, 1989).

Quanto à acessibilidade, a Constituição Estadual do Paraná define, no art. 222, "a importância da construção de logradouros e de edifícios de uso público, adaptação de veículos de transporte coletivo e sonorização dos sinais luminosos de trânsito, adequando-os à utilização por pessoas portadoras de deficiência"; e, no art. 224, que "é garantida a gratuidade nos transportes coletivos urbanos e das regiões metropolitanas aos maiores de sessenta e cinco anos e às pessoas portadoras de deficiência que comprovem carência de recursos financeiros" (Paraná, 1989).

Mais adiante, no art. 235, fica determinado que "é assegurado aos servidores públicos, na forma da lei, a percepção do benefício do vale-transporte"; e, no art. 236, que "a administração do tráfego rodoviário estadual compete ao órgão responsável pelas estradas de rodagem e sua execução dar-se-á em harmonia com a Polícia Militar, na forma da lei" (Paraná, 1989).

Na Constituição Estadual do Paraná, identificamos a regulamentação das determinações abordadas na Constituição Federal de 1988. Além da abordagem legislativa, é fundamental que a regulamentação seja cumprida quando forem implementados planos e projetos em todo o estado. Em outras palavras, pela autonomia dada aos estados e aos municípios pela Constituição Federal de 1988, é de extrema importância que os estados, em suas legislações, prevejam também aspectos relacionados, nesse caso, à mobilidade.

Em razão da relevância do tema, e conforme a particularidade de cada estado, quanto mais as questões forem exploradas pelos diversos entes federativos, mais saem ganhando os cidadãos em virtude da rede de proteção e interesse formada.

Estatuto da Cidade

A regulamentação dos arts. 182 e 183 da Constituição Federal de 1988, como já citado em capítulo anterior, foi regulamentada pelo Estatuto da Cidade, Lei n. 10.257, de 10 de julho de 2001. Contudo, nesta seção, abordaremos as novas questões trazidas pelo Estatuto da Cidade, documento que tem relação profunda com a mobilidade urbana.

No art. 2º, o Estatuto da Cidade cita a "oferta de equipamentos urbanos e comunitários, transporte e serviços públicos adequados aos interesses e necessidades da população e às características locais" (Brasil, 2001), além da orientação de que atividades de

> ordenação e controle do uso do solo, de forma a evitar a instalação de empreendimentos ou atividades que possam funcionar como polos geradores de tráfego, sem a previsão da infraestrutura correspondente. (Brasil, 2001, art. 2º)

Essa previsão de infraestrutura seria estabelecida pela ferramenta Estudo de Impacto de Vizinhança (EIV), com medidas como previsão de geração de tráfego ou demanda por transporte público para cada empreendimento de porte relevante a ser implantado. Sobre a questão do transporte e da mobilidade urbana, o art. 3º do Estatuto da Cidade prevê "regras de acessibilidade aos locais de uso público" (Brasil, 2001).

Ainda quando trata do plano diretor, o Estatuto da Cidade determina que, para

> cidades com mais de quinhentos mil habitantes, deverá ser elaborado um plano de transporte urbano integrado, compatível com o plano diretor ou nele inserido [...] com vistas a garantir acessibilidade da pessoa com deficiência ou com mobilidade reduzida [...] de maneira integrada com os sistemas de transporte coletivo de passageiros. (Brasil, 2001)

Como podemos concluir pelas citações apresentadas, o Estatuto da Cidade representou grande evolução nos planos diretores por oferecer ferramentas aos problemas urbanos, que são diversos.

Estatuto da Metrópole

Em 2015, 14 anos depois da instituição do Estatuto da Cidade, foi publicado o Estatuto da Metrópole (EM), Lei n. 13.089, de 12 de janeiro de 2015, em cujo art. 1º

> estabelece diretrizes gerais para o planejamento, a gestão e a execução das funções públicas de interesse comum em regiões metropolitanas e em aglomerações urbanas instituídas pelos Estados, normas gerais sobre o plano de desenvolvimento urbano integrado e outros instrumentos de governança interfederativa, e critérios para o apoio da União a ações que envolvam governança interfederativa no campo do desenvolvimento urbano. (Brasil, 2015a)

O Estatuto da Metrópole contribuiu com o estabelecimento de instrumentos de desenvolvimento urbano integrado e com a declaração de apoio da união ao desenvolvimento urbano integrado. No art. 16, o documento determina que "a União manterá ações voltadas à integração entre cidades gêmeas localizadas na faixa de fronteira com outros países, em relação à mobilidade urbana" (Brasil, 2015a).

A grande contribuição desse estatuto são os instrumentos para fomentar o desenvolvimento integrado de territórios dependentes entre si – sejam aglomerações urbanas, sejam regiões metropolitanas –, no âmbito dos diversos entes – União, estados e municípios.

Política Nacional da Mobilidade Urbana

A Lei n. 12.587, de 3 de janeiro de 2012, institui as diretrizes da Política Nacional de Mobilidade Urbana, com "integração entre os diferentes modos de transporte e a melhoria da acessibilidade e mobilidade das pessoas e cargas no território do Município" (Brasil, 2012, art. 1º). A lei tem como objetivo específico

> contribuir para o acesso universal à cidade, o fomento e a concretização das condições que contribuam para a efetivação dos princípios, objetivos e diretrizes da política de desenvolvimento urbano, por meio do planejamento e da

> gestão democrática do Sistema Nacional de Mobilidade Urbana. (Brasil, 2012, art. 2º)

Na Seção II, Princípios, Diretrizes e Objetivos da Política Nacional de Mobilidade Urbana, são estabelecidos fundamentos de boas práticas e orientações a serem regulamentadas e inseridas em instrumentos como o Plano de Mobilidade Urbana (PlanMob), normalmente com desenvolvimento posterior aos planos diretores municipais.

Alguns dos fundamentos presentes na Seção II dizem respeito à acessibilidade universal; equidade no acesso dos cidadãos ao transporte público coletivo; segurança nos deslocamentos das pessoas, prioridade dos modos de transportes não motorizados sobre os motorizados e dos serviços de transporte público coletivo sobre o transporte individual motorizado; integração entre os modos e serviços de transporte urbano; mitigação dos custos ambientais, sociais e econômicos dos deslocamentos de pessoas e cargas na cidade, entre outros.

Para que a mobilidade urbana seja efetivada em um território, com correto processo de planejamento até a execução, devem ser considerados todos os aspectos citados nas bases de fundamentação jurídico-legal. Seguidas as orientações, as tomadas de decisão são facilitadas, e a efetivação dos planos públicos, em todas as esferas, tornam-se mais acessíveis.

Figura 7.3 – Relação legislação versus mobilidade dos anos 1988 a 2012

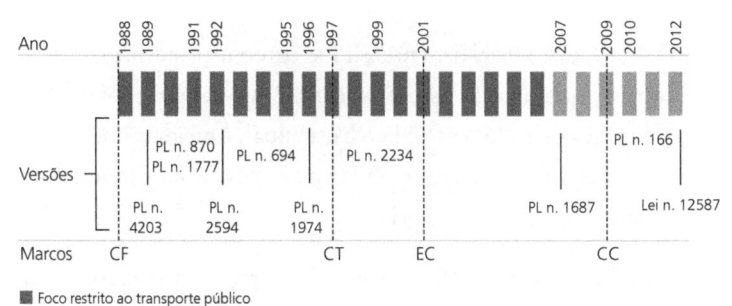

| Ano | 1988 | 1989 | 1991 | 1992 | 1995 | 1996 | 1997 | 1999 | 2001 | 2007 | 2009 | 2010 | 2012 |

Versões:
- PL n. 870
- PL n. 1777
- PL n. 694
- PL n. 2234
- PL n. 166
- PL n. 4203
- PL n. 2594
- PL n. 1974
- PL n. 1687
- Lei n. 12587

Marcos: CF, CT, EC, CC

■ Foco restrito ao transporte público
■ Foco na mobilidade urbana

Fonte: Lima Neto; Galindo, 2015, p. 12.

A Figura 7.3 apresenta a evolução jurídico-legal, em linha do tempo, sobre as temáticas cidade e mobilidade – Constituição Federal, Estatuto da Cidade, Código de Trânsito e Conselho das Cidades –, auxiliando a compreensão da cidade como resultado de diversos agentes, entre eles a política fundamental.

Plano diretor municipal

A análise a ser feita aqui será um breve estudo do Plano Diretor Municipal de Curitiba do ano de 2015 – Lei n. 14.771, de 17 de dezembro de 2015, principalmente com as contribuições do Estatuto da Cidade e as diretrizes definidas para a mobilidade urbana. Nesse Plano Diretor, assim como na versão anterior de 2004, foram considerados aspectos do Estatuto da Cidade, como a participação popular em seus desenvolvimentos. Mas há de se levar em conta, no Plano de 2015, o amadurecimento das questões de processos participativos, pois o próprio Estatuto da Cidade foi melhor compreendido pelos atores envolvidos, tanto os técnicos quanto a própria população.

No art. 4º do Plano Diretor de Curitiba, são apresentadas condições para o desenvolvimento integrado de Curitiba e Região Metropolitana, determinando ações para todos os agentes, públicos e privados. No art. 4º, parágrafo 3º, incisos II e III, está definido que integram o Plano Diretor de Curitiba:

> II – Planos Setoriais, entendidos como atos administrativos que trazem os projetos e ações a serem implementadas pelo Poder Público Municipal, considerando os princípios, diretrizes e objetivos previstos no Plano Diretor. São Planos Setoriais:
>
> a) Plano Setorial de Mobilidade e Transporte Integrado;
>
> [...]
>
> III – Planos Estratégicos, que contemplam ações e projetos específicos, com temas determinados dentro de uma área de atuação, mas que abrangem a totalidade do território, sendo previstos nos Planos Setoriais, no Plano Diretor ou nas legislações federal, estadual ou municipal. São Planos Estratégicos, dentre outros:
>
> a) Plano Cicloviário;
>
> [...]
>
> e) Plano de Pedestrianização e Calçadas;
>
> f) Plano de Acessibilidade; (Curitiba, 2015)

O art. 13 traz orientações relativas à mobilidade e transporte, com destaque para o inciso II, que reforça a antiga diretriz municipal ao reafirmar a "integração entre o sistema viário, uso e ocupação do solo e transporte" (aplicação do conceito de Transit Oriented Development – TOD) (Curitiba, 2015).

Ainda conforme o art. 13,

> são princípios da política de desenvolvimento urbano:
>
> [...]
>
> II – Integração entre o sistema viário, transporte e o uso do solo;
>
> III – Plena interligação e eficiência das funções da cidade;
>
> IV – Acesso público a bens e serviços;
>
> V – Prioridade do transporte público coletivo. (Curitiba, 2015)

No art. 14, é definido que a

> Art. 14. A Política de Desenvolvimento Urbano do Município deverá conduzir ao pleno desenvolvimento das funções sociais da cidade e da propriedade urbana, mediante os seguintes objetivos gerais:
>
> [...]
>
> III – promover o desenvolvimento social, com oportunidade de acesso a bens, serviços e políticas públicas; X) Universalizar a mobilidade e a acessibilidade; (Curitiba, 2015)

Conforme o art. 23,

> ficam criados os microcentros de adensamento, consistindo em compartimentações nas macrozonas, com o intuito de permitir o adensamento, através da compra de potencial construtivo, de modo que o zoneamento

> aproxime-se ao do entorno, considerando o escalonamento da paisagem urbana, desde que a infraestrutura urbana, tanto de malha viária quanto de capacidade de transporte público, esteja apta a suportar o aumento populacional e de circulação de veículos e pessoas. (Curitiba, 2015)

O Capítulo II, art. 39, trata, exclusivamente, da mobilidade urbana, no qual são indicadas cinco diretrizes relativas à temática:

> I – priorizar no espaço viário o transporte público coletivo em relação ao transporte individual motorizado, e o modo de deslocamento não motorizado em relação ao motorizado;
>
> II – melhorar e ampliar a integração do transporte público coletivo na cidade e buscar a consolidação da integração metropolitana;
>
> III – ampliar a participação do transporte público coletivo e do modo de deslocamento não motorizado na divisão modal;
>
> IV – promover a integração entre os modos de deslocamento motorizado e não motorizado e os serviços de transporte urbano;
>
> V – priorizar a proteção individual dos cidadãos com a promoção de atividades periódicas e específicas de educação de trânsito. (Curitiba, 2015)

Com a exposição desse plano, buscamos exemplificar a orientação de um documento desse porte, entretanto sem a pretensão de esgotar o conteúdo de estudo.

O Estatuto da Cidade estabelece normativas para os planos, porém não apresenta um termo de referência como obrigatoriedade de conteúdo. Portanto, cada município é responsável pelas condições tratadas em seu caso específico.

Plano Municipal de Mobilidade Urbana

A Lei n. 12.587/2012 "determina a obrigatoriedade de elaboração do Plano de Mobilidade Urbana para os municípios com mais de 20 mil habitantes; os integrantes de regiões metropolitanas, regiões integradas de desenvolvimento econômico e aglomerações urbanas com população total superior a um milhão de habitantes; e os integrantes de áreas de interesse turístico" (Brasil, 2012).

No ano de 2015, foi lançado o *Caderno de Referência para Elaboração de Plano de Mobilidade Urbana* como forma de auxiliar os municípios na elaboração de seus planos. O Plano Municipal de Mobilidade Urbana (PlanMob) visa auxiliar a integração de mobilidade nas grandes metrópoles: "nos locais em que os serviços têm caráter metropolitano, os Estados ou um consórcio de municípios devem planejar a integração dos modos de transporte e serviços" (Brasil, 2013). Aos municípios que não desenvolverem seu PlanMob, e que se enquadrem nas regras de exigência, serão negados recursos federais para implantação da mobilidade urbana.

Apesar do Caderno de Referência, cada município deve analisar e adequar seu plano ao cenário local, desde a etapa inicial, com o Processo de Construção Participativa. A metodologia sugerida apresenta duas frentes: a primeira dedicada à organização e à efetivação da representação democrática, e a segunda, aos documentos técnicos de planejamento:

Frente 1 – Processo de Construção Participativa
   a. Fase 1 – Mobilização e Mapeamento dos Atores;

> b. Fase 2 – Comunicação e Participação;
> c. Fase 3 – Revisão e Validação.
> Frente 2 – Processo de Elaboração Técnica
> a. Fase 1 – Plano de Trabalho;
> b. Fase 2 – Diagnóstico da Mobilidade Urbana;
> c. Fase 3 – Prognóstico: Projeção da Demanda e Análise de Alternativas;
> d. Fase 4 – Objetivos, metas e ações estratégicas;
> e. Fase 5 – Programa de investimentos, monitoramento e gestão do Plano de Mobilidade Urbana.

Além do desenvolvimento e da implantação, os municípios devem contar com acompanhamento para continuidade e contínuo aperfeiçoamento da ferramenta, por meio de indicadores e metas sugeridos pelos estudos relacionados.

7.7 Gestão da mobilidade urbana

O planejamento da mobilidade, de acordo com os planos municipais, planos diretores e planos de mobilidade urbana, é um grande avanço na fundamentação urbana. Entretanto, para que ocorra a efetivação prática, devem ser seguidos também os processos de desenvolvimento, implementação e, principalmente, gestão. Para que seja possível o acompanhamento das mudanças que ocorrem cada vez em maior velocidade, é interessante a utilização de acompanhamento por sistemas com certa flexibilidade, que permitam rápidas intervenções.

Questões como alteração de sequência semafórica ou comunicação de qualquer eventualidade que colaboram em tempo real com os deslocamentos urbanos precisam ter auxílio das tecnologias da informação e comunicação (TICs), com sistemas integrados e inteligentes. Esses aspectos, para serem implementados, devem estar previstos no plano diretor municipal, possibilitando correta estruturação institucional de planejamento e de gestão.

Com relação à estrutura organizacional para a gestão da mobilidade, as funções geralmente se distribuem em secretarias e outros órgãos, muitas vezes com competências sobrepostas, ocasionando resultados incoerentes e morosidade. As instâncias para gerenciamento do transporte urbano, por exemplo, têm bastante variação de arranjo. Outros serviços, como obras viárias e transporte público, em geral, encontram-se em diferentes secretarias, dificultando a abordagem integrada.

Um ponto de conflito ocorre quando a gestão das diferentes vias urbanas está sob a responsabilidade de distintos órgãos, estaduais e municipais; o mesmo ocorre com áreas conurbadas. Diversas conformações podem ser adotadas no gerenciamento, mas uma estrutura com integração, conforme as demandas locais, é premissa para o bom funcionamento.

De acordo com o constante no Código Brasileiro de Trânsito – Lei n. 9.503, de 23 de setembro de 1997 –, os municípios passam a ser responsáveis pelo seu trânsito local. As políticas públicas municipais, entretanto, devem estar coordenadas com outros órgãos como: Departamento Estadual de Trânsito (Detran), Conselho Estadual de Trânsito (Cetran), Departamento de Estrada de Rodagem (DER) e a âmbito federal Departamento Nacional de Trânsito (Denatran), Conselho Nacional de Trânsito (Contran) e Departamento Nacional de Infraestrutura de Transportes (Dnit).

Com relação às vias de circulação, cada qual com ligação direta de gestão por diferentes órgãos, a classificação por hierarquia distingue as diversas tipologias conforme a função e a importância dentro da área onde se encontram. A hierarquia traz informações e possibilidades de locomoção pelas vias, organizando-as com distintas características, como os tipos de veículos suportados e suas velocidades de tráfego, definindo também a ocupação e o uso do solo resultantes desses fatores.

Por sua relevância para a mobilidade e os serviços urbanos, é de extrema importância o planejamento, a execução e a manutenção adequada de todo o sistema de vias em um município, de modo que seja possível a garantia da qualidade de vida da população.

Conforme a evolução de uma cidade, as vias podem ter sua hierarquia alterada, o que, por vezes, acarreta a desvalorização de certas áreas. Um exemplo disso é quando uma via exclusivamente residencial tem seu tráfego e sua velocidade aumentados, causando grande desconforto de acesso e diminuição da qualidade de vida nas residências ali estabelecidas.

A imagem a seguir traz uma situação na cidade de Lima, no Peru, onde podemos perceber a implantação de vias exclusivas para o transporte público, assim como faixas para que veículos transitem em velocidades elevadas. As habitações existentes, apesar de ganharem com a facilidade de acesso ao local, acabam por perder na qualidade de vida dentro das residências ou apartamentos, pois qualquer via de grande tráfego de veículos acaba por observar altos índices de ruídos provindos desses veículos.

Figura 7.4 – Via expressa com faixa exclusiva para circulação do transporte coletivo

No sistema viário também se encontra a rede de distribuição de serviços como abastecimento de água, coleta de esgoto e águas pluviais, energia elétrica e telefonia. Para que essa distribuição ocorra, é necessária a presença de equipamentos de apoio instalados nas vias, normalmente na superfície ou, de modo menos frequente, no subsolo, pois essa infraestrutura exige grande investimento.

A respeito da classificação das vias, a primeira abordagem legal é a determinação do Código de Trânsito Brasileiro (CTB), em seus arts. 60 e 61. Esse importante instrumento divide as vias em urbanas – locais, coletoras, arteriais e de trânsito rápido – e rurais – estradas e rodovias –, trazendo as velocidades máximas permitidas em cada uma delas. Segundo o PlanMob: "é importante destacar a necessidade de aprofundar a discussão referente à classificação viária para a correta abordagem das vias destinadas aos pedestres e ciclistas, que neste caso podem ser calçadões, ciclofaixas ou ciclovias" (Brasil, 2013).

Figura 7.5 – Via de circulação exclusiva para pedestres

As descrições das vias citadas pelo CTB (Brasil, 1997), e suas velocidades máximas, seguindo critério de hierarquia em relação ao volume de tráfego e importância para a cidade, são as seguintes:

1) Vias urbanas
- Vias locais: são caracterizadas por interseções em nível, não semaforizadas e destinadas ao acesso local ou a áreas de circulação restrita. Velocidade de 30 km/h.
- Vias coletoras: são destinadas a coletar e distribuir o tráfego proveniente das vias arteriais e de trânsito rápido, destinadas à circulação dentro de regiões. Velocidade de 40 km/h.
- Vias arteriais: são caracterizadas por interseções e travessia de pedestres em nível, normalmente semoforizadas, com acesso aos lotes lindeiros, assim como às vias coletoras e locais, destinadas à circulação entre regiões. Velocidade de 60 km/h.
- Vias de trânsito rápido: são caracterizadas pelo trânsito livre, sem interseções, acesso a lotes lindeiros ou travessia de pedestres em nível. Velocidade de 80 km/h.

2) Vias rurais
- Estradas: a principal características desse tipo de via é a manutenção do leito natural, ou seja, a ausência de pavimentação. Velocidade de 60 km/h.
- Rodovias: esse tipo de via se diferencia das demais vias rurais por apresentar pavimentação, normalmente, asfáltica. Velocidades: automóveis e camionetas – 110 km/h; ônibus e micro-ônibus – 90 km/h; demais veículos – 80 km/h.

Figura 7.6 – Rodovia em área rural

Além da classificação legal citada, as vias podem ser hierarquizadas conforme a intervenção administrativa dos diversos níveis governamentais. De maneira geral, as vias urbanas são de responsabilidade da prefeitura, e as rurais ficam a cargo dos governos estaduais, federais e da União. Entretanto, em regiões metropolitanas onde ocorre grande fluxo de veículos e pedestres, é necessária a intervenção coordenada dos diversos poderes, sempre respeitando a autonomia do município.

Sistemas municipais

Metrópoles e municípios de grande porte necessitam de instrumentos de gestão que contemplem acompanhamento, monitoramento e comunicação, prevendo a complexidade de suas operações. Nesse panorama, insere-se um efetivo planejamento municipal por meio de indicações de mecanismos nos planos diretores.

No caso da cidade de São Paulo, por exemplo, o art. 318 do Plano Diretor determina que

> a gestão democrática da cidade, direito da sociedade e essencial para a concretização de suas funções sociais, será realizada mediante processo permanente, descentralizado e participativo de planejamento, controle e avaliação, e será o fundamento para a elaboração, revisão, aperfeiçoamento, implementação e acompanhamento do Plano Diretor Estratégico e de planos, programas e projetos setoriais, regionais, locais e específicos. (São Paulo (Cidade), 2014)

Em Curitiba, o Plano Diretor também inclui um instrumento de gestão, com vistas a promover:

> I – a revisão e adequação do Plano Diretor e da legislação urbanística;
>
> II – a atualização das informações de interesse do Município;
>
> III – a articulação entre os sistemas de informação necessários à gestão territorial;
>
> IV – a publicização das informações geradas pelo Município;
>
> V – a coordenação do planejamento urbano;
>
> VI – o ordenamento das funções sociais da propriedade e da cidade.
>
> VII – a gestão democrática da cidade. (Curitiba, 2015)

Como já ressaltamos, os planos diretores municipais podem colaborar para a correta e efetiva gestão urbana, incluindo o importante aspecto de ser transparente e democrática, especialmente no sentido de promover a qualidade de vida na cidade e nos deslocamentos que se fazem necessários.

Uma ferramenta que acompanha a gestão, como anteriormente citado, é a tecnologia de monitoramento operada em centros de controle e comando municipais. A cidade de Porto Alegre, por exemplo, implantou em sua gestão o Centro Integrado de Comando da Cidade de Porto Alegre, que faz parte da Secretaria Municipal de Segurança. Esse Centro visa "monitorar a cidade e integrar os serviços públicos, em ambiente tecnológico e transparente, para a proteção do cidadão" (Porto Alegre, 2014), e conta com mais de mil câmeras de monitoramento em tempo integral, possibilitando integração em situações de prevenção e de emergência.

A cidade de Curitiba também implantou, no ano de 2012, o Centro de Controle de Operações (CCO), que conta com mais de 700 câmeras instaladas em terminais de transporte e vias urbanas. Esse Centro é parte integrante de uma estrutura de gestão da mobilidade, chamado Sistema Integrado de Mobilidade (SIM). A introdução de dispositivos tecnológicos na gestão urbana é um importante passo rumo à promoção da qualidade de vida da população, com soluções integradas em segurança e melhorias no trânsito e deslocamentos urbanos.

Questão para reflexão

1. Qual era seu conhecimento, anterior à leitura deste capítulo, com relação à fundamentação jurídico-legal aplicada à mobilidade? Algum aspecto aqui tratado lhe causou curiosidade? Que tal acessar as legislações citadas e se aprofundar um pouco mais sobre o tema, buscando saber seus direitos e deveres?

7.8 Mobilidade e cidade sustentável

Conforme abordado em capítulos anteriores, a realidade observada globalmente de concentração populacional nas cidades indica a importância de orientação dos planos urbanos visando à sustentabilidade. Por ser bastante amplo, o conceito de sustentabilidade precisa ser pontuado, no caso das cidades, nas diversas dimensões que envolvem a cidade, além das tradicionais social, econômica e ambiental, também política, ética, democrática, cultural.

Anteriormente, apresentamos questões de falta de sustentabilidade presente nas práticas atuais de mobilidade nas cidades. Em seu livro *Cidades para um pequeno planeta*, Richard Rogers e Philip Gumuchdjiam (2001, p. 35) esclarecem que "o automóvel foi o principal responsável pela deterioração da coesa estrutura social da cidade [...] cerca de 500 milhões de carros em todo o mundo destruíram a qualidade dos espaços públicos e estimularam a expansão urbana para bairros distantes".

O século XX presenciou o protagonismo do automóvel nas decisões do planejamento e do desenho urbanos, herança a ser questionada no século XXI, principalmente diante dos impactos socioambientais percebidos.

Conforme observa Duarte e Libardi (2007), as práticas adotadas de favorecimento ao automóvel vão contra a Política Nacional de Mobilidade Urbana, que define, em seu art. 6º: "prioridade dos modos de transportes não motorizados sobre os motorizados e dos serviços de transporte público coletivo sobre o transporte individual motorizado" (Brasil, 2012).

O automóvel, para o padrão brasileiro, é também um fator de exclusão social. Esse fato pode ser confirmado por pesquisa realizada na cidade de Curitiba, capital brasileira com maior taxa de carro por habitante, onde, apesar desse fato, 29% dos domicílios da Região Metropolitana não possuem automóvel (IPPUC, 2017).

As críticas ao uso do automóvel individual encontram resistência à diminuição de seu uso por não serem apresentadas soluções efetivas que consigam competir com sua eficiência e comodidade. Soluções precisam ser definidas para além dos modais de transporte, incluindo questões de organização do espaço e relações sociais, como mobilidade ativa, serviços de compartilhamento, micromobilidade, levando em consideração a diferença de opção para trechos curtos, médios ou longos.

7.9 Desenho urbano e mobilidade

A mobilidade urbana está intrinsicamente relacionada com os elementos que compõem a cidade, sendo determinadores de aspectos como a compactação ou o espraiamento da ocupação, a promoção de segurança, a qualidade de vida e o acesso à cidade, além da redução ou do aumento da emissão de poluentes. O desenho urbano delineia a mobilidade e é determinado por aspectos políticos e de planejamento, tendo como consequência a inclusão social e a sustentabilidade ambiental.

Trazendo como exemplo a China, país com grandes desafios relativos à gestão urbana, no ano de 2015, foi lançado um guia com diretrizes para o desenho da mobilidade urbana sustentável, em que foram relacionados aspectos interdisciplinares como crescimento urbano, transporte, energia, recursos, com a adoção de doze diretrizes: (1) crescimento urbano limitado; (2) desenvolvimento orientado ao transporte; (3) uso misto; (4) quadras pequenas; (5) espaços públicos verdes; 6) trânsito não motorizado; 7) transporte público; (8) controle de automóveis; (9) edifícios verdes; (10) energias renováveis e distribuídas; (11) gestão de resíduos; e (12) gestão eficiente da água (Busch; Harvey; He; Huang, 2015, tradução nossa).

Uma referência brasileira que orienta o desenho urbano dando prioridade às pessoas relaciona aspectos como maior eficiência e segurança no transporte, mobilidade ativa e redução da emissão de poluentes. Trata-se do projeto Ruas Completas, da WRI Cidades Sustentáveis, em parceria com a Frente Nacional dos Prefeitos (WRI Brasil, 2017a).

Outro exemplo brasileiro é o município de Curitiba, onde o desenho urbano determinado por eixos estruturais proporciona a densidade de ocupação nesses locais, porém com inserção de vias marginais de tráfego lento e galerias de comércio no pavimento térreo, incentivando a circulação de pessoas e o convívio social.

7.10 *Mobilidade urbana e engenharia de tráfego*

O desenho urbano também é determinado pelas soluções tecnológicas disponíveis, além das soluções de engenharia de tráfego e respectivas viabilidade de implantação e operação. Boas práticas no campo da engenharia podem trazer contribuições significativas aos desafios da cidade contemporânea, com inserção de novos materiais, soluções veiculares, redes inteligentes (*smart grids*) e recursos energéticos.

Conceito conhecido pela definição do Institute of Transportation Engineering (https://www.ite.org/), a engenharia de tráfego é subdisciplina da engenharia de transportes, abrigando planejamento, projeto e operação viária, além de redes, uso do solo adjacente e interação entre diversos modais de transporte. A engenharia de tráfego tem como prioridade não apenas o aumento na segurança, mas também aspectos como velocidade, comodidade, conveniência, economia e compatibilidade ambiental (Roess; Prassas; McShane, 2004). Como, por exemplo, a missão definida pela Companhia de Engenharia de Tráfego da Cidade de São Paulo: "assegurar a mobilidade com segurança no trânsito, contribuindo para a cidadania e melhoria da qualidade de vida da população" (CET, 2018).

Estudos de tráfego desenvolvidos pela engenharia, que embasam a posterior determinação de diretrizes, incluem análise de tráfego e suas características, avaliação de *performance*, desenho da infraestrutura e equipamentos, controle de tráfego, operação de tráfego, gerenciamento dos sistemas de transporte e inteligência dos sistemas de transporte.

Segundo Roess, Prassas e McShane (2004), os itens de interação que auxiliam entendimento do tráfego urbano são: os usuários do sistema viário (pedestres, ciclistas, motoristas e passageiros); os veículos (públicos, privados, individuais ou coletivos); a infraestrutura viária, inclusive calçadas e passeios; os equipamentos de controle de tráfego; e o meio ambiente em geral.

Considerados esses itens, é possível compreender a complexidade que envolve a tomada de decisão na engenharia de tráfego, incluindo aspectos como infraestrutura viária, número de veículos e questões de comportamento humano, visando sempre a melhor solução para todos os atores.

7.11 *Impacto de atividades geradoras de tráfego*

A concentração da população nas cidades acarretou o desenvolvimento de grandes empreendimentos, muitas vezes, como forma de disponibilizar diversos serviços em um mesmo local. Exemplos desse tipo de ocupação são: *shoppings centers*, hipermercados, equipamentos comunitários como teatros e igrejas, escolas e universidades ou centros de armazenamento e distribuição logística. Essas tipologias de uso e ocupação do solo, geralmente, caracterizam-se pela grande geração de viagens para transporte de pessoas e mercadorias.

Como já ressaltamos, o planejamento municipal determinado pela legislação de zoneamento especifica a distribuição desses empreendimentos pelo território, com consequente cálculo de capacidades viárias e transporte urbano. A compreensão da geração de tráfego de cada empreendimento fundamenta possíveis adequações no entorno, e sua análise deve ser feita por documentos chamados *Estudo de Polo Gerador de Tráfego*.

Os polos geradores de tráfego têm diferentes padrões de viagem, dependendo das características das atividades e da sazonalidade pela qual são frequentados pelo público-alvo. Na realidade brasileira, o favorecimento dos automóveis individuais e o frágil sistema de transporte público coletivo fazem com que esses grandes empreendimentos causem impactos no trânsito e na mobilidade ativa da região, com aumento significativo da emissão de poluentes.

Estudos de impacto

A implantação de grandes empreendimentos na cidade pode acarretar a degradação do ambiente em diversos níveis. Buscando controle da possível degradação, procedimentos de licenciamento ambiental começaram a se difundir nos Estados Unidos na década de 1960 e tiveram reflexos globais, incluindo o território brasileiro, nesse caso decorrente da Política Nacional do Meio Ambiente, que foi responsável por determinar regulamentações de licenciamentos ambientais (Turbay, 2016).

O Estatuto da Cidade define, no Capítulo II, os instrumentos da política urbana, entre eles o estudo prévio de impacto de vizinhança (EIV). Nos arts. 36 e 37, o Estatuto da Cidade estabelece:

> Art. 36. Lei municipal definirá os empreendimentos e atividades privados ou públicos em área urbana que dependerão de elaboração de estudo prévio de impacto de vizinhança (EIV) para obter as licenças ou autorizações

> de construção, ampliação ou funcionamento a cargo do Poder Público Municipal.
>
> Art. 37. O EIV será executado de forma a contemplar os efeitos positivos e negativos do empreendimento ou atividade quanto à qualidade de vida da população residente na área e suas proximidades, incluindo a análise, no mínimo, das seguintes questões:
> I – adensamento populacional;
> II – equipamentos urbanos e comunitários;
> III – uso e ocupação do solo;
> IV – valorização imobiliária;
> V – geração de tráfego e demanda por transporte público;
> VI – ventilação e iluminação;
> VII – paisagem urbana e patrimônio natural e cultural.
> (Brasil, 2012)

No desenvolvimento do Estudo de Impacto de Vizinhança, a primeira decisão a ser tomada diz respeito à delimitação de áreas de influência (direta e indireta) do empreendimento. Outro procedimento inicial é relativo à realidade local, como: principais fluxos existentes (veículos e pessoas) e seus horários de pico; capacidades do sistema viário principal; e as principais linhas de transporte público e seus terminais e pontos de embarque e desembarque.

Delimitado o panorama existente, procedemos à análise do incremento na demanda, determinado pela implantação do empreendimento, tanto com relação ao período das obras quanto às atividades permanentes de operação. Na previsão das obras de implantação, os fluxos de veículos de carga devem ser precisos conforme projetos de arquitetura e engenharia. Já para fase de operação, normalmente é realizada previsão de incremento de fluxo pelo instrumento de micro simulação.

O EIV prevê dois tipos de medidas a serem compensadas:

- **medidas mitigadoras:** para impactos passíveis de serem reduzidos, por exemplo prever atividades de carga e descarga em horários alternativos aos picos de tráfego, ou acesso ao empreendimento por estruturas de desaceleração com canaletas de acumulação de veículos;
- **medidas compensatórias:** para impactos que não podem ser reduzidos, fica o compromisso do empreendedor de realizar algum benefício à localidade.

Após finalizado, na etapa de aprovação, o EIV deve ser examinado pelo corpo técnico da Prefeitura Municipal e seus órgãos competentes, e apreciado pela comunidade por meio de audiência pública. Essa validação pública é etapa obrigatória determinada pelo Estatuto da Cidade, visando ao envolvimento e à participação popular em relevantes decisões municipais.

7.12 Intermodalidade de transporte

A intermodalidade dos transportes pode ser considerada para grandes cargas como aeronaves e navios, mas também para a mobilidade ativa como caminhadas e bicicletas. Segundo Robinson (2002), a intermodalidade pode ser descrita como o transporte integrado combinando diferentes tecnologias. Com relação à intermodalidade exclusivamente urbana, define-se como "uma qualidade do sistema de transporte que permite a integração de no mínimo dois diferentes modais de transporte em um serviço de da cadeia de transporte de porta a porta" (Burckhart; Blair, 2009, p. 71, tradução nossa).

A mobilidade urbana é determinada pela dinâmica de movimentos em uma localidade, segundo a composição territorial e suas atividades, incluindo as diferentes distâncias percorridas e os diversos entes (cargas ou pessoas). Segundo Zipori e Cohen (2015, p. 147, tradução nossa), observamos que,

> por preocupações decorrentes tanto das mudanças climáticas, quanto da saúde pública, nos últimos anos muitas cidades em todo o mundo começaram a examinar sua relação com o automóvel privado e, em alguns casos notáveis, implementar políticas de transporte e uso da terra destinadas a permitir ainda modos de mobilidade não motorizados.

A intermodalidade deve atentar para as melhores práticas em cada situação-problema apresentada. Um dos grandes desafios observados nas cidades é a chamada *última milha* ou *último trecho*, onde o atendimento pelos sistemas convencionais é de qualidade ruim.

A necessidade de análise da intermodalidade abordada nas políticas públicas de mobilidade urbana pode ser exemplificada com o Plano Diretor Municipal de Curitiba, em cujo Capítulo II – da Mobilidade Urbana, são observados aspectos de integração intermodal:

> Artigo 39. A política municipal de mobilidade urbana tem o compromisso de facilitar os deslocamentos e a circulação de pessoas e bens na cidade, conforme as seguintes diretrizes gerais:
>
> [...]
>
> XX – desenvolver programas e campanhas educativas objetivando a divulgação das normas de trânsito para a circulação segura, a conscientização quanto ao uso racional dos modais de transporte, a integração intermodal e o compartilhamento do espaço público;
>
> [...]

> Artigo 41. São diretrizes específicas da política municipal de transporte público coletivo de passageiros:
>
> [...]
>
> VIII – buscar a universalização do sistema de transporte público coletivo visando à integração física, operacional, tarifária e intermodal;
>
> [...]
>
> Artigo 53. São diretrizes específicas da política municipal de estacionamentos:
>
> IV – estabelecer medidas para estimular a instalação de estacionamentos coletivos no interior dos lotes localizados nos eixos estruturantes e de adensamento do macrozoneamento objetivando a integração intermodal com os terminais e estações de transporte público de grande porte; (Curitiba, 2015)

7.13 Mobilidade urbana inteligente

O conceito de mobilidade urbana inteligente exige a coordenação em rede de empresas ligadas ao transporte, com coleta e análise de informações dos serviços que operam em um território, além da correta apropriação, pelas empresas, das informações resultantes para otimizar seus desempenhos. As características determinantes da inteligência em mobilidade dependem do engajamento político e das comunidades, além de suporte financeiro público e privado.

Percebemos avanços em estudos e planos urbanos nos quais estão presentes as diretrizes para determinação de ecossistemas inteligentes de transporte. A temática da mobilidade urbana inteligente passou a ser tratada como prioritária nos avanços em qualidade no transporte. Lyons (2018) observa que a mobilidade urbana inteligente oferece acessibilidade de forma sustentável, sendo atraente e eficaz aos usuários. Nos países desenvolvidos, há o envolvimento de empresas nas pesquisas de mobilidade inteligente, revelando sinal da maturidade dos ecossistemas. Em São Francisco, na Califórnia – reconhecido ecossistema de inovação global –, o panorama demonstra maturidade para alcance de inovações e tecnologias com inteligência nas cidades.

Diversas iniciativas vêm sendo promovidas na busca pela mobilidade sustentável, reunindo os aspectos a serem contemplados nas políticas urbanas a fim de promovê-la. Qualquer mudança implicaria em encarar novas formas de mobilidade e diferentes modelos de uso do solo, sendo eles eficientes e de qualidade. Alguns aspectos, que aparecem com frequência nas discussões, estão ilustrados na figura a seguir.

Figura 7.7 – Aspectos da mobilidade urbana sustentável

⚙️	Equilíbrio e integração entre os diferentes modos de transporte
🚰	Uso eficiente dos recursos energéticos
🚗	Tecnologia para o transporte sustentável
🤲	Gerenciamento da demanda e redução da necessidade por transporte em sua origem
🛣️	Gerenciamento de oferta de transportes para controle do crescimento da demanda
🏙️	Controle do crescimento urbano para a redução dos tempos de viagem e consumo de combustíveis
🔌	Incentivo à adoção de modos não-motorizados de transportes
♿	Mobilidade para portadores de deficiência
🚊	Melhoria da qualidade do transporte público
📱	Aplicação de tarifas justas

M.Style/Shutterstock

Com relação às estratégias para a efetiva transformação em direção à mobilidade urbana inteligente, é fundamental utilizar os meios físicos e digitais disponíveis. Segundo Yigitcanlar e Lönnqvist (2013), vivemos um momento histórico com exigência de que o conhecimento seja utilizado na forma de geração e aplicação de inovações.

Cada um dos atores entes públicos e privados, além dos meios acadêmicos e da sociedade, precisa exercer de fato seu papel para atingir os resultados almejados.

As contribuições do Poder Público concentram-se em determinações jurídico-legais passíveis de fundamentar a implantação da infraestrutura necessária. A iniciativa privada entra em campo com capital de investimento, com participação na exploração comercial operacional dos serviços. A academia tem sua contribuição em pesquisas voltadas à geração de inovação a ser implementada na área dos transportes e da mobilidade nas cidades.

Segundo Lombardi et al. (2012), a mobilidade inteligente é composta pelas chamadas *quatro hélices*: academia, governo, sociedade civil e indústria, e devem relacionar-se a cinco diferentes domínios: governança, economia, pessoas, viver e ambiente, conforme a descrição:

- **academia**: taxa de habitantes que trabalham em educação e em pesquisa e setor de desenvolvimento;
- **governo**: número de representantes da sociedade por habitante;
- **sociedade civil**: nível de habilidade individual no uso da internet;
- **indústria**: taxa de emprego em setores focados em conhecimento.

Um exemplo de plano lançado com o sentido de estratégia para o futuro da mobilidade é o Future of Mobility: Urban Strategy (DFT, 2019), de Londres, Reino Unido, com diretrizes em que se observam relações com soluções inovadoras e inteligentes:

- Novos modos de transporte e novos serviços de mobilidade devem ser seguros e protegidos por projetos.
- Os benefícios da inovação em mobilidade devem estar disponíveis para todas as partes do Reino Unido e todos os segmentos da sociedade.

- Caminhadas, ciclismo e viagens ativas devem permanecer as melhores opções para viagens urbanas curtas.
- O transporte de massa deve permanecer fundamental para um sistema de transporte eficiente.
- Novos serviços de mobilidade devem liderar a transição para zero emissões.
- A inovação em mobilidade deve ajudar a reduzir o congestionamento por meio do uso mais eficiente de espaço limitado nas estradas, por exemplo, compartilhando passeios, aumentando a ocupação ou consolidando o frete.
- O mercado de mobilidade deve estar aberto para estimular a inovação e oferecer o melhor negócio aos consumidores.
- Novos serviços de mobilidade devem ser projetados para operar como parte de um sistema de transporte integrado que combina modos público, privado e múltiplo para usuários de transporte.
- Os dados de novos serviços de mobilidade devem ser compartilhados, quando apropriado, para melhorar a escolha e a operação do sistema de transporte.

Esse documento, Future of Mobility: Urban trategy (DFT, 2019), lançado em março de 2019, indica os próximos passos para o mesmo ano:

- Implementar uma estrutura regulatório flexível.
- Apoiar a indústria e as lideranças locais.
- Assegurar tomadas de decisão governamentais consistentes.
- Continuar programas tecnológicos estabelecidos.
- Ampliar as condições de medir.

Os tópicos se relacionam diretamente com o processo de acompanhamento e melhoria contínua, fundamental para tomadas de decisão públicas e auxílio à capacidade de integração entre os modais, tanto de transporte de massa (BRT, metrô) quanto dos pequenos e individuais.

7.14 Mobilidade ativa

O conceito de mobilidade ativa, conforme citado por Gerike et al. (2016, p. 2), é, de forma simples, "a caminhada (*walking*) e o ciclismo (*cycling*) como transporte". É comum que a mobilidade ativa seja definida também pela mobilidade baseada na propulsão humana, sem o uso de motores.

Como visto no capítulo anterior, o plano de Londres para o futuro da mobilidade determina que o ciclismo e as viagens ativas devem permanecer como as melhores opções para viagens urbanas curtas.

Segundo Koszowski (2019), a mobilidade ativa contribui para a saúde pública, pois minimiza a emissão de poluentes e promove a atividade física, auxiliando para a redução: dos elevados índices de doenças decorrentes da poluição atmosférica e de emissão de gases de efeito-estufa; do sedentarismo entre crianças e adultos que apresentam déficit para os padrões mínimos de atividade física em relação às orientações da Organização Mundial de Saúde (OMS).

Em síntese de pesquisas relacionadas ao transporte e atividade física, Becerra et al. (2013, p. 657, tradução nossa) elencam os efeitos positivos da adoção da mobilidade ativa:

> + O transporte público fornece acesso às instalações onde os programas comunitários de atividade física estão disponíveis – caso de Curitiba;

- O atendimento às recomendações de níveis de atividade física está associado a altas percepções de acessibilidade da infraestrutura para a mobilidade ativa – caso de Curitiba;
- As estações de BRT foram associadas a caminhada utilitária, ao aumento do uso da infraestrutura cicloviária próxima – caso de Bogotá;
- A estrutura cicloviária foi associada ao caminhar pelo menos 150 minutos por semana – caso de Bogotá;
- Ambiente pedonal amigável ao redor ou ao longo das estações de BRT incentiva atividades de pedestres – caso de Bogotá;
- O programa cicloviário contribuiu para aumentar níveis de atividade física – caso de Bogotá.

Os casos das cidades de Curitiba e Bogotá relatam a importância da disponibilidade de infraestrutura que promova a mobilidade ativa, inclusive com incentivo à prática da intermodalidade de transporte. A Região Metropolitana de Curitiba apresentou como resultado de pesquisas que 27% das viagens do território são realizadas a pé e 2% de bicicleta, resultando em aproximadamente 30% de deslocamentos ativos, sendo importante que as prefeituras estimulem o aumento desses indicadores com a correta implantação de infraestrutura.

Figura 7.8 – Pedestres e ciclistas utilizando vias com demarcação de faixas exclusivas

Diversas questões podem estar relacionadas à mobilidade ativa. O importante é considerar que todas as pessoas devem ser contempladas pelos planos de mobilidade, independentemente da idade ou do tipo de transporte.

Conforme descrito pela WRI Brasil (2017a): "com acesso a ruas mais completas, as pessoas se sentem seguras para adotar padrões de deslocamento mais sustentáveis e com menos impacto climático, como a bicicleta e a caminhada".

7.15 Micromobilidade

A micromobilidade é definida por alguns critérios como: veículo com menos de 500 kg, tração humana ou elétrica, limite reduzido de velocidade, capacidade limitada de passageiros ou carga. Ela se refere a um transporte que soluciona curtos trechos de deslocamento, com pequena emissão de poluentes, eficiência de tempo e permite a integração entre modais de transporte, reduzindo a dependência de automóveis particulares. No Brasil, já existem iniciativas como a retratada na imagem a seguir, na qual vemos uma pessoa utilizando uma *scooter* elétrica e a estação de bicicletas e patinetes compartilhados.

Figura 7.9 – Bicicletas e patinetes compartilhados

Apesar dos efeitos positivos, esse tipo de mobilidade inovadora apresenta desafios com relação à sua regulamentação. As legislações locais precisam ser adaptadas para viabilizar o correto funcionamento e a proteção de todos os envolvidos. Cobrança de impostos, deveres dos prestadores de serviço e dos usuários e boas práticas de segurança e convivência entre demais veículos estão entre as regras a serem estabelecidas.

Conforme relatório publicado pela Deloitte (Dixon, 2019), patinetes elétricos, bicicletas compartilhadas e demais veículos responsáveis pela micromobilidade estão auxiliando na redução da pegada física para pequenos deslocamentos dos cidadãos. A relação legal pode ter quatro diferentes abordagens:

1. **contrato**: com estabelecimento de parceria público-privada, o município consegue manter certo controle sobre a transação;

2. **abertura:** com posição temporária e seguindo regras do mercado, a cidade delimita requisitos mínimos a serem cumpridos pelos fornecedores;
3. **proibição:** a cidade proíbe a presença de alguns veículos de micromobilidade, com possibilidade de apreensão e multa;
4. **permissão:** a cidade permite o acesso dos veículos, porém delimita parâmetros como número da frota e condições de circulação.

Nos casos brasileiros, as práticas adotadas seguem a abordagem da permissão, com poucas intervenções nas operações. Esse tipo de mobilidade já foi absorvida pela população, com vários ajustes ocorridos no caminho, mas sem comprometer sua circulação pelas cidades.

7.16 Tendências da mobilidade urbana

O contexto atual da mobilidade urbana ainda conta com o incremento de veículos individuais motorizados. Entretanto, na Europa, por exemplo, parte da frota já dispõe de veículos movidos por combustíveis alternativos, principalmente elétricos, ao passo que, no Brasil, esse tipo de veículo ainda não atingiu valores consideráveis para que a tecnologia seja democratizada.

Segundo Carvalho (2016), alguns fatores contribuem para que o carro ainda seja a solução de transporte mais adotada pela maioria da população:

> ♦ Com a política de atração de investimentos da indústria automobilística, com início na década de 1990, a capacidade de produção de automóveis e motocicletas mais que triplicou nesse período.

- O aumento da produção trouxe a necessidade de políticas que estimulassem a venda e o uso de automóveis e motocicletas, inclusive medidas de expansão do crédito.
- Em razão do efeito gerado especialmente em disponibilização de emprego, a indústria automobilística dispõe de grande poder de barganha frente ao governo.
- O aumento de renda das famílias e a forte expansão do crédito permitiram facilidade no acesso a esse bem durável.

A construção das estruturas disponíveis para o avanço do automóvel baseado no petróleo levou um século para ser instituída; assim, um grande pacto socioinstitucional deve ser feito para a possível conversão desse panorama em um melhor futuro. As pessoas precisam ter acesso às diversas possibilidades para que, então, consigam escolher a forma mais adequada às suas necessidades particulares de locomoção.

A tendência da mobilidade urbana deveria estar centrada na inserção de novas tecnologias visando à sustentabilidade. Antonio Filosa, presidente da Fiat Chrysler Automobiles na América Latina diz que "no futuro, as pessoas usarão aplicativos para comprar quilômetros, em vez de carros. Assim, elas poderão utilizar um veículo só quando preciso, gastando e repondo seu saldo de quilômetros conforme a necessidade" (Matias, 2019).

A prática de compartilhamento de veículos, geralmente por meio de acesso digital, é definida por mobilidade como serviço (*Mobility as a Service* – MAAS), que, segundo Jittrapirom (2017, p. 20, tradução nossa), surge do "número crescente da oferta de serviços de transporte nas cidades e dos avanços em tecnologia e tecnologia da informação e comunicação (TICs) aplicados em inovações na mobilidade urbana".

São definidos pelo autor nove itens componentes desse serviço: 1) integração entre modais; 2) opção tarifária; 3) plataforma (digital) única; 4) multiplicidade de atores; 5) uso de tecnologias;

6) operação por demanda; 7) necessidade de registro; 8) personalização e 9) customização.

Uma importante questão se coloca sobre os transportes públicos, principalmente os que atendem curtas distâncias (menores do que 5 km), pois são os que apresentam direta concorrência com a mobilidade ativa, micromobilidade e serviços por aplicativo. Nesses casos, o transporte público se mostra ineficiente para as populações mais pobres e desinteressante aos demais que têm possibilidade de escolha.

7.17 Inovações na mobilidade urbana

Com relação à inserção das tecnologias de informação e comunicação (TICs), é possível dizer que a transformação digital ampliou o leque de possibilidades na mobilidade, com revisão de conceitos e mudança no comportamento dos cidadãos. Segundo Firmino (2007, p. 169)

> gestores urbanos e estudiosos do urbanismo estão diante de um grande desafio [...] esse processo, afeta a maneira como as TICs são incorporadas nas agendas de governança, planejamento e políticas públicas [...] cadeia de eventos relacionados à análise e gestão de aspectos espaciais, econômicos, políticos, sociais e culturais da vida urbana contemporânea, constituindo, talvez, a maior tarefa na consideração das relações entre as cidades e as TICs.

Com as TICs cada vez mais disponíveis a todos, importante é orientar que elas assegures a equidade na qualidade de vida, com relações ambientais sustentáveis. Como observam Van Wee,

Annema e Banister (2013), a apropriação das TICs pela população altera o comportamento e gera alterações em cadeia. Algumas dessas alterações dizem respeito à:

> - substituição e geração de viagens: a viabilidade de *home office* e as compras *on-line* tendem a gerar impactos de redução de viagens, assim como a interação com pessoas e eventos em lugares diferentes pode determinar uma dinamicidade respondida com geração de viagens e redução de tempos de permanência;
> - multiplicidade de atividades: a conexão *full-time* permite, em uma viagem de automóvel acionada por aplicativo de serviço de compartilhamento de carros com motorista, seguir em comunicação e interação com fins pessoais ou profissionais;
> - escolha de modal de transporte, de rota a adotar e de horário de partida: um dos adventos tecnológicos com claro impacto nesses três aspectos aqui listados são os aplicativos de navegação por satélite, que permitem prever os tempos de deslocamento conforme o modal e a rota e viabilizam melhor gestão de tempo pelo usuário.

As inovações apresentam sentido duplo na mobilidade: a solução que se pretende atingir e, também, uma ferramenta de leitura do panorama como comportamento e *performance* como fundamento para o desenho da mobilidade. Pelas tecnologias aplicadas, a capacidade de leitura é ampliada com acesso às redes celulares, desde que sejam respeitadas as leis de proteção individual, como meio de fundamentar decisões para a mobilidade urbana.

Associando fluxos mapeados por dados celulares, Song (2010, p. 1020) constatou que "cada rede de mobilidade determina um padrão dinâmico, associando espaço e tempo", e determinou três medidas de entropia (quantidade mais fundamental de previsibilidade) para o padrão de mobilidade de cada indivíduo:

1. entropia aleatória: relaciona o número de locais visitados com igual probabilidade de visitação;
2. entropia temporal não correlacionada: probabilidade histórica de visitação caracterizando a heterogeneidade dos padrões;
3. entropia real: além da frequência da visitação, traz a ordem em que os nós foram visitados e o tempo gasto relacionado em cada local, permitindo uma ordem espaço-temporal completa.

Um exemplo prático de inovação na mobilidade foi implementado na cidade de Curitiba, no ano de 2015: o Sistema de Semáforos Inteligentes desenvolvido pelo Projeto Vida no Trânsito, associado à Organização Mundial de Saúde (OMS). Tal sistema permite que pessoas com mobilidade reduzida, que tenham cartão de identificação digital, coloquem-no em contato com o semáforo e habilitem um aumento no período destinado à travessia dos pedestres.

Outros exemplos implantados que trazem boas experiências dos usuários são os cartões de acesso aos serviços de mobilidade – transporte de massa de pequeno e grande portes, veículos leves sobre trilhos (VLT), carros e bicicletas compartilhados, patinetes elétricos – com pagamento integrado. Esse sistema já se encontra em funcionamento em cidades como Shenzen (China), Eindhoven (Holanda) e Milão (Itália).

Um projeto ainda em fase de pesquisa é o The Future of Streets (FoS), do City Form Lab–Harvard Graduate School of Design's, em que as vias urbanas são estudadas a fim de compreender possíveis adaptações às inovações na mobilidade. A pesquisa tem como instrumento um questionário com objetivo de estimular a inovação por meio de parceria entre as prefeituras de Los Angeles e Boston e parceiros da indústria.

As inovações na mobilidade urbana têm apoio em ferramentas de acesso de dados, com uso dos dados para prever cenários atuais e futuros e auxiliar no estabelecimento de soluções inovadoras que incluam transporte com equidade de acesso e sustentabilidade.

7.18 Veículos autônomos

Para o planejamento e gestão urbanos, a utilização da inteligência artificial (IA) pode contribuir prevendo padrões de comportamento ou antecipando eventos de congestionamento, por exemplo. Além disso, a IA pode auxiliar em outras questões de inovação urbana e tem classificação por setores:

+ **Logística:** utilizada nas tomadas de decisão, no planejamento e no gerenciamento para superar crescente demanda com oferta limitada de infraestrutura. Inclui precisas previsões e modelos de volumes, condições e incidentes.
+ **Transporte público:** representa potencial mitigação do uso de veículos individuais, usada para melhor eficiência e atendimento ao usuário do transporte público.
+ **Veículos autônomos:** visam aumentar a produtividade das distâncias percorridas e reduzir o número de acidentes viários. Existem testes de veículos autônomos já realizados na Finlândia, em Cingapura e na China.

A respeito da relação entre IA e veículos autônomos, indústrias do setor automobilístico, como Audi, BMW, Mercedes-Benz, Renault, Tesla, têm investido no desenvolvimento de tecnologia para veículos autoguiados. Para ser aprovada, entretanto, é imprescindível que a tecnologia interaja com a infraestrutura existente e com os demais veículos que trafegam pela mesma via.

Os veículos autônomos são classificados por nível de assistência ao motorista, que varia de 0 a 5:

+ nível 0: o motorista controla todos os aspectos como direção, freios, acelerador, potência;
+ nível 1: a maior parte das funções ainda é controlada pelo motorista, mas uma função específica (como dirigir ou acelerar) pode ser executada automaticamente;

- nível 2: ao menos um sistema de assistência ao motorista é automatizado, como controle de cruzeiro ou centralização de faixas, e o motorista não opera fisicamente o veículo, mas ainda assim deve estar pronto para assumir o controle do veículo;
- nível 3: os motoristas ainda são capazes de alterar as funções críticas de segurança para o veículo, mas não é necessário monitorar a situação da mesma maneira que nos níveis anteriores;
- Nível 4: os veículos executam todas as funções de direção críticas à segurança e monitoram as condições da estrada durante uma viagem inteira. No entanto, limitam-se ao domínio de *design* operacional (ODD), o que significa que não cobre todos os cenários de direção;
- Nível 5: sistema totalmente autônomo, no qual o desempenho do veículo é igual ao de um motorista humano, em todos os cenários de condução.

Apesar dos avanços tecnológicos, o desenvolvimento e a implementação de veículos autônomos ainda esbarra em questões sociais, como a provável substituição de vagas de emprego ou questões de definição de algoritmos programados para tomada de decisão em situações críticas de trânsito. Superadas situações com embate ético, logo os veículos autônomos devem tornar-se uma realidade na mobilidade urbana.

Questão para reflexão

1. A Figura 7.10, a seguir, ilustra algumas das questões analisadas neste capítulo, como a mobilidade ativa, a micromobilidade e o transporte público, todos convivendo em harmonia em uma via compartilhada. Você tem conhecimento de lugares assim em sua cidade, onde os pedestres e ciclistas se sintam motivados a buscar modelos alternativos ao veículo particular e que apresentem segurança para todos? Além disso, você tem conhecimento de estudos para aplicação de

inovações e tendências relativas à mobilidade urbana, além das que foram tratadas neste capítulo?

Figura 7.10 – Via compartilhada – diversos modais convivendo em harmonia

Para saber mais

SÃO PAULO (Cidade). Secretaria Municipal de Desenvolvimento Urbano. **Guia de boas práticas**. 2016. Disponível em: <https://gestaourbana.prefeitura.sp.gov.br/wp-content/uploads/2016/12/20161230_GBPEP.pdf>. Acesso em: 25 jul. 2021. set.

Este guia tem o objetivo de difundir as boas práticas de desenho urbano, desenvolvidas ao longo dos últimos anos na cidade de São Paulo. Reúne experiências que foram elaboradas como referência a fim de se alcançar uma forma mais adequada de se conviver na rua, qualificando sua paisagem e renovando suas formas de uso.

Síntese

Neste capítulo, buscamos explorar os fundamentos da mobilidade urbana e seus conceitos básicos, sociais e jurídico-legais, a fim de propiciar percepção sobre sua relação com o planejamento urbano, além da abordagem sobre questões urbanas que impactam a mobilidade e possíveis medidas para compensar seus impactos. A percepção de que existem grandes desafios a serem superados foi lançada, tendo em vista que grande parte das cidades no nível global teve seu desenvolvimento embasado na cultura do automóvel, o que trouxe relevante poluição atmosférica e insegurança por parte dos cidadãos que buscam soluções alternativas de locomoção como bicicleta, a pé, entre outros.

Com relação à acessibilidade, ou seja, à facilidade e à equidade de acesso à cidade, também constatamos imensa lacuna nas políticas públicas, visto a desigualdade social, longos deslocamentos e o tempo despendido no trânsito diário por parcela considerável da população. Sobre os conceitos de cidade e de mobilidade urbana inteligente, inovações podem contribuir em muito para o desenvolvimento das cidades contemporâneas, o que requer a adesão dos setores público e privado e, acima de tudo, os cidadãos devem compreender que a mudança de cultura se faz urgente para melhoria na qualidade de suas vidas.

As inovações, entretanto, precisam ser acessíveis a todos, e não contribuir para o aumento na desigualdade relatada. Os governos devem unir-se com instituições de ensino e pequisa, ampliando e incentivando o desenvolvimento de tecnologias e ferramentas, bem como buscando atualizar rígidas legislações que, não raro, acabam desincentivando o andamento de inovações e tendências na mobilidade.

Questões para revisão

1. "Ruas projetadas de acordo com a abordagem de sistemas seguros colocam a vida humana em foco. Essa perspectiva é importante principalmente quando consideramos as pessoas que caminham, pedalam ou utilizam motocicletas, que não têm a proteção adicional de um carro e que juntas respondem por mais de 50% de todas as mortes no trânsito. No relatório Sustentável e Seguro, lançado pelo WRI Ross Center for Sustainable Cities e pelo Banco Mundial, são ressaltadas oito ações que, quando aplicadas de maneira integrada, têm o potencial de mitigar riscos ao reduzir a frequência e a distância dos deslocamentos e oferecer uma grande variedade de opções seguras e saudáveis de mobilidade" (Luke; Sharpin, 2019).
Cite duas estratégias da mobilidade com potencial para tornar as cidades mais seguras e saudáveis, capazes de reduzir os riscos e as distâncias dos deslocamentos, além de serem opções seguras e transformadoras do espaço urbano. Justifique-as.

2. O conceito de mobilidade, há tempo já inserido no planejamento urbano, foi complementado na construção das cidades contemporâneas: trata-se da mobilidade urbana sustentável. Liste alguns aspectos que envolvem o conceito de sustentabilidade na mobilidade urbana.

3. "Os grandes centros têm graves problemas de mobilidade urbana, para os quais devem existir respostas no mercado automobilístico e fora dele. O transporte público deve ser melhorado. Grandes centros diminuíram o uso de carros porque privilegiaram outras opções de mobilidade" (Antonio Filosa, UOL, 12/09/2019).

Seguindo o tema tratado no texto, qual poderia ser outra medida para melhorar a mobilidade urbana nas cidades?

a. Melhoria na qualidade dos veículos individuais.

b. Aumento de ações de conscientização no trânsito.

c. Incentivo à utilização de transportes de massa e a prática da mobilidade ativa.

d. Limitar a quantidade de veículos por habitante.

e. Diminuição no valor da passagem do transporte público, para estimular o seu uso.

4. A respeito da realidade brasileira com relação à mobilidade urbana, principalmente nas grandes cidades, assinale a alternativa correta:

a. Houve grande desenvolvimento de políticas de incentivo à implantação de novos transportes coletivos, como o metrô por exemplo.

b. Toda a população conseguiu melhorar suas condições de moradia, com maior proximidade aos seus locais de trabalho.

c. Nas últimas décadas, no Brasil, houve baixo investimento do Poder Público no transporte coletivo, e uma das consequências dessa situação foi o aumento dos veículos motorizados individuais.

d. Cidades setorizadas com áreas de habitação, outras institucionais ou de comércio, como Brasília, favorecem a circulação das pessoas por meio da mobilidade ativa.

e. A utilização do transporte coletivo aumentou nos últimos anos, mas esse tipo de veículo é o grande responsável pelo aumento da poluição atmosférica.

5. Observe a Figura 7.11 com atenção.

Figura 7.11 – *Representação de uma cidade do futuro*

A imagem é ilustrada com elementos existentes em uma "cidade do amanhã", com transportes urbanos eletrificados renováveis, veículos autônomos, mobilidade ativa de seus habitantes e drones para entregas leves.

Com relação à cidade ilustrada na imagem, analise as afirmativas a seguir e indique V para as verdadeiras e F para as falsas.

( ) O transporte coletivo e as inovações em suas frotas vêm sendo priorizados nas metrópoles brasileiras.

( ) A participação popular no planejamento e nas tomadas de decisão do Poder Público é fundamental para que as cidades se tornem mais acessíveis e sustentáveis.

( ) Grande parte das cidades brasileiras já evoluiu na mobilidade urbana, estando preparadas para a implementação de veículos autônomos, transporte coletivo sustentável e, principalmente, para a prática da micromobilidade, mobilidade ativa e intermodalidade.

( ) Observando os municípios brasileiros, a realidade da "cidade do amanhã" ainda está distante, pois existe a priorização dos meios de transportes movidos a combustíveis fósseis.

Agora, assinale a alternativa com a sequência correta:

a. V, V, F, V.
b. F, V, F, F.
c. F, V, V, V.
d. F, F, F, V.
e. F, V, F, V

Considerações finais

O Brasil, maior país do continente mais urbanizado do Sul do Mundo (Global South) e da região mais desigual do planeta – a América Latina –, apresenta uma taxa de urbanização estimada em 90% em 2020 (ONU-Habitat, 2012). A concentração demográfica indica que o desafio de trabalhar com o planejamento e a gestão de cidades deve ser acompanhado dessa tendência de incremento da urbanização.

O cenário atual é de crescimento das metrópoles do sul do mundo, baseado em um modelo de desenvolvimento socioeconômico sobre o ambiente que tem promovido avanços, mas segue marcado pela desigualdade socioespacial com crescentes complexidades.

Lidar com o planejamento urbano como estudo e como profissão é o exercício de acreditar em um futuro melhor. Entretanto, melhores dias nas cidades somente serão alcançados pela ação diária e duradoura de política, planejamento e gestão urbanos fundamentados pela ética socioambiental e que congreguem a sociedade na participação ativa e organizada.

Como vimos nos diversos dados que apresentamos ao longo deste livro, atualmente, mais da metade da população global não conta com transporte de qualidade e mais do que 1 bilhão de pessoas vive em favelas. No Brasil, a previsão do novo pacto de saneamento em trâmite no governo federal estabelece como meta 100% do atendimento de esgotamento sanitário no ano de 2033, porque, hoje, ele não chega a 60% do atendimento da população total. Há muitos desafios para o desenvolvimento urbano promotor da sustentabilidade, orientado pelas necessidades sociais em detrimento de orientações de mercado. Novas tendências trazem uma abordagem da renaturalização das cidades, com o auxílio inclusive de tecnologias digitais e da internet das coisas.

Os Objetivos do Desenvolvimento Sustentável (ODS) da Organização das Nações Unidas (ONU), lançados em 2015 com metas para 2030, são uma clara indicação do caminho a seguir localmente para avançar globalmente. O ODS n. 11, para cidades e comunidades sustentáveis, indica como máxima urgência um esforço global para redução das desigualdades em um planeta majoritariamente urbano.

As abordagens desse planejamento urbano devem consorciar o social e o ambiental, visto que a ciência comprova que o cenário urbano é ecológico, ecossistêmico e complexo, bem como que as precariedades social e ambiental estão sempre de mãos dadas.

A relação socioambiental é expressa nos domínios espacial e econômico, essencialmente caracterizados por uma construção social baseada nas tecnologias de produção e no acúmulo de capital, o que determina temas para o planejamento urbano como altos índices de desigualdade refletidas socioespacialmente e socioeconomicamente, especialmente nos países do sul do globo.

Por essa razão, abordamos diversos conceitos fundamentais às relações urbanas. Grande parte dos conceitos foi exemplificada, especialmente, com dados e informações da realidade brasileira, mas ressaltamos que alguns elementos seguem em constante debate e permanecem inconclusivos diante das transformações do processo urbano. Buscamos mostrar que as soluções para melhorar a vida das pessoas exigem muita dedicação, conhecimento, evidências, políticas, planos, projetos e execução, a fim de garantir, minimamente, nossos direitos básicos de forma ampla e irrestrita.

Para compreender como chegamos a realidade atual, tratamos da construção social das cidades na busca por reconhecer a cidade contemporânea. O intenso desenvolvimento da urbanização durante o século XX foi acompanhado pela desigualdade social, pelo alto consumo de energia e pela degradação ambiental, fatores que exigem, agora, um esforço no sentido de alcançar o desenvolvimento urbano inclusivo e ecológico.

Aprofundando nosso debate sobre a relação do planejamento urbano com as dimensões da realidade contemporânea, discutimos a complexidade e a transdisciplinaridade envolvidas nessa questão. Apesar de suas dimensões, os temas urbanos devem ser avaliados de forma integrada e sistêmica, para promover a equidade de acesso a recursos e oportunidades. O planejamento para uma cidade vibrante, diversa, ecológica e justa deve abranger todas as escalas e temáticas.

A fundamentação socioambientalmente ética influencia desde o tamanho dos lotes até a infraestrutura regional, desde o esgotamento sanitário até a bacia manancial, em uma necessária mudança de paradigma em relação ao modelo de desenvolvimento atual, que, claramente, promove avanços sem precedentes, mas distribui as soluções, os recursos e as oportunidades de modo gritantemente desigual. Além desses fundamentos, o conhecimento dos conceitos, das técnicas e de referências de boas práticas são elementos imprescindíveis na tomada de decisão dos planejadores e gestores urbanos.

Ainda, percebemos que a determinação da escala de análise dos territórios é muito relevante para qualquer proposta urbana. As diferentes leituras do território podem ser em macroescala, microescala, ou mesmo extrapolar limites municipais e avançar para escalas regionais, integrando diferentes unidades federativas, municípios ou estados.

A efetivação de boas práticas no Brasil já conta com instrumentos efetivos para avançar no sentido de uma nova orientação de desenvolvimento. Ferramentas da política urbana nacional, como o Estatuto da Cidade e o Estatuto da Metrópole, regulamentam a Constituição Federal e instrumentalizam os municípios e as regiões metropolitanas, estabelecendo definições, critérios, ferramentas, obrigações e atribuições para o exercício do planejamento urbano participativo, orientado a cidades democráticas e justas, no sentido da sustentabilidade. Isso é lei, e o arcabouço legal deve estar associado a um pacto social com o engajamento integrado entre todos os setores sociais.

A comunidade, a sociedade civil organizada, o terceiro setor, a indústria, a criatividade, o capital, a universidade e o Poder Público, como legítima representatividade da população, devem atuar em sinergia. Os desafios do planejamento urbano são urgentes e exigem tempo para fazer efeito, mas o potencial da integração de conhecimento e habilidades orientadas à melhoria da qualidade de vida e bem-estar da população deve ser efetivo.

Um dos caminhos para a qualidade de vida e o bem-estar das pessoas é a mobilidade urbana, elemento fundamental da cidade contemporânea e um meio de reprodução da ética social e ambiental, fundamental ao planejamento urbano. Embora o transporte seja a segunda maior causa de emissão de gases de efeito estufa, a mobilidade urbana continua centrada no automóvel, as pessoas ainda estão atadas aos carros como meio de transporte ideal.

O crescente aumento da taxa de motorização na América Latina e no Brasil configura um prognóstico gravíssimo para a mobilidade urbana local se considerada a intenção de redução dos impactos socioambientais gerados por esse modelo de transporte. Inovações como os aplicativos de carona são interessantes no sentido de reduzir o número de automóveis em circulação e desvincular o uso do carro de sua respectiva propriedade, usamos o carro sem precisar ter um.

Além disso, exploramos os fundamentos e conceitos básicos da mobilidade urbana. Existem desafios a serem superados, principalmente pelo desenvolvimento urbano baseado na cultura do automóvel. Inovações podem contribuir para as cidades contemporâneas, mas elas precisam ser acessíveis a todos, e não contribuir para o aumento na desigualdade relatada.

Para uma nova mobilidade urbana, é muito importante a integração com o uso do solo das cidades, de modo a minimizar a necessidade de incremento constante na infraestrutura no sentido quantitativo, e perdendo a oportunidade de desenvolvimento qualitativo, como um reflexo da segregação espacial que lança as populações mais pobres para a periferia, mas exige que viajem até o centro para atender o espaço urbano onde a renda está concentrada.

A intermodalidade, especialmente quando composta por meios ativos, motorizados e públicos, contribui para um ajuste do consumo de energia e da consequente emissão de poluição, em relação a um modelo de transporte baseado exclusivamente no carro. Para que a intermodalidade e uma mobilidade mais sustentável aconteçam, é necessário que o planejamento e a gestão urbana favoreçam que as viagens sejam realizadas tranquilamente por uma caminhada, de bicicleta e com eficiência e conforto por transporte público com preço justo. Os espaços e transportes urbanos brasileiros não oferecem essa tranquilidade, especialmente para as populações mais vulneráveis, seja pela renda, seja pelo gênero, seja por outra característica social. Um grande desafio para planejadores urbanos.

Finalmente, é necessário esclarecer que o presente livro buscou apresentar uma fundamentação básica ao estudo e ao exercício do planejamento urbano. A diversidade e complexidade dos temas urbanos exige que, para entender suas dinâmicas, é necessário avançar nos estudos e na prática, por meio do engajamento em sua rua, seu bairro, em movimentos sociais, pela prática profissional, ou por qualquer outro meio que represente a dedicação de energia para dias melhores nas cidades, especialmente as brasileiras.

Encerramos este livro com a expectativa de ter contribuído para ampliar o interesse do leitor a respeito das cidades e de caminhos para entendê-las e melhorá-las, desejando que o estudo dessa ampla temática seja aprofundado e aplicado na busca pela qualidade de vida.

Referências

ANAC – Agência Nacional de Aviação Civil. **Concessão de aeroportos**. Disponível em: <https://www.gov.br/anac/pt-br/assuntos/concessoes>. Acesso em: 10 set. 2021.

ANTT – Agência Nacional de transportes Terrestres. **Concessões de ferroviárias**. Disponível em: <https://portal.antt.gov.br/concessoes-ferroviarias>. Acesso em: 10 set. 2021.

ANDRADE, M. D. de; GUIMARÃES, V. T. Regiões metropolitanas e funções públicas de interesse comum: o ordenamento territorial diante do Estatuto da Metrópole. **Revista de Direito da Cidade**, v. 7, n. 3, p. 1.249-1.269, 2015. Disponível em:<https://www.e-publicacoes.uerj.br/index.php/rdc/article/view/18847/14065>. Acesso em: 10 set. 2021.

ARAVENA, A. My Architectural Philosophy? Bring the Community into the Process. **TED Global**, Oct. 2014. Disponível em: <https://www.ted.com/talks/alejandro_aravena_my_architectural_philosophy_bring_the_community_into_the_process>. Acesso em: 10 set. 2021.

BACCARIN, A. B. **Indústria 4.0**: IOT, big data e produtos digitais. Design de produto na era digital. 17 f. Trabalho de Conclusão do Curso (Especialização em Design de Produto na Era Digital) – Universidade do Sul de Santa Catarina, 2018. Disponível em: <https://riuni.unisul.br/bitstream/handle/12345/5815/ARTIGO_Artur-Baccarin.pdf?sequence=1&isAllowed=y>. Acesso em: 10 set. 2021.

BARREIROS, M. A. F.; ABIKO, A. K. Reflexões sobre o parcelamento do solo urbano. **Boletim Técnico**, Escola Politécnica da USP – Departamento de Engenharia de Construção Civil, São Paulo, 1998. Disponível em: <http://www.pcc.poli.usp.br/files/text/publications/BT_00201.pdf >. Acesso em: 10 set. 2021.

BECERRA, J. M. et al. Transport and Health: a Look at three Latin American Cities. **Cadernos de Saúde Pública**, v. 29, n. 4, p. 654-666, abr. 2013. Disponível em: <https://www.scielo.br/j/csp/a/8hz3Kv6pbdPkwcJX4KD5gNN/?format=pdf&lang=en>. Acesso em: 10 set. 2021.

BECK, U. Beyond Class and Nation: Reframing Social Inequalities in a Globalizing World. In: BECK, U. **Pioneer in Cosmopolitan Sociology and Risk Society.** New York: Springer, 2014. p. 100-127.

BENEVOLO, L. **História da cidade.** São Paulo: Perspectiva, 1983.

BOREKI, V. No extremo da riqueza e da pobreza. Gazeta do Povo, 26 nov. 2011. Disponível em: <https://www.gazetadopovo.com.br/vida-e-cidadania/no-extremo-da-riqueza-e-da-pobreza-9fegnn8zhdq079p9bg8tooz0u/>. Acesso em: 10 set. 2001.

BRAGA, R. Política urbana e gestão ambiental: considerações sobre o plano diretor e o zoneamento urbano. In: CARVALHO, P. F. de; BRAGA, R. (Orgs.). **Perspectivas de gestão ambiental em cidades médias.** Rio Claro: LPM-Unesp, 2001. p. 95-109.

BRANZI, A. Para um pós-ambientalismo: sete sugestões para uma Nova Carta de Atenas. In: MOSTAFAVI, M.; DOHERTY, G. **Urbanismo ecológico.** São Paulo: G. Gili, 2014. p. 110-111.

BRASIL. Constituição (1988). **Diário Oficial da União,** Brasília, DF, 5 out. 1988. Disponível em: <http://www.planalto.gov.br/ccivil_03/constituicao/constituicao.htm>. Acesso em: 10 set. 2021.

BRASIL. Departamento Nacional de Infraestrutura de Transportes. Diretoria Executiva. Coordenação-Geral de Custos de Infraestrutura de Transportes. **Manual de Custos de Infraestrutura de Transportes.** Brasília, 2017a.

BRASIL. Lei n. 6.766, de 19 de dezembro de 1979. **Diário Oficial da União,** DF, 20 dez. 1979. Disponível em: <http://www.planalto.gov.br/ccivil_03/leis/l6766.htm>. Acesso em: 10 set. 2021.

BRASIL. Lei n. 6.938, de 31 de agosto de 1981. **Diário Oficial da União,** 2 set. 1981. Disponível em:<http://www.planalto.gov.br/ccivil_03/leis/l6938.htm>. Acesso em: 10 set. 2021.

BRASIL. Lei n. 9.503, de 23 de setembro de 1997. **Diário Oficial da União,** Brasília, DF, 24 set. 1997. Disponível em:<https://www2.camara.leg.br/legin/fed/lei/1997/lei-9503-23-setembro-1997-372348-publicacaooriginal-1-pl.html>. Acesso em: 10 set. 2021.

BRASIL. Lei n. 10.257, de 10 de julho de 2001. **Diário Oficial da União,** Brasília, DF, 11 jul. 2001. Disponível em: <http://www.planalto.gov.br/ccivil_03/leis/leis_2001/l10257.htm>. Acesso em: 10 set. 2021.

BRASIL. Lei n. 12.587, de 3 de janeiro de 2012. **Diário Oficial da União,** Brasília, DF, 4 jan. 2012. Disponível em: <http://www.planalto.gov.br/ccivil_03/_ato2011-2014/2012/lei/l12587.htm>. Acesso em: 10 set. 2021.

BRASIL. Lei n. 13.089, de 12 de janeiro de 2015. **Diário Oficial da União**, DF, 13 jan. 2015a. Disponível em: <http://www.planalto.gov.br/ccivil_03/_ato2015-2018/2015/lei/l13089.htm>. Acesso em: 10 set. 2021.

BRASIL. Ministério das Cidades. **Caderno técnico para projetos de mobilidade urbana**: transporte ativo. 2017b. Disponível em: <https://wribrasil.org.br/sites/default/files/CadernosTecnicos_Transporte Ativo.pdf>. Acesso em: 10 set. 2021.

BRASIL. Ministério das Cidades. **Cartilha da lei de política nacional da mobilidade urbana.** 2013. Disponível em: <https://antigo.mdr.gov.br/images/stories/ArquivosSEMOB/cartilha_lei_12587.pdf>. Acesso em: 10 set. 2021.

BRASIL. Ministério de Planejamento. **Estudo da dimensão territorial para o planejamento**: regiões de referência. Brasília, 2008. v. 3.

BRASIL. Ministério do Meio Ambiente. **Sustentabilidade urbana**: impactos do desenvolvimento econômico e suas consequências [...]. Brasília: MMA, 2015b. (Textos para as discussões da Rio +20, v. 1: Mobilidade urbana).

BRENNER, N.; MARCUSE, P.; MAYER, M. (Ed.). **Cities for People, not for Profit**: Critical Urban Theory and the Right to the City. London: Routledge, 2012.

BRESSER-PEREIRA, L. C. Desenvolvimento, progresso e crescimento econômico. **Lua Nova**, v. 93, p. 33-60, dez. 2014. Disponível em: <https://www.scielo.br/j/ln/a/Qn76SFwhyHVMmJjBjRBX7ny/?lang=pt&format=pdf>. Acesso em: 10 set. 2021.

BRITO, V. C. et al. A formação socioespacial brasileira na visão de Milton Santos. **Revista de Geografia (Recife)**, v. 36, n. 2, p. 277-296, 2019. Disponível em: <https://periodicos.ufpe.br/revistas/revistageografia/article/view/239192/33875>. Acesso em: 10 set. 2021.

BURCKHART, K.; BLAIR, C. Urban Intermodality: Potentials for Connecting the Cities' Public Transport. **Urban Transport XV-Urban transport and the environment**, v. 107, p. 63-72, 2009.

BURDETT, R.; SUDJIC, D. **The Endless City**: an Authoritative and Visually Rich Survey of the Contemporary City. New York: Phaidon Press, 2007.

BUSCH, C.; HARVEY, H.; HE, D.; HUANG, C. **12 Green Guidelines**: CDBC's green and smart urban development guidelines. Beijing: China Development Bank Capital, 2015. Disponível em: <https://energyinnovation.org/wp-content/uploads/2015/12/12-Green-Guidelines.pdf>. Acesso em: 10 set. 2021.

CAFFO, L.; COPPOLA, M. La Architettura del Postumano. **Revista Domus Green**, suplemento, v. 1.016, p. 8-9, settembre/september 2017.

CAMPOS FILHO, C. M. **Reinvente seu bairro**: caminhos para você participar do planejamento de sua cidade. São Paulo: Editora 34, 2003.

CARDOSO, A. L. Reforma urbana e planos diretores: avaliação da experiência recente. **Cadernos Ippur**, v. 11, n. 1-2, p. 79-112, 1997.

CARVALHO, C. H. R. de. **Mobilidade urbana sustentável**: conceitos, tendências e reflexões. Brasília, DF: Livraria Ipea. maio. 2016. (Texto para discussão, n. 2194). Disponível em: <https://www.ipea.gov.br/portal/images/stories/PDFs/TDs/td_2194.pdf>. Acesso em: 10 set. 2021.

CET – Companhia de Engenharia de Tráfego de São Paulo. **Relatório de sustentabilidade 2018**. São Paulo: CET, 2018. Disponível em: <http://www.cetsp.com.br/media/952656/20190924Sustentabilidade.pdf>. Acesso em: 10 set. 2021.

CIDADE. In: **Dicionário Michaelis**. Disponível em: <https://michaelis.uol.com.br/moderno-portugues/busca/portugues-brasileiro/cidade>. Acesso em: 10 set. 2021.

CIRCLES OF SUSTAINABILITY. **Practical Tools for Creating Sustainable Cities and Communities**. Disponível em: <https://www.circlesofsustainability.org/>. Acesso em: 10 set. 2021.

CLOS, J. Prefácio. In: ONU-HABITAT – Programa das Nações Unidas para os Assentamentos Humanos. **Diretrizes internacionais para planejamento urbano e territorial**. Nairobi: ONU-Habitat, 2015. Disponível em: <https://unhabitat.org/sites/default/files/download-manager-files/IG-UTP_Portuguese.pdf>. Acesso em: 10 set. 2021.

CNT – Confederação Nacional dos Transportes. **Anuário CNT do transporte**: estatísticas consolidadas 2019. Brasília: Confederação Nacional do Transporte, 2019. Disponível em: <https://anuariodotransporte.cnt.org.br/2019/>. Acesso em: 10 set. 2021.

COMEC – Coordenação da Região Metropolitana de Curitiba. **Plano de desenvolvimento integrado da Região Metropolitana de Curitiba**. Comec: Curitiba, 2006. Disponível em: <http://www.comec.pr.gov.br/sites/comec/arquivos_restritos/files/documento/2019-11/pdi_2006.pdf>. Acesso em: 10 set. 2021.

CURITIBA. Lei n. 7.671, de 10 de junho de 1991. **Diário Oficial do Município**, Curitiba, PR, 18 jun. 1991. Disponível em: <http://www.imap.curitiba.pr.gov.br/wp-content/uploads/2017/11/LEI-7671.1991-original.pdf>. Acesso em: 10 set. 2021.

CURITIBA. Lei n. 14.771, de 17 de dezembro de 2015. **Diário Oficial Municipal**, Curitiba, PR, 17 dez. 2015. Disponível em: <https://www.legisweb.com.br/legislacao/?id=366236>. Acesso em: 10 set. 2021.

CURITIBA. Lei n. 15.511, de 10 de outubro de 2019. **Diário Oficial Municipal**, Curitiba, PR, 10 out. 2019. Disponível em:<https://mid.curitiba.pr.gov.br/2020/00304472.pdf>. Acesso em: 10 set. 2021.

DADASHPOOR, H.; ROSTAMI, F. Measuring Spatial Proportionality between Service Availability, Accessibility and Mobility: Empirical Evidence Using Spatial Equity Approach in Iran. **Journal of Transport Geography**, v. 65, p. 44-55, 2017.

DEL RIO, V. **Introdução ao desenho urbano no processo de planejamento**. São Paulo: Pini, 1990.

DIXON, S. et al. The 2019 Deloitte City Mobility Index. **Deloitte Insights**, v. 18, 2019.

DFT – Department for Transport. **Future of Mobility**: Urban Strategy. Department for Transport. Londres, 2019. Disponível em: <https://assets.publishing.service.gov.uk/government/uploads/system/uploads/attachment_data/file/846593/future-of-mobility-strategy.pdf>. Acesso em: 10 set. 2021.

DUARTE, F. **Planejamento urbano**. Curitiba: Ibpex, 2009.

DUARTE, F.; ÁLVAREZ, R. The Data Politics of the Urban Age. **Palgrave Communications**, v. 5, n. 1, p. 1-7, 2019.

DUARTE, F.; LIBARDI, R. **Introdução à mobilidade urbana**. Curitiba: Juruá Editora, 2007.

EIU – Economist Intelligence Unit. **Global Liveability Ranking 2015**. Disponível em: <https://www.eiu.com/public/topical_report.aspx?campaignid=Liveability2015>. Acesso em: 10 set. 2021.

ESPAÇO. In: **Dicionário Michaelis**. Disponível em: <https://michaelis.uol.com.br/moderno-portugues/busca/portugues-brasileiro/espa%C3%A7o>. Acesso em: 10 set. 2021.

FERRARI, C. **Curso de planejamento municipal integrado**. 2. ed. São Paulo: Pioneira, 1979.

FERREIRA, J. S. W. (Coord.). **Produzir casas ou construir cidades?** Desafios para um novo Brasil urbano. São Paulo: LABHAB; Fupam, 2012. Disponível em: <http://www.labhab.fau.usp.br/wp-content/uploads/2012/02/ferreira_2012_produzirhab_cidades.pdf>. Acesso em: 10 set. 2021.

FIRMINO, R. J. A cidade e as tecnologias da informação e comunicação: gestão do desenvolvimento urbano-tecnológico. **Redes**, v. 12, n. 3, p. 168-190, 2007.

FIRMINO, R. J. A simbiose do espaço: cidades virtuais, arquitetura recombinante e a atualização do espaço urbano. In: LEMOS, A. (Org.). **Ciberurbe:** a cidade na sociedade da informação. Rio de Janeiro: E-Papers, 2005. p. 307-335.

GEDDES, P. **Cidades em evolução.** Campinas, SP: Papirus, 1994.

GEHL, J. **Cidades para pessoas.** São Paulo: Perspectiva, 2013.

GERIKE, R. et al. Physical Activity through Sustainable Transport Approaches (PASTA): a study protocol for a multicentre project. **BMJ open**, v. 6, n. 1, p. 1-11, 2016.

GOTTMANN, J. **Megalopolis:** the Urbanized Northeastern Seaboard of the United States. New York: Twentieth Century Fund, 1962.

GUATTARI, F. **As três ecologias.** Campinas: Papirus, 1990.

GUIMARÃES, P. P. **Configuração urbana:** evolução, avaliação, planejamento e urbanização. São Paulo: ProLivros, 2004.

GaWC – Globalization and World Cities. **The World According to GaWC 2018.** Disponível em:<https://www.lboro.ac.uk/gawc/world2018t.html>. Acesso em: 10 set. 2021.

HAESBAERT, R. Dilema de conceitos: espaço-território e contenção territorial. In: SAQUET, M. A.; SPOSITO, E. S. (Ed.). **Territórios e territorialidades:** teorias, processos e conflitos. São Paulo: Expressão Popular, 2009. p. 95-120.

HARVEY, D. Mundos urbanos possíveis. **Novos Estudos**, v. 63, p. 3-8, 2002.

HARVEY, D. **Rebel Cities:** From the Right to the City to the Urban Revolution. London: Verso, 2012.

HARVEY, D. The 'New' Imperialism: Accumulation by Dispossession. **Socialist Register**, v. 40, p. 63-87, 2004.

HARVEY, D. The Right to the City. **International Journal of Urban and Regional Research**, v. 27, n. 4, p. 939-941, 2003.

HOORNWEG, D.; POPE, K. Population Predictions for the World's Largest Cities in the 21st Century. **Environment and Urbanization**, v. 29, n. 1, p. 195-216, 2017.

HOYLER, M.; PARNREITER, C.; WATSON, A. (Ed.). **Global City Makers**: Economic Actors and Practices in the World City Network. London: Edward Elgar Publishing, 2018.

IBGE – Instituto Brasileiro de Geografia e Estatística. **Classificação e caracterização dos espaços rurais e urbanos do Brasil**: uma primeira aproximação. Rio de Janeiro, 2017. Disponível em:<https://biblioteca.ibge.gov.br/visualizacao/livros/liv100643.pdf>. Acesso em: 10 set. 2021.

IBGE – Instituto Brasileiro de Geografia e Estatística. **Pesquisa nacional por amostra de domicílios**: síntese de indicadores. Coordenação de Trabalho e Rendimento. Rio de Janeiro: IBGE, 2016.

IBGE – Instituto Brasileiro de Geografia e Estatística. **Reflexões sobre os deslocamentos populacionais no Brasil**. Rio de Janeiro: IBGE, 2011. Disponível em: <https://biblioteca.ibge.gov.br/visualizacao/livros/liv49781.pdf>. Acesso em: 10 set. 2021.

IBGE – Instituto Brasileiro de Geografia e Estatística. **Regiões de influência das cidades**: 2007. Rio de Janeiro: IBGE, 2008. Disponível em: <https://biblioteca.ibge.gov.br/visualizacao/livros/liv40677.pdf>. Acesso em: 10 set. 2021.

IBGE – Instituto Brasileiro de Geografia e Estatística. **Regiões de influência das cidades**: 2018. Rio de Janeiro: IBGE, 2020.

INSTITUTO PÓLIS. **Estatuto da cidade**: guia para implementação pelos municípios e cidadãos. Disponível em: <https://polis.org.br/publicacoes/estatuto-da-cidade-guia-para-implementacao-pelos-municipios-e-cidadaos/>. Acesso em: 10 set. 2021.

IPARDES – Instituto Paranaense de Desenvolvimento Econômico e Social. **Caderno estatístico do município de Curitiba**. Curitiba, 2020.

IPPUC – Instituto de Pesquisa e Planejamento Urbano de Curitiba. **Consolidação de dados de oferta, demanda, sistema viário e zoneamento**: relatório 5 – Pesquisa de origem-destino domiciliar. 2017. Disponível em: <http://admsite2013.ippuc.org.br/arquivos/documentos/D536/D536_002_BR.PDF>. Acesso em: 10 set. 2021.

IPPUC. Instituto de Pesquisa e Planejamento Urbano de Curitiba. **Mapas Regionais**. 2018. Disponível em: <https://ippuc.org.br/mostrarpagina.php?pagina=351&idioma=1&ampliar=n%E3o#equipamentos>. Acesso em: 10 set. 2021.

JACOBS, J. **Morte e vida de grandes cidades**. São Paulo: M. Fontes, 2000.

JITTRAPIROM, P. et al. Mobility as a Service: A Critical Review of Definitions, Assessments of Schemes, and Key Challenges. **Urban Planning**, v. 2, n. 2, p. 13-25, 2017. Disponível em: <https://www.researchgate.net/publication/318208676_Mobility_as_a_Service_A_Critical_Review_of_Definitions_Assessments_of_Schemes_and_Key_Challenges>. Acesso em: 10 set. 2021.

JOACHIM, M. Envisioning Ecological Cities; Rapid Re(f)use, One Hour Tower, Homeway. In: HAAS, T. (Ed.). **Sustainable Urbanism and Beyond**: Rethinking Cities for the Future. New York: Rizzoli International Publications, 2012. p. 240-245.

JORGE WILHEIM: o legado. J. **Tipologia por zonas**. Disponível em: <http://www.jorgewilheim.com.br/legado/Galeria/visualizar/594#>. Acesso em: 10 set. 2021.

KEIL, M. M. L.; QUINDANI, P.; KISTMANN, V. Dinâmica da inserção do design no setor público por meio dos níveis de interação gradativa: aplicação de investigação de interesse do governo municipal. In: 12º CONGRESSO BRASILEIRO DE PESQUISA E DESENVOLVIMENTO EM DESIGN, 12., 2016. **Anais**... São Paulo: Blucher. 2016. p. 1.778-1.789.

KOGA, D. **Medidas de cidades**: entre territórios de vida e territórios vividos. São Paulo: Cortez, 2003.

KOOPS, B.-J.; GALIČ, M. Conceptualizing Space and Place: Lessons from Geography for the Debate on Privacy in Public. In: TIMAN, T.; NEWELL, B. B.; KOOPS, B. J. (Ed.). **Privacy in Public Space**: Conceptual and Regulatory Challenges. Cheltenham: E. Elgar, 2017. p. 19-46.

KOSZOWSKI, C. et al. Active Mobility: Bringing Together Transport Planning, Urban Planning, and Public Health. In: **Towards User-Centric Transport in Europe**. New York: Springer International Publishing, 2019. p. 149-171.

KWINTER, S. Notas sobre a terceira ecologia. In: MOSTAFAVI, M.; DOHERTY, G. **Urbanismo ecológico**. São Paulo: G. Gili, 2014. p. 94-105.

LE CORBUSIER. **A Carta de Atenas**. São Paulo: Hucitec, 1993.

LEFEBVRE, H. **Le droit à la ville**. Paris: Anthopos, 1968.

LIMA NETO, V. C.; GALINDO, E. P. **Planos de mobilidade urbana:** instrumento efetivo da política pública de mobilidade? Rio de Janeiro, RJ: Ipea, ago. 2015 (Texto para discussão 2115.). Disponível em: <http://repositorio.ipea.gov.br/bitstream/11058/5274/1/td_2115.pdf>. Acesso em: 10 set. 2021.

LOMBARDI, P, et al. An Advanced Triple-Helix Network Model for Smart Cities Performance. In: **Regional Development: Concepts, Methodologies, Tools, and Applications**. IGI Global, 2012. p. 1.548-1.562.

LOPES, A. S.; LOUREIRO, C. F. G. Dimensões do planejamento urbano integrado: revisão histórica e discussão conceitual. In: PLURIS CONGRESSO LUSO BRASILEIRO PARA O PLANEJAMENTO URBANO REGIONAL INTEGRADO E SUSTENTÁVEL, 5., 2012, Brasília. **Anais**... Disponível em: <https://www.researchgate.net/publication/333509049_Dimensoes_do_Planejamento_Urbano_Integrado_Revisao_Historica_e_Discussao_Conceitual>. Acesso em: 10 set. 2021.

LUKE, N.; SHARPIN, A. B. **8 estratégias de planejamento, desenho e mobilidade para criar ruas mais seguras**. ArchDaily Brasil, 13 mar. 2019.

LYONS, G. Getting Smart about Urban Mobility: Aligning the Paradigms of Smart and Sustainable. **Transportation Research Part A**: Policy and Practice, v. 115, p. 4-14, sep. 2018.

MAGAGNIN, R. C.; DA SILVA, A. N. R. A percepção do especialista sobre o tema mobilidade urbana. **Transportes**, v. 16, n. 1, p. 25-35, 2008.

MARCUSE, P. From Critical Urban Theory to the Right to the City. **City**, v. 13, n. 2-3, p. 185-197, 2009.

MATIAS, B. Entrevista com Antonio Filosa: carro de vez em quando. **UOL Economia**, 12 set. 2019. Disponível em: <https://economia.uol.com.br/reportagens-especiais/entrevista-uol-lideres-antonio-filosa-fca-fiat-chrysler/#cover>. Acesso em: 10 set. 2021.

METRÔ. Companhia do Metropolitano de São Paulo. Linha do tempo. Disponível em: <http://50anos.metrosp.com.br/index.php/linha-do-tempo/>. Acesso em: 10 set. 2021.

MOREIRA, J. C.; SENE, E. **Geografia geral e do Brasil**. São Paulo: Editora Scipione, 2004.

MOREIRA, R. Da região à rede e ao lugar: a nova realidade e o novo olhar geográfico sobre o mundo. **Ciência Geográfica**, v. 6, p. 1-11, 1997.

MORIN, E. Os desafios da complexidade. In: MORIN, E. (Org.). **A religação dos saberes**: o desafio do século XXI. Rio de Janeiro: Bertrand Brasil, 2001. p. 559-567.

MOSTAFAVI, M. Por que urbanismo ecológico? Por que agora? In: MOSTAFAVI, M.; DOHERTY, G. **Urbanismo ecológico**. São Paulo: G. Gili, 2014. p. 12-51.

MOURA, R.; HOSHINO, T. de A. P. Estatuto da Metrópole: enfim, aprovado! Mas o que oferece à metropolização brasileira. **Boletim Informativo Observatório das Metrópoles**, 28 jan. 2015. Disponível em: <https://www.academia.edu/10689071/ESTATUTO_DA_METR%C3%93POLE_ENFIM_APROVADO_MAS_O_QUE_OFERECE_%C3%80_METROPOLIZA%C3%87%C3%83O_BRASILEIRA>. Acesso em: 10 set. 2021.

MUMFORD, L. **The Story of Utopias**. New York, NY: Boni and Liveright, 1922.

NEGRI, S. M. Segregação socioespacial: alguns conceitos e análises. **Coletâneas do Nosso Tempo**, ano 7, v. 8, n. 8, p. 129-153, 2010. Disponível em: <https://periodicoscientificos.ufmt.br/ojs/index.php/coletaneas/issue/view/14>. Acesso em: 10 set. 2021.

NELSON, A. et al. A Suite of Global Accessibility Indicators. **Scientific Data**, v. 6, n. 1, p. 1-9, 2019. Disponível em: <https://www.nature.com/articles/s41597-019-0265-5.pdf>. Acesso em: 10 set. 2021.

NEUMAN, M.; SMITH, S. City Planning and Infrastructure: Once and Future Partners. **Journal of Planning History**, 2010, p. 21-42.

OLIVEIRA, A. T. R. de. Algumas abordagens teóricas a respeito do fenômeno migratório. In: IBGE – Instituto Brasileiro de Geografia e Estatística. **Reflexões sobre os deslocamentos populacionais no Brasil**. Rio de Janeiro: IBGE, 2011. Disponível em: <https://biblioteca.ibge.gov.br/visualizacao/livros/liv49781.pdf>. Acesso em: 10 set. 2021.

ONU BRASIL. Organização das Nações Unidas no Brasil. **Acordo de Paris sobre o clima**. 11 dez. 2015a. Disponível em:<https://brasil.un.org/pt-br/node/88191>. Acesso em: 10 set. 2021.

ONU BRASIL. Organização das Nações Unidas no Brasil. **Cidades e comunidades sustentáveis**. Disponível em: <https://nacoesunidas.org/pos2015/ods11>. Acesso em: 10 set. 2021.

ONU BRASIL. Organização das Nações Unidas no Brasil. **Transformando nosso mundo**: a Agenda 2030 para o desenvolvimento sustentável. 15 set. 2015b. Disponível em: <https://brasil.un.org/pt-br/91863-agenda-2030-para-o-desenvolvimento-sustentavel>. Acesso em: 10 set. 2021.

ONU-HABITAT – Programa das Nações Unidas para os Assentamentos Humanos. **Diretrizes internacionais para planejamento urbano e territorial.** Nairobi: ONU-Habitat, 2015. Disponível em: <https://unhabitat.org/sites/default/files/download-manager-files/IG-UTP_Portuguese.pdf>. Acesso em: 10 set. 2021.

ONU-HABITAT. Programa das Nações Unidas para os Assentamentos Humanos. **Estado de las ciudades de América Latina y el Caribe:** rumbo a una nueva transición urbana. Programa das Nações Unidas para os Assentamentos Humanos. Nairobi: ONU-Habitat, 2012. Disponível em:<http://estaticog1.globo.com/2012/08/21/Estado-de-las-Ciudades-de-America-Latina-y-el-Caribe-2012.pdf>. Acesso em: 10 set. 2021.

OUR WORLD IN DATA. **Income inequality:** Gini Index 2019. 2019. Disponível em: <https://ourworldindata.org/grapher/economic-inequality-gini-index>. Acesso em: 10 set. 2021.

OXFORD. **Oxford Advanced Learner's Dictionary.** Oxford: Oxford University Press, 2019.

PARANÁ. Constituição do Estado do Paraná, de 5 de outubro de 1989. **Diário Oficial do Estado,** 5 out. 1989. Disponível em: <https://www.legislacao.pr.gov.br/legislacao/exibirAto.do?action=iniciarProcesso&codAto=9779&codItemAto=97592>. Acesso em: 10 set. 2021.

PEÑALOSA, E. Politics, Power, Cities. In: BURDETT, R.; SUDJIC, D. **The Endless City:** the Urban Age Project by the London School of Economics and Deustche Bank's Alfred Herrhausen Society. London: Phaidon, 2007. p. 307-319.

PERUZZO, C. M. K.; VOLPATO, M. de O. Conceitos de comunidade, local e região: inter-relações e diferença. **Líbero,** São Paulo, v. 12, n. 24, p. 139-152, dez. 2009.

PNUD – Programa das Nações Unidas para o Desenvolvimento. **Relatório de Desenvolvimento Humano 2007/2008:** combater as alterações climáticas: solidariedade humana num mundo dividido. 2008. Disponível em: <http://hdr.undp.org/sites/default/files/hdr2007-8-portuguese.pdf>. Acesso em: 10 set. 2021.

PNUD BRASIL. Programa das Nações Unidas para o Desenvolvimento. **Desenvolvimento humano e IDH.** Disponível em: <https://www.br.undp.org/content/brazil/pt/home/idh0.html>. Acesso em: 10 set. 2021.

PORTO ALEGRE. Decreto n. 18.743, de 7 de agosto de 2014. **Diário Oficial de Porto Alegre,** Porto Alegre, RS, 15 ago. 2014.

PUMAIN, D.; PAQUOT, T.; KLEINSCHMAGER, R. **Dicitonnaire la ville et l'urbain**. Paris: Anthropos, 2006.

RAPOPORT, A. **Aspectos humanos de la forma urbana**: hacia una confrontación de las ciencias sociales com el diseño de la forma urbana. Barcelona: Gustavo Gili, 1978.

REGIÃO. In: **Dicionário Michaelis**. Disponível em: <https://michaelis.uol.com.br/moderno-portugues/busca/portugues-brasileiro/regi%C3%A3o/>. Acesso em: 10 set. 2021.

ROBINSON, R. Integrated and Intermodal Freight Systems: A Conceptual Framework. In: CONFERENCE PROCEEDINGS, INTERNATIONAL ASSOCIATION OF MARITIME ECONOMISTS, 13-15 nov. 2002, Panamá. **Anais...**, p. 1-25.

ROESS, R. P.; PRASSAS, E. S.; MCSHANE, W. R. **Traffic Engineering**. London: Pearson Education, 2004.

ROGERS, R.; GUMUCHDJIAN, P. **Cidades para um pequeno planeta**. Barcelona: G. Gili, 2001.

ROLNIK, R. Dez anos do Estatuto da Cidade: das lutas pela reforma urbana às cidades da Copa do Mundo. In: **Leituras da cidade** [S.l: s.n.], 2012.

ROLNIK, R.; KLINK, J. Crescimento econômico e desenvolvimento urbano: por que nossas cidades continuam tão precárias? **Novos estudos CEBRAP**, p. 89-109, 2011.

RYKWERT, J. **A sedução do lugar**: a história e o futuro da cidade. São Paulo: Martins Fontes, 2004.

SÁNCHEZ, L. E. **Avaliação de impacto ambiental**: conceitos e métodos. 2. ed. São Paulo: Oficina de Textos, 2013.

SANTOS, M. **A urbanização brasileira**. São Paulo: Editora de Humanismo. Ciência e Tecnologia, 1993.

SANTOS, M. **Da totalidade ao lugar**. São Paulo: Edusp, 2005.

SANTOS, M. **Espaço e método**. São Paulo: Nobel, 1985. v. 3.

SANTOS, M. **Metamorfoses do espaço habitado**. 3. ed. São Paulo: Hucitec, 1994.

SÃO PAULO (Cidade). Lei n. 13.399, de 1 de agosto de 2002. **Diário Oficial do Município**, São Paulo, SP, 2 ago. 2002. Disponível em: <https://www.prefeitura.sp.gov.br/cidade/secretarias/upload/arquivos/secretarias/saude/legislacao/0026/LeiMunicipal_2002_13399.pdf>. Acesso em: 10 set. 2021.

SÃO PAULO (Cidade). Lei n. 16.050, de 31 de julho de 2014. Diário Oficial do Município, São Paulo, SP, 1º ago. 2014. Disponível em: <http://legislacao.prefeitura.sp.gov.br/leis/lei-16050-de-31-de-julho-de-2014>. Acesso em: 10 set. 2021.

SÃO PAULO (Cidade). Prefeitura do Município de São Paulo. **Plano Diretor Estratégico do Município de São Paulo**: lei municipal n. 16.050, de 31 de julho de 2014; texto da lei ilustrado. São Paulo: PMSP, 2015. Disponível em: <https://gestaourbana.prefeitura.sp.gov.br/wp-content/uploads/2015/01/Plano-Diretor-Estrat%C3%A9gico-Lei-n%C2%BA-16.050-de-31-de-julho-de-2014-Texto-da-lei-ilustrado.pdf>. Acesso em: 10 set. 2021.

SÃO PAULO (Cidade). Secretaria Municipal de Desenvolvimento Urbano. **Guia de boas práticas**. 2016. Disponível em: <https://gestaourbana.prefeitura.sp.gov.br/wp-content/uploads/2016/12/20161230_GBPEP.pdf>. Acesso em: 10 set. 2021.

SÃO PAULO (Cidade). Secretaria Municipal de Urbanismo e Licenciamento. Gestão Urbana. **Coeficiente de aproveitamento**. Disponível em: <https://gestaourbana.prefeitura.sp.gov.br/coeficiente-de-aproveitamento-ca/>. Acesso em: 10 set. 2021a.

SÃO PAULO (Cidade). Secretaria Municipal de Urbanismo e Licenciamento. Gestão Urbana. **Quota ambiental**. Disponível em: <https://gestaourbana.prefeitura.sp.gov.br/cota-ambiental-2/>. Acesso em: 10 set. 2021b.

SÃO PAULO (Cidade). Secretaria Municipal de Urbanismo e Licenciamento. Gestão Urbana. **Recuo**. Disponível em:<https://gestaourbana.prefeitura.sp.gov.br/recuo/>. Acesso em: 10 set. 2021c.

SÃO PAULO (Cidade). Secretaria Municipal de Urbanismo e Licenciamento. Gestão Urbana. **Taxa de ocupação**. Disponível em: <https://gestaourbana.prefeitura.sp.gov.br/coeficiente-de-aproveitamento-ca/>. Acesso em: 10 set. 2021d.

SÃO PAULO (Cidade). Secretaria Municipal de Urbanismo e Licenciamento. Gestão Urbana. **Altura**. Disponível em:<https://gestaourbana.prefeitura.sp.gov.br/coeficiente-de-aproveitamento-ca/>. Acesso em: 10 set. 2021e.

SÃO PAULO (Cidade). Subprefeituras. **Mapa da Cidade**. 9 fev. 2010. Disponível em: <https://www.prefeitura.sp.gov.br/cidade/secretarias/subprefeituras/subprefeituras/mapa/index.php?p=14894>. Acesso em: 10 set. 2021.

SÃO PAULO (Estado). Plano de Desenvolvimento Urbano Integrado. **RMSP**. Disponível em: <https://www.pdui.sp.gov.br/rmsp/?page_id=56>. Acesso em: 10 set. 2021.

SAQUET, M. A.; SPOSITO, E. S. (Ed.). **Territórios e territorialidades**: teorias, processos e conflitos. São Paulo: Expressão Popular, 2009.

SASSEN, S. et al. (Ed.). **Global Networks, LinkedCities**. Psychology Press, 2002.

SAULE JR., N. et al. **A perspectiva do direito à cidade e da reforma urbana na revisão da lei do parcelamento do solo**. São Paulo: Instituto Pólis, 2008.

SCHWAB, K. **A quarta revolução industrial**. São Paulo: Edipro, 2016.

SILVA, F. N. da. Mobilidade urbana: os desafios do futuro. **Cadernos Metrópole**, v. 15, p. 377-388, 2013.

SILVA, M. de F. **A poética do espaço urbano**: a trajetória do Vertigem. 170 f. Dissertação (Mestrado em Artes Cênicas) – Universidade de São Paulo, São Paulo, 2002.

SILVEIRA, M. R. **Circulação, transportes e logística**. São Paulo: Outras Expressões, 2011.

SIM, A. et al. Great Cities Look Small. **Journal of the Royal Society Interface**, v. 12, n. 109, 2015. Disponível em: <http://doi.org/10.1098/rsif.2015.0315>. Acesso em: 10 set. 2021.

SLEE, T. **Uberização**: a nova onda do trabalho precarizado. São Paulo: Elefante, 2019.

SOMMER, R. Mobilidade, infraestrutura e sociedade. In: MOSTAFAVI, M.; DOHERTY, G. **Urbanismo ecológico**. São Paulo: G. Gili, 2014. p. 380-381.

SONG, C. et al. Limits of Predictability in Human Mobility. **Science**, v. 327, n. 5968, p. 1.018-1.021, 2010.

SOUZA, M. L. de. O território: sobre espaço e poder à autonomia e desenvolvimento. In: CASTRO, I. E.; GOMES, P. C. C.; CORRÊA, R. L. (Org.). **Geografia**: conceitos e temas. Rio de Janeiro: Bertrand Brasil, 2001. p. 77-116.

SOUZA, M. L. de. O que faz de cidade uma cidade. **ABC do desenvolvimento urbano**, v. 4, p. 23-40, 2008.

SPOSATI, A. **Exclusão social abaixo da linha do Equador**: por uma sociologia da exclusão social: o debate com Serge Paugam. São Paulo: Educ, 1999. p. 128-133.

TALEAI, M.; SLIUZAS, R.; FLACKE, J. An Integrated Framework to Evaluate the Equity of Urban Public Facilities Using Spatial Multi-Criteria Analysis. **Cities**, v. 40, p. 56-69, 2014.

TERRITÓRIO. In: **Dicionário Michaelis**. Disponível em: <https://michaelis.uol.com.br/moderno-portugues/busca/portugues-brasileiro/territ%C3%B3rio/>. Acesso em: 10 set. 2021.

TUAN, Y.-F. **Espaço e lugar**: a perspectiva da experiência. São Paulo: Difel, 2013.

TURBAY, A. L. B. **A cidade pretendida e o licenciamento ambiental urbano em Curitiba-PR**. 219 f. Dissertação (Mestrado em Gestão Urbana) – Pontifícia Universidade Católica do Paraná, Curitiba, 2016.

ULTRAMARI, C. Significados do urbanismo. **Pós FAUUSP**, v. 16, n. 25, p. 166-184, jun. 2009. Disponível em: <https://www.revistas.usp.br/posfau/article/view/43614/47236>. Acesso em: 10 set. 2021.

UNDP – United Nations Development Programme. **Acordo de Paris**. 2015. Disponível em: <https://www.undp.org/content/dam/brazil/docs/ODS/undp-br-ods-ParisAgreement.pdf>. Acesso em: 10 set. 2021.

UNFPA BRASIL – Fundo de População das Nações Unidas. **Situação da População Mundial 2007**: desencadeando o potencial de crescimento urbano. Disponível em:<http://www.unfpa.org.br/Arquivos/swop2007.pdf>. Acesso em: 18 jul. 2021.

UNU-IHDP – United Nations University International Human Dimensions Programme on Global Enivronmental Change; UNEP – United Nations Environment Programme. **Inclusive Wealth Report 2012**: Measuring Progress Toward Sustainability. Cambridge: Cambridge University Press, 2012. Disponível em: <https://wedocs.unep.org/handle/20.500.11822/32228>. Acesso em: 10 set. 2021.

URBAN GREEN UP. **Climate Change Challenge Catalogue**. Disponível em: <https://www.urbangreenup.eu/resources/deliverables/deliverables-overview/d1-2 -climate-change-challenge-catalogue.kl>. Acesso em: 10 set. 2021.

VALENZUELA, M. E. D. **Conceptos básicos de urbanismo**. México: Trillas, 1989.

VALLAUX, C. La "Dartmoor Forest". In: **Annales de Géographie**. Malakoff, France: Armand Colin, 1914. p. 325-338.

VAN WEE, B.; ANNEMA, J. A.; BANISTER, D. (Ed.). **The Transport System and Transport Policy**: an Introduction. Cheltenham, GB: Edward Elgar Publishing, 2013.

VELOSO, C. **Sampa**. Caetano Veloso. Philips, 1978. 1 disco.

VERRI, S. Renaturing Cities: Good For Health And The Economy. **Urban Green**. 24 Sept. 2019. Disponível em: <https://www.urban greenup.eu/news events/news/renaturing-cities-good-for-health-and-the-economy.kl>. Acesso em: 10 set. 2021.

VILLAÇA, F. **Espaço intra-urbano no Brasil**. 2. ed. São Paulo: Studio Nobel; Fapesp, 2001.

VILLAÇA, F. Estatuto da Cidade: para que serve? **Carta Maior**, 19 out. 2012. Disponível em: <https://www.cartamaior.com.br/?/Editoria/Politica/Estatuto-da-cidade-para-que-serve-%250D%250A/4/26206>. Acesso em: 10 set. 2021.

WILHEIM, J. **Projeto São Paulo**: propostas para a melhoria da vida urbana. São Paulo: Paz e Terra, 1982.

WOLFFENBÜTTEL, A. Índice de Gini. **Desafios do desenvolvimento**, n. 4, 1º nov. 2004. Disponível em: <https://www.ipea.gov.br/desafios/index.php?option=com_content&id=2048:catid=28>. Acesso em: 10 set. 2021.

WONDER, S. **Living for the City**. LP Innervisions. Label Tamla, 1973. 1 disco.

WRI Brasil. **Afinal, o que são ruas completas?** 19 abr. 2017a. Disponível em: <https://wribrasil.org.br/pt/blog/2018/07/afinal-o-que-sao-ruas-completas>. Acesso em: 18 jul. 2021.

WRI Brasil. **WRI Brasil lança orientações para políticas públicas de estímulo à mobilidade ativa**. 19 abr. 2017b. Disponível em: <https://wribrasil.org.br/pt/blog/2018/10/wri-brasil-lanca-orientacoes-para-politicas-publicas-de-estimulo-a-mobilidade-ativa>. Acesso em: 10 set. 2021.

WWF-Brasil. Fundo Mundial para a Natureza. **Pegada ecológica global**. Disponível em: <https://www.wwf.org.br/natureza_brasileira/especiais/pegada_ecologica/pegada_ecologica_global>. Acesso em: 18 jul. 2021.

YIGITCANLAR, T.; LÖNNQVIST, A. Benchmarking Know ledge-Based Urban Development Performance: Results from the International Comparison of Helsinki. **Cities**, v. 31, p. 357-369, 2013.

ZIPORI, E.; COHEN, M. J. Anticipating Post-Automobility: Design Policies for Fostering Urban Mobility Transitions. **International Journal of Urban Sustainable Development**, v. 7, n. 2, p. 147-165, 2015.

Respostas

Capítulo 1

1. A presença da natureza nas cidades pode trazer muitos benefícios, como manter o controle das temperaturas, evitar inundações, limpar o ar, melhorar a saúde mental e física, estimulando a prática de exercícios. Pode ser também o *habitat* de muitas espécies, contribuindo para a manutenção da fauna local. À medida que aumenta a densidade de ocupação das cidades, as pessoas têm cada vez menos contato com a natureza. Por esse motivo, a esfera pública deveria incluir em seus planejamentos a manutenção e os benefícios da natureza. Historicamente, esse tem sido um "ponto cego" para planejadores urbanos.

2. Um exemplo global nas últimas décadas pode ser considerado a cidade de Cingapura, que aumentou consideravelmente sua cobertura vegetal, além da existência de paredes verdes e parques. Em Amsterdã, há também uma bela paisagem verde urbana, com participação voluntária da própria população. Barcelona é outro bom exemplo, pois é uma cidade que está tomando medidas para recuperar o espaço destinado aos carros e transformá-lo em espaço público, com presença de vegetação.

3. (b) O autor cita, em seu texto, que, para alcançar o objetivo de cidades vivas, seguras, sustentáveis e saudáveis, os quatro objetivos-chave – cidades com vitalidade, segurança, sustentabilidade e saúde – podem ser imensamente reforçados pelo aumento da preocupação com pedestres, ciclistas e com a vida na cidade em geral. Esses quesitos garantiriam que os moradores fossem convidados a caminhar e pedalar, tornando a cidade viva, sempre que mais pessoas permanecessem nos espaços públicos.

4. (b) O processo de urbanização na América Latina caracterizou-se, principalmente, pela pobreza gerada em virtude das más condições de trabalho e do crescimento desordenado das cidades, criando zonas segregadas com elevados índices de pobreza no espaço urbano.

5. (c) Com a leitura do texto, podemos perceber que um país com cidades com populações urbanas elevadas não necessariamente apresentará índices de urbanização elevados. O autor cita o exemplo da China, em que a população urbana é de 40% apenas, apesar de apresentar uma grande quantidade de pessoas que vivem nas cidades, ou seja, a população não urbana (60%) é maior do que a urbana nesse país, tornando-o predominantemente rural. Assim, compreendemos que a urbanização é o crescimento da população das zonas urbanas em relação às zonas rurais.

Capítulo 2

1. Existem vários municípios com 100% de sua área municipal como perímetro urbano, como Curitiba, São Paulo, Porto Alegre, entre outros. As áreas urbanas são mais densas do que as áreas rurais. Como apenas as áreas urbanas podem ser loteadas e urbanizadas, configura-se uma diferença na paisagem resultante dessa divergência de tipologia de ocupação. Em compensação, apenas nas áreas rurais são permitidas atividades agropecuárias. O uso e a ocupação do solo são também distintos: nas áreas urbanas, são permitidas edificações de uso comercial, de serviços, comunitários, concentradas em um núcleo urbano.

2. As metrópoles são determinadas pela polarização de determinada cidade em relação aos demais municípios de sua região de influência. Essas cidades podem ter sido determinadas como ponto de concentração de pessoas e atividades por diversos motivos, muitas vezes, relacionados com a implantação de infraestruturas de ordens econômica, institucional, administrativa, como portos, centros cívicos, centros financeiros e centros industriais. Uma estrutura de habitação e serviços segue em crescimento proporcional às atividades econômicas, que atuam como maior força na modelagem das cidades. Esse ciclo de crescimento exponencial, determinante das expansões urbanas, fortalece as regiões centrais, em detrimento de uma descentralização de centralidades urbanas.

3. (a) Conforme aponta o trecho apresentado pela questão, as práticas urbanas baseiam-se na "indústria, no comércio e nos serviços", evidenciando a predominância dos setores secundário e terciário da economia. Assim, notam-se as mais profundas complexidades trabalhistas, além de maior empregabilidade do que o meio rural, que hoje conta com uma produção altamente mecanizada nas grandes propriedades.

4. (c) As grandes cidades do mundo que concentram as atividades e fluxos econômicos e são responsáveis pela maior parte da dinâmica comercial do mundo são chamadas de *cidades globais*.

5. (b) No esquema apresentado na questão, observamos a seguinte alteração entre o modelo clássico e o modelo atual: a ampliação da influência das metrópoles nacionais, que passaram a exercer uma condição de centralidade diretamente sobre todos os demais centros urbanos, com exceção das pequenas vilas. Isso se deve, sobretudo, às melhorias recentemente proporcionadas pelos avanços tecnológicos nas áreas de transporte e de comunicação. Assim, as distâncias dos centros urbanos de menor porte em relação aos de maior porte deixam de ser um obstáculo, o que proporciona maior ligação entre as cidades, intensificando a complexidade da rede urbana.

Capítulo 3

1. A título de exemplo, podemos citar três soluções urbanas que contribuem para uma cidade socioambientalmente pretendida: 1) a criação dos parques urbanos ao longo de microbacias hidrográficas, de forma a criar corredores de biodiversidade, solucionar questões de drenagem e promover áreas verdes para fruição da população; um exemplo seriam os parques Tingui, Tanguá e Barigui, em Curitiba; 2) a promoção de processos participativos efetivos, em que a tomada de decisão foi desenvolvida de forma sociocrática. Como exemplo, os planos diretores participativos, cuja equipe de profissionais se associou à comunidade local para a promoção de uma cidade para todos; 3) o projeto Semáforos Inteligentes, elaborado pelo Programa Vida no Trânsito, e implementado em Curitiba, é exemplo de um projeto que usa a tecnologia da informação e comunicação para beneficiar pessoas de mobilidade reduzida.

2. O primeiro passo no sentido da redução da pobreza nas cidades por meio do planejamento urbano é compreender, pelos processos participativos, a realidade local e identificar as potencialidades da comunidade em questão. Em seguida, a estruturação de oportunidades deve vir acompanhada de geração de conhecimento e de valorização dos potenciais da população local. O empoderamento comunitário tem proporcionado transformações positivas relevantes, apesar dos imensos desafios de acesso à cidade, especialmente pelas as populações de baixa renda.

3. (e)

   a) Na realidade, esse processo foi resultante da Revolução Industrial.

   b) O planejamento urbano é multidisciplinar e está estreitamente relacionado com o momento da sociedade.

c) As cidades são sistemas completos e que carecem de organização e de planejamento.

d) A produção do espaço urbano é desigual, pois o planejamento urbano não se efetiva para a promoção da qualidade de vida, com altos níveis de ocupação irregular que resultam na favelização das cidades brasileiras.

4. (c)

a) O período de colonização brasileira teve alta influência na ocupação e urbanização do território nacional.

b) O ciclo do café gerou grande impacto sobre a urbanização brasileira, influenciando, inclusive, o processo de industrialização do Estado de São Paulo.

d) A gentrificação é uma caraterística inerente à urbanização contemporânea brasileira e está presente com maior intensidade nas metrópoles.

e) O Estatuto da Cidade foi fundamentado nos artigos constitucionais que estabelecem a função social da propriedade urbana, uma conquista dos movimentos sociais organizados.

5. (b) Com relação à afirmativa II, o crescimento da taxa de urbanização não está relacionado com a melhoria das condições de vida da população em países subdesenvolvidos, mas sim com o aumento de problemas sociais urbanos. Nesses países, o processo de urbanização, na maior parte das vezes, está associado a questões como o aumento da violência, à favelização, ao aumento da poluição, entre outras.

Capítulo 4

1. É importante considerar que toda e qualquer ação resultante de políticas, planejamento e gestão urbana tem efeito social e ambiental. É fundamental, portanto, a atuação no espaço em seus vários aspectos, transformando-o a fim de que os resultados sejam satisfatoriamente percebidos pelos atores que participam ativamente. As quatro dimensões – sociedade, meio ambiente, economia e espaço – tem relação e "alimentam" umas às outras, formando um ciclo.

2. Conforme a Organização das Nações Unidas, o conceito de desenvolvimento sustentável é: "desenvolvimento capaz de suprir as necessidades da geração atual, sem comprometer a capacidade de atender as necessidades das futuras gerações.

É o desenvolvimento que não esgota os recursos para o futuro". O desenvolvimento e crescimento econômico de uma localidade deve ser pensado para suprir as demandas da população ao mesmo tempo em que protege o meio ambiente. Como atitudes para se atingir o desenvolvimento sustentável, podemos citar: implantação de políticas públicas para o desenvolvimento econômico e social aliado à preservação ambiental; planejamento e redução do uso de recursos naturais; utilização de tecnologias com base em fontes energéticas renováveis.

3. (b) O desenvolvimento econômico precisa relacionar-se de forma sustentável com utilização de recursos naturais, buscando o progresso de uma nação sem comprometer o meio ambiente. Considerando que os recursos naturais são fundamentais para a garantia da qualidade de vida da espécie humana, o manejo precisa ser sustentável, assegurando a possibilidade de recursos para as gerações futuras.

4. (d) A questão abordada é referente à Zona Portuária do Rio de Janeiro, mas também revela um aspecto característico da urbanização atual do país. Na charge, observamos uma crítica ao processo de verticalização e modificação das paisagens urbanas, deflagrando as nuances do processo de gentrificação, isto é, a transformação do perfil social da população no espaço urbano.

5. (d)

Capítulo 5

1. A primeira seria por homogeneidade, baseada em características comuns (naturais, culturais ou socioeconômicas). A segunda seria administrativa, representada por ação pública a partir das necessidades do poder regulatório do Estado, ou para consórcio de serviços. A terceira é de polarização resultante da interdependência de áreas pertencentes a regiões heterogêneas, mas que, por influência de uma cidade ou organização territorial, provoca elos de interdependência entre diferentes partes.

2. Apoio a necessidades imediatas: panificadora, mercado de bairro, açougue; apoio a demais necessidades: lojas de roupas, bancos, supermercado; apoio a outras atividades urbanas: lojas de automóveis, equipamentos, artigos para a casa.

3. (e)

4. (b). O conceito de qualidade de vida se enquadra melhor com a descrição sugerida por relacionar os aspectos de redistribuição e ambiente participativo, fatores fundamentais para que

cada cidadão tenha garantia de seus direitos no ambiente urbano, visando atender ao previsto na Constituição: "garantia de direito à cidade".

5. (a)

Capítulo 6

1. Parcelamento, edificação ou utilização compulsórios: definições de área de implementação e prazos para questões envolvendo o solo urbano não edificado ou subutilizado; IPTU progressivo no tempo: imóveis urbanos em situação de subutilização terão majoração na alíquota do IPTU por cinco anos consecutivos; desapropriação com pagamento em títulos: decorrente do IPTU progressivo, após crescentes aumentos, os imóveis podem ser desapropriados; usucapião especial de imóvel urbano: posse de propriedade a cidadão que utilizar como moradia, por cinco anos ininterruptos, terreno ou edificação com metragem de até 250 m²; direito de superfície: proprietários de lotes urbanos podem conceder a outro o direito de superfície de sua propriedade; direito de preempção: "confere ao Poder Público municipal preferência para aquisição de imóvel urbano objeto de alienação onerosa entre particulares"; outorga onerosa do direito de construir: "áreas nas quais o direito de construir poderá ser exercido acima do coeficiente de aproveitamento básico adotado, mediante contrapartida a ser prestada pelo beneficiário"; operações urbanas consorciadas: intervenções urbanas coordenadas pelo Poder Público, contando com a participação de investidores privados, tendo como objetivo melhorias urbanas nos campos social e ambiental; transferência do direito de construir: "autorização ao proprietário de imóvel urbano a exercer em outro local o direito de construir, quando for para fins de equipamentos urbanos e comunitários; preservação de interesse histórico, ambiental, paisagístico, social ou cultural; programas de regularização fundiária".

2. O art. 182 da Constituição Federal de 1988 determina o objetivo da política urbana, qual seja, "ordenar o pleno desenvolvimento das funções sociais da cidade e garantir o bem-estar de seus habitantes", estabelece o plano diretor, aprovado pela Câmara Municipal, instrumento básico da política urbana municipal, e oferece ao Poder Público a atribuição de fazer cumprir a função social da propriedade urbana. O art. 183 se refere à orientação para aplicação de usucapião, como claro interesse de promoção de regularização fundiária.

3. (b)

4. (a)
5. (c)

Capítulo 7

1. De acordo com as autoras Nikita Luke e Anna Bray Sharpin, as oito estratégias para ruas mais seguras são: 1) construir cidades compactas e conectadas: o planejamento pode contribuir com a segurança urbana, diminuindo a quantidade e as distâncias dos deslocamentos, incentivando o uso do transporte coletivo, e evitando que vias de alta velocidade não passem por áreas residenciais; 2) desenhar ruas mais inteligentes: o desenho pode melhorar a segurança com garantia de boas condições de visibilidade e acessibilidade para pedestres e motoristas; 3) oferecer opções seguras de mobilidade: o transporte coletivo planejado, como sistemas BRT, por exemplo, é mais seguro do que veículos motorizados privados; além disso, múltiplas opções de transporte integradas trazem benefícios tanto para a saúde quanto para o meio ambiente; 4) manter as velocidades em níveis seguros: pedestres e ciclistas devem ter segurança em relação à exposição a veículos em velocidades potencialmente fatais; e o controle da velocidade tem impacto significativo na probabilidade e na gravidade de uma colisão; 5) reforçar leis e regulações existentes: melhorias na aplicação das leis de trânsito podem levar a reduções de acidentes de trânsito; e a aplicação de instrumentos de segurança como radares, espaço exclusivo para ciclistas e uso da cadeirinha para crianças são fundamentais; 6) educar melhor motoristas e planejadores urbanos: motoristas treinados desde cedo, com programa de educação para jovens e adolescentes, resultam em melhores atitudes de condução no trânsito; 7) exigir padrões universais de segurança para veículos: a exigência de tecnologias de segurança nos veículos como cintos de segurança, ancoragem adequada dos assentos e *airbags* frontal e lateral podem evitar consequências graves; 8) acelerar a resposta a emergências: retardar a resposta a acidentes graves pode ser fatal; as mortes no trânsito acontecem grande parte no próprio local do acidente, antes de chegar nos hospitais.

2. Desenvolvimento urbano com equilíbrio e justiça social; redução do consumo energético e de emissão de gases poluentes pelos meios de transporte; maior equilíbrio entre crescimento urbano e a conservação do meio ambiente; incentivo à utilização de meios de transporte alternativos, não motorizados e inclusão de novas tecnologias; redução da necessidade por viagens, proporcionando aos cidadãos maior proximidade entre locais de moradia e trabalho; inclusão de pessoas com mobilidade reduzida, facilitando seu deslocamento.

Consumo energético

Redução da necessidade de viagens

Transporte público

Novas tecnologias

Mobilidade urbana sustentável

Equilíbrio

Modais não motorizados

Crescimento urbano

Pessoas com mobilidade reduzida

3. (c)
4. (c)
5. (e)

Sobre os autores

André Luiz Braga Turbay

Doutorando e mestre em Gestão Urbana pelo Programa de Pós-Graduação em Gestão Urbana da Pontifícia Universidade Católica do Paraná (PUCPR). Especialista em Gestão Técnica do Meio Urbano também pela PUCPR (2006), com MBA em Construção Sustentável pelo Instituto Brasileiro de Extensão (2013). Graduado em Arquitetura e Urbanismo pela PUCPR (2002). Docente no curso de Arquitetura e Urbanismo, Coordenador-adjunto da Área Estratégica de Cidades e Diretor de Esporte e Cultura na PUCPR. Representante da PUCPR no projeto WRI Ruas Completas. Integrante do Fórum de Mobilidade Ativa, que agrega representantes das faculdades de arquitetura e urbanismo de Curitiba/PR. Arquiteto da Norte – Planejamento Arquitetônico e Territorial. Tem experiência no desenvolvimento de diversos projetos arquitetônicos, inclusive internacionais, bem como no desenvolvimento de dezenas de planos diretores municipais, grande parte como coordenador, e em licenciamentos ambientais, por meio de estudos de impacto de vizinhança e estudos de mobilidade urbana.

Simone do Amaral Cassilha

Mestre em Engenharia Civil (2016) pelo Programa de Pós-Graduação em Engenharia Civil da Universidade Tecnológica Federal do Paraná (UTFPR). Especialista em Gestão Técnica do Meio Urbano (2006) pela Pontifícia Universidade Católica do Paraná (PUCPR) e em Engenharia de Segurança do Trabalho (2008) pela UTFPR. Graduada em Arquitetura e Urbanismo (2005) pela PUCPR. Docente no curso de Arquitetura e Urbanismo da PUCPR. Arquiteta da Norte – Planejamento Arquitetônico e Territorial, com experiência no desenvolvimento de diversos projetos arquitetônicos, inclusive internacionais. Participou em planos diretores municipais, estudos de impacto de vizinhança e licenciamentos ambientais.

✦ ✦ ✦

Os papéis utilizados neste livro, certificados por instituições ambientais competentes, são recicláveis, provenientes de fontes renováveis e, portanto, um meio **respons**ável e natural de informação e conhecimento.

Impressão: Reproset
Julho/2023